KB104885

참지식인
매천 황현 평전

참지식인

매천 황현 평전

김삼웅

채륜

왜 이 시대에 매천 황현을 찾는가

'지식인의 책임' 묻는 매천 황현

나는 왜 '근현대사 인물평전' 쓰기의 인물 중에서 1세기도 전에 사망한 매천 황현梅泉 黃玹(1855~1910) 선생을 찾는가. 그는 당대의 증언과 기록을 통해 자신의 현실인식과 역사의식을 투영하고자 하면서 '식자인識字人' 즉 지식인(지성인)의 책임을 생애의 키워드로 삼았다. 나는 오래 전부터 이 한마디에 감전되듯이 전율하여 평전의 주인공으로 삼아왔다. '지식인의 책임'은 오늘 한국 사회의 화두이기도 하기 때문이다.

매천은 「절명시」에서 '난작인간 식자인難作人間 識字人' 즉 "글 아는 사람의 구실이 가장 어렵다."고 말한다. 이 말은 유언이고 그가 평생을 지켜온 책임의식의 주제어였다.

매천이 살던 시대의 '식자인'은 존재가 흔치 않았지만, 지금은 글을 모르는 사람이 없을 정도여서 의미가 다를 수 있겠으나,

4

그 존재가치와 책임성은 다르지 않다. 여기서 '식자인' 즉 지식인은 글과 말을 업으로 삼는 학자·언론인·성직자·교사·문인·정치인·법조인 등을 망라한다.

굴곡이 심한 우리 근현대사에서 지식인들의 타락 탈선이 수없이 많았지만, 오늘의 경우는 특히 심한 것 같다. 일제강점기와 미군정, 이승만·박정희·전두환·노태우 독재정권을 거치면서, 그리고 이명박·박근혜 보수 정권 시대를 살면서 한국의 지식인 사회는 철저하게 보수화되었고, 외세 추종과 권력지향으로 체질화되었다. 외세지배나 독재정권 시대에는 '상황 탓'이라는 핑계라도 댈 수 있지만, 지금은 혈통과 체질, 기득권 유지, 자기검열 밖에 달리 이유가 없다.

이 같은 현상은 한 번도 민족을 배반하고 독재를 미화하고 민주주의를 거역하면서 지식인의 본령을 지키지 못한 지식인에 대한 숙정 작업이 이루어지지 않고 보니, 뿌리가 강고하고 관성화되고, 이들은 축적된 물적 기반을 바탕으로 학계·언론계·사법부·정계·관계·연구소 등으로 토양을 넓혀나간다. 소수의 양심적인 지식인들이 존재하지만, 이들이 설 자리는 매우 비좁다. 소수의 대학과 언론사·연구소의 영역은 물적으로 메마르고 자칫하면 용공·종북으로 몰리거나 퇴출되기 일쑤다. 이들에게 각종 '떡밥'과 '미끼'가 던져지기도 한다.

그들은 온갖 비리·막말·표절·왜곡·곡필을 일삼아도 세력을 유지하고 책임지지 않는다. 국가권력과 공공기관을 사유화하거나 출세·치부의 대상으로 이용한다. 의회기능과 사법질서 그리고 엄격한 언론비판이 제대로 작동하지 않고 보니 나타난 현상이다. 그래서 세월호 참사의 진상규명이 지연되고, 10만 당원의 정당이 해산당하고, '적폐'의 대상이 활개친다. 의회·사법·언론계 지식인들의 책임이 가장 크다.

"매천 필하에 무완인梅泉筆下無完人"이란 말이 전한다. 매천이 시골 선비로서 얼마나 매섭게 권세가들을 비판했는지, 그의 붓끝에서 온전한 인물이 없었다고 한다. 반면에 의병·열사들의 행적을 기린 「오애시五哀詩」에서는 민영환·홍만식·조병세·이건창·최익현 등 5인의 순절자를 추모하고 높이 평가하였다.

매천은 젊어서 한때 과거에 응시하여 장원이 되었으나 한미한 출신이라 하여 차석으로 깎이자 출사를 거부하였다. 불의한 조정에 참여할 수는 없다는 그의 단호한 신념이었다. 높은 학덕이 알려지면서 중앙에 나와 벼슬을 하자는 친구의 권고를 듣고 "귀신 같은 나라와 미친놈들 속에서 살고 싶지 않다"면서 전남 구례로 낙향하여 책을 읽고 후학을 기르며 학문에만 정진하였다.

그의 학문은 '음풍농월'과는 거리가 멀었다. 여러 채널을 통해 조정과 권세가들의 행동을 살피면서 하나하나 기록하였다. 이것이 『매천야록梅泉野錄』이다. 고종과 적신들의 난정乱政, 탐관오리들의 비행·친일파와 민족반역자들의 악행들을 샅샅이 기록하고 규탄, 후세의 난신적자와 그 후손들이 두려움에 떨게 하였다.

그의 저술에는 일제 침략의 야만성과 함께 청국·러시아의 흉계가 담기고, 이에 대처하는 대한제국 정부 족친과 고위 관료들의 행적이 가감 없이 기록되어 대한제국의 몰락사, 망국의 과정을 정사와 비사로서 읽을 수 있게 한다.

『매천야록』은 고종 원년(1864)부터 순종 융희 4년(1910) 경술

6

8월 병탄에 이르기까지 47년간의 사실을 실제로 경험하거나 보고 들은 것을 그대로 기록하여, '기록문학'으로서도 손색이 없는 한말의 사서史書이다.

연구자 중에는 더러 『매천야록』을 두고 외설 야속野俗하다는 과소평가가 없지 않지만, 매천이 서 있던 지점 즉 권력과의 거리가 먼 시골이었고, 정보를 접하는 채널이 빈약했었다는 한계를 이해해야 할 것이다.

예컨대 권력의 중심이었던 김부식의 『삼국사기』와 외지에서 일연이 쓴 『삼국유사』가 다를 수밖에 없었던 이유와 같다고 할 것이다. 『삼국사기』가 관찬이어서 사대성향이 강한 반면에 『삼국유사』는 사찬이지만 더 풍성한 민초들의 삶의 기록을 담을 수 있었다. 따라서 『매천야록』의 사료로서의 중요한 가치는 재론할 여지가 없다고 하겠다.

매천의 저술이 사료로서 완벽한 것일 수는 없다. 그가 기거하는 가까운 지역에서 일어나 삼남지역을 휩쓴 전봉준 장군의 동학농민혁명을 '동비東匪'라고 표현하는 등 역사인식의 한계가 지적된다. 하지만 1960년대 전후까지 우리 역사학계나 언론에서 '동학란'이라고 표기했던 것을 상기하면, 매천만을 탓할 바도 못된다고 하겠다.

혹자는 이를 두고 매천이 위정척사파 계열이어서 민중혁명의 정당성을 비하하는 것이라고 지적하지만, 이 또한 단편적인 인식이다. 이에 관해서는 본론에서 상세히 추적해 볼 생각이다.

1910년 나라가 망하자 매천은 절친한 벗 창강 김택영이 중국으로 망명하면서 동행하고자 했으나 빈한한 살림이라 먼 길을 떠날 여비를 마련치 못해 국내에 남게 되었다.

그때 망명을 하여 중국에서 활동했다면 박은식·신채호와 같은 독립운동과 민족사학의 선구자가 되었을 터이지만, 남아서 『매천야록』과 『오하기문』을 쓰고 자진의 길을 택하였다. 그가 생生에 대한 애착으로, 또는 식자의 책임감을 덜 느껴서 삶의 길을 택하였더라도 정만조鄭萬朝·윤희구尹喜求·신기선申箕善 등처럼 훼절하면서 권귀의 길을 택하지는 않았을 것이다. 그는 난세에 대처하는 지식인의 책임감을 일찍부터 인식하고 있었기 때문이다.

그가 낙향하여 거처하던 초당草堂에 중국 역사상 고난 속에서도 끝까지 지조를 지킨 절사節士 10인의 행적을 시와 그림으로 그려서 10폭 병풍으로 만들어 머리맡에 두고 지켜보면서 살았다는 데서, 그의 흔들림이 없는 지사의 모습을 찾게 한다.

'여우 탈' 쓴 지식인 사회에 경종 주고자

매천은 한말 격동기에 영재寧齋 이건창李建昌, 창강滄江 김택영金澤榮과 함께 3대 문장가로 소문이 난 문장가인가 하면 학자·시인·문인·절사·한사寒士·지식인·지사이다. 그는 이 모든 것을 갖춘 참선비였다.

그는 시문에 능했을 뿐만 아니라 역사의 아픔과 위기의식을 알고, 투명한 재야성在野性과 비판정신·지조를 갖춘 지식인이었다. 지식인의 역할과 도리를 아는 실천적 학자로서 기록하고 행동하였다. 국록을 받지 않은 재야의 선비가 국망을 당해 음독 자결하면서 지식인 사회는 물론 일반 국민에게 망국의 중차대한 상황을 일깨운 이는 흔치 않았다.

망국의 군주 고종과 순종의 집권기에 조선의 군왕과 중신들의 인식과 자세가 어떠했는지는, 최근 국내에 소개된 중국의 사상가 량치차오(양계초)의 『조선의 망국을 기록하다』에 소개되고, 분노를 일으키게 한다.

> 합병조약은 8월 16일(1910년-필자) 데라우치 마사다케와 이완용의 논의 단계를 거쳤고, 17일 데라우치가 그 결과를 일본정부에 전보로 통지했다. 18일 일본정부는 임시 내각회의를 열었고, 22일에는 임시추밀원 회의를 열어 25일 공포하기로 이미 결정했다.
>
> 그런데 한국정부가 갑자기 그달 한국 황제(순종) 즉위 만 4주년 기념회를 열어 축하한 뒤 발표하기를 청하자, 일본인들이 허락했다. 이날 대연회에 신하들이 몰려들어 평상시처럼 즐겼으며, 일본 통감 역시 외국 사신의 예에 따라 그 사이에서 축하하고 기뻐했다. 세계 각국에 무릇 혈기 있는 자들은 한국 군신들의 달관한 모습에 놀라지 않을 수 없었다. - 망국을 앞두고 생일잔치 벌이는.

2천만 민족, 3천리 강토, 4천년 역사가 왜적에게 짓밟히는 참담한 상황에서, 망국 군주의 즉위 기념일 잔치를 벌이는 중신들의 행위를 량치차오는 '달관'이라고 표현했지만, 그 순간 백성은 왜적의 종살이가 시작되고 강토는 유린되었다.

4천년 사직이 무너지고 백성들이 유리걸식할 때 백성의 고혈을 빨았던 조선왕족·매국노·귀족 76명(4명은 거부 또는 반환)에게 작위와 거액의 은사금이 안겨지고, 전국 유림 721명(3명은 거부)에게 30만 엔의 거금이 내렸다.

조선왕조 500년의 국교인 주자학의 핵심은 충효忠孝 사상이었다. 인조반정(쿠데타) 이래 집권한 노론계열이 300여 년간 집권하면서 저지른 매국·망국의 도배들이었다. 이들은 망국 후 독립운동을 한 사람은 거의 없고 대부분이 친일파가 되었으며, 해방 후에는 미군정-이승만 정권으로 이어지고, 오늘에까지 기득세력의 뿌리가 되었다.

이들은 백성을 수탈하고 외세에 빌붙어 축재한 물적기반으로 자제들을 해외에 유학시켜서 신지식을 배우게 하고, 정계·언론사와 대학, 고위관료·법조인으로 키우고, 학연·혈연·지연을 종횡으로 엮어가면서 영원한 '양지족陽地族'이 되었다.

명성황후 시해 사건인 을미사변이 일어나자 위정척사파의 거두 의암 유인석 선생은 노구를 이끌고 의병을 일으켰다. 국내 의병전쟁이 어렵게 되자 67세의 나이도 잊은 채 러시아 지역으로 의병전선을 이동하면서 '처변삼사處變三事', 선비들이 선택할 세 가지 행동지침을 제시하였다.

1. 거의소청擧義掃淸: 의병을 일으켜 역당을 쓸어낼 것.
2. 거지수구去之守舊: 은둔하여 지조를 지킬 것.
3. 치명수지致命遂志: 목숨을 끊어 뜻을 이룰 것.

약간의 덧붙임이 필요하다면 1, 의병을 일으켜 왜적과 매국적을 척살할 것. 2, 그럴 처지가 되지 못하면 외세에 협력하지 말고 민족적인 자존을 지킬 것. 3, 망국노의 비루한 삶을 살지 말고 깨끗하게 순절하라는 지침이었다.

매천은 두 가지를 지켰다. 망명의 길이 막히자 은둔하여 지조를 지키면서 순절의 길을 택하였다. 그가 꼭 죽어야 할 이유는 없었지만, 죽음을 택한 이유를 밝혔다.

> 내가 꼭 죽어야 할 의리는 없으나, 다만 국가가 선비를 기르기를 500년에 국망의 날을 당해서 한 사람도 의義에 죽은 자가 없다면 어찌 통탄할 일이 아니겠느냐.

「절명시」에 남긴 '난작인간 식자인' 즉 "글 아는 사람의 구실이 가장 어렵다"는, 조선 왕조의 사직을 위해서가 아니라 선비의 도리로서 죽음을 택한 것이다.

사마천이 『사기』에서 지적했듯이, "때로 어떤 죽음은 태산보다 무겁고, 때로 어떤 죽음은 홍모보다 가볍다" 시골 선비 한 사람의 죽음이 망국의 국치를 씻기는 어려웠을 것이다.

하지만 그의 죽음은 식민지 백성들에게 한 가닥 의지처가 되었고, 나약하고 기회주의적인 이 땅의 사대주의, 권력지향의 지식인들에게 공포의 대상이 되었다. 그래서 여전히 '여우의 탈을 쓴 식자'들이 주류가 되어 민족혼과 사회정의, 진실과 양심을 갉아먹는 참담한 지식인 사회에서, 매천의 길을 찾아가고자 한다.

매천은 망국인의 지식인으로서 의병을 일으켜 보지 못한 자괴감을 피력하면서, 글 아는 식자들의 책임을 다하고자 하였다. 그리고 그의 아우 황원黃瑗도 1944년 2월 27일 일제가 창씨개명을 강요하자 「절명시」를 남긴 채 자결, 형의 뒤를 따랐다. 친일·친독재 부역 지식인들의 뻔뻔한 삶과 대비된다.

2019년 5월 7일 문화재청은 이런 매천의 정신이 오롯이 담긴

항일독립 문화유산 『매천야록』, 『오하기문』, 『절명시첩』 등을
문화재로 등록하고 지방자치단체, 소유자(관리자) 등과 협력하
여 체계적으로 보존·관리해 나갈 계획이라고 밝혔다.

1장

출생과 성장기

황희 정승 후손이지만 몰락 양반가문

황현은 1855년(철종) 12월 11일(음) 전남 광양군 봉강면 석사리 서석현(현 광양시 봉강면 서석촌)에서 아버지 황시묵과 어머니 풍천 노씨 사이에서 태어났다. 뒤이어 아우 황연이 태어났으나 일찍 죽고, 막내 황원은 15년 뒤에 출생하였다.

선대는 조선조 세종 대의 명재상 황희가 중흥조中興祖이며, 선조 대의 충청병사로서 임진왜란 당시 진주에서 크게 싸우다 전사한 무민공武愍公 황진黃進이 파조派祖이고, 인조 대에 정언正言을 지낸 황위黃暐가 8대조이다.

하지만 황현 대에 이르기까지 7대 200여 년간은 특별히 관직에 나간 선대가 없어 가계는 명목만 사대부 집안이었을 뿐 몰락하여 평민층이 되었다. 할아버지가 전조화식佃組貨殖으로 재산을 모아 영락한 가세를 일으켜 손자의 학문이 가능할 수 있도록 뒷바라지 할 수 있었다. 할아버지는 매천이 태어난 다음 해에 타계하였다.

황현이 5세 때에 광양에서 구례 대전리 상촌으로 이거하였다가 다시 상촌에서 토지면 죽안(금내리 원내마을)로 옮겨 살았다.

황현은 7세에 집에서 10여 리 가는 곳에 있는 서당에 들어갔다. 서당 가는 길이 험한 산길이어서 맹수를 걱정하여 밤에는 가지 못하도록 만류했으나 몰래 빠져나가 다녔다고 한다.

성장하면서부터 자질이 총명하고, 마을 아이들과 놀기보다 집에서 책읽기를 즐겨하였다. 할아버지가 뒷날 태어날 손자를 위해 만 권의 서책을 사 모았고, (3천 권이라는 설도 있다) 아버지 역시 출사出仕하지 못한 꿈을 아들에게 기대하면서 황현이 학문을 할 수 있도록 뒷바라지를 하였다.

황현은 매우 조숙하여 10세 전부터 동년배의 아이들을 가르칠 수준이 되고, 훈장이 『사략』이나 『통감』 등을 가르치기 전에 이미 통달하고 있었다. 집에서 아버지에게 배운 것이겠지만, 어릴 적의 천재성이 인근에 널리 소문이 날 만큼 두뇌가 우수했다.

황현의 휘諱는 현玹, 자는 운경雲卿이며 호는 매천이다. 휘와 자는 아버지가 짓고, 매천이라는 호는 황현 스스로 지었다.

매천은 어릴 적부터 체력이 단소하고 병약했지만 총명 강직하고 시문詩文에 뛰어나서 당시 호남의 큰 선비 기정진奇正鎭도 그의 재능을 칭찬했다고 한다.

11세 때에 '안성초락유인석雁聲初落遊人席'이라는 시를 지어 어른들을 놀라게 하였다.

> 날아가는 기러기가 우짖는 소리는
> 어디든 다같이 퍼질지라도
> 일에 열중하는 사람들은 듣기 어려우니
> 한가히 노는 사람들은 그 소리를 먼저 들을 수 있다.[1]

매천 황현을 조금이라도 아는 사람이라면 깡마른 몸집에 뿔

테안경을 걸친 한 장의 사진을 기억할 것이다. 절친한 벗 김택영이 중국에서 쓴 『황현전기』에는 매천의 초상이 잘 그려진다.

> 현은 이마가 넓은 데다 눈썹은 드물었으며, 눈은 근시인 데다 오른쪽으로 꺾여졌다. 사람됨이 호방하고 시원스러웠으면서도, 모가 지고 꼬장꼬장했다. 악한 사람 미워하기를 원수처럼 했으며, 오만스런 기백이 있어 남에게 허리 굽혀 복종하지 않았다. 교만한 고관을 만나면 얼굴을 돌리고 그들을 물리쳤다. 평생 사는 동안 자기가 좋아하는 사람이 좌천을 당하거나 귀양가거나 죽거나 상을 당하게 되었을 때, 천리를 걸어서라도 위로를 한 적이 많았다. 책을 읽다가 충신이나 지사가 곤액을 겪거나 원통한 일을 당하게 되면, 눈물을 줄줄 흘리지 않은 적이 없었다.[2]

매천의 중·장년기의 초상에서 어릴 적의 모습을 연상할 수 있다. "모가 지고 꼬장꼬장"한 그는 10대 초에 이미 인근에 알려질 만큼 출중한 소년이었다.

> 황현은 어려서부터 총명하여 한번 본 것은 잊지 않았다. 총기 있는 아이라 하여 호남의 유자 노사 기정진이 보고 기특히 여겼다고 한다. 11세 때에 한시를 잘 지어 사람들을 놀라게 하였다. 이때 구례의 석학 왕석보 王錫輔 선생에게서 수학하고, 서당에서 글을 배웠으므로 한문을 통독하는 동시에 시도 지었다. "소년 시절부터 시를 잘 짓는다 하여 벌써 향촌 사람들은 신동이라 하여 그를 우러러 보았다."[3]

매천이 14, 15세에 글을 짓자 마을 사람들이 몰려와 구경하여 "과연 신동"이라 칭하고 소문이 더욱 멀리 퍼졌다. 17세가 되던 해에 순천영順天營에서 열린 백일장에 출전했다가, 백일장이 끝나고 밤에 영장營將을 찾았을 때 영장 윤명순이 의관을 풀고 발을 씻고 있었다. 매천은 절하지 아니하고 "내가 오지 않을 곳을 왔나보군." 하였다. 윤명순이 "그게 무슨 말인가."라고 책하였다. 매천은 대답하기를 "소생이 비록 연소하나 선비이거늘 선비를 대함이 이같이 무례할 수 있습니까."고 대꾸하매 윤은 크게 웃으며 의관을 정제하고 맞이하였다 한다.[4]

어릴 적부터 매천은 사림士林 정신에 철저한 행동거지를 보였다. 그래서 아무리 연상의 영장이라도 예의범절에 어긋지는 행위를 그냥 넘기지 않았다.

내우외환 격변기에 상경

매천이 태어나고 성장하는 시기는 국내외 정세가 대단히 어수선하고, 한반도의 풍운이 요동치던 시기였다. 태어나기 1년 전 4월에는 러시아 선박이 함경도 덕원, 영흥 해안에 와서 백성들을 살상하고, 태어난 해에는 영국 군함이 독도를 측량하고 부산에 도착했으며, 프랑스 군함이 동해안을 측량했다. 이른바 이양선들이 동서남 해양에 출몰한 것이다.

매천이 5세 때에 최제우가 동학을 창시하고, 7세 때에 진주민란을 시발로 임술민란이 시작되었다. 익산·개령·함평에 이어 5월에는 충청·경상·전라 각 지역에서 민란이 일어났다. 1863년,

매천이 8세 되는 해 12월 고종이 철종의 뒤를 이어 왕위에 올랐다. 고종이 연소하여 대원군 이하응이 정권을 장악하였다. 매천이 이제 막 철이 드는 나이에 고종이 즉위하고, 그의 신산했던 생애는 고종의 재위 기간과 거의 일치한다. 매천에게 고종은 군신 관계의 충성의 대상이 아니라 국망의 군주였다.

1864년 3월 동학교조 최제우가 대구에서 사형당하고, 1865년 3월 대원군이 만동묘(임진왜란 때 파병해 준 명나라 황제를 받들어 제사지내던 사당)의 철폐를 명령하자 전국의 유생 833명이 이에 반대하는 상소를 올리는 등, 조선조의 전통적인 주자학 체제가 크게 흔들리기 시작했다.

1866년 병인박해가 시작되어 천주교 신자 수천 명이 처형되고, 제너럴 셔먼호 사건, 병인양요 등이 잇따라 발생했다. 매천이 10세 전후하여 불어닥친 국내외의 충격적인 사건들은 과거 조선사회에서는 일찍이 일어나지 않았던 일들이었다. 누구보다 영민했던 그에게 정신적 충격과 가치관의 회의가 적지 않았을 것이다.

1869년 3월 매천의 고향인 광양에서도 민란이 발생하여 농민들이 광양성을 점거하고, 1871년 3월, 많은 사람이 죽거나 옥에 갇혔다. 이필제가 주도한 동학교도들이 경상도 영해를 습격했다가 도주하고, 이해 전국 대부분의 서원에 철폐령이 내렸다. 1873년 10월 유생 최익현이 대원군을 비판하는 상소를 올리고, 고종이 최익현을 호조참판으로 임명했으나 그는 제주도에 유배되었다. 이 사건은 청년 매천에게 큰 충격을 주었다.

고종이 즉위한 지 10년 만인 1873년 11월 이른바 친정체제를 갖추면서 민씨 일파의 세도정치가 극한을 달리고, 유생들 사회에는 위정척사파와 개화파로 갈렸다. 중앙과 지방의 탐관오리들의 매관매직과 백성들의 착취로 도처에서 민란이 일어났다. 국가질서가 총체적인 위기상태로 내몰리고 있었다.

매천은 17세 때(1871) 구례 상사촌의 해주 오씨와 결혼하고, 20세가 되면서부터 과거시험용 시체詩體에서 벗어나 근체시近體詩에 관심을 갖게 되었다.

매천은 24세가 되어 더 이상 시골구석에서 책만 읽고 있을 수 없다고 판단하고 서울로 떠났다. 당시 서울에는 이건창이 문장을 잘한다는 소문이 있어서 그를 중심으로 경향의 문사들이 모여 든다고 하였다. 매천도 그런 소식을 듣고 떠난 길이었다.

이건창은 김택영과 함께 매천의 생애에서 빼놓을 수 없는 인물이다. 출생지는 개성이지만 선대부터 강화에서 살았다. 용모가 청수하였으며 천성이 강직하여 부정불의를 보면 추호도 용납하지 않았다. 어려서부터 문장을 잘하여 15세에 별시문과別試文科에 병과로 급제하였으나 나라에서는 너무 일찍 등과하였기 때문에 19세에야 홍문관 벼슬을 주었다.

서장관書狀官으로 발탁되어 청나라를 다녀오고, 충청우도 암행의사가 되어 충청감사 조병식의 비행을 들춰내다가 모함을 받아 유배되었다. 1년 후 풀려났으나 벼슬의 뜻을 잃고 시문에만 전념하였다. 그의 학문은 양명학의 지행합일의 학풍을 세우는 강화학파의 중심을 이루고 있었다. 강화도가 일본군과 프랑스 함대에 짓밟히는 것을 지켜보면서 분노를 잃지 않았다.

이건창·김택영과 평생 사우師友

당대의 문장가 이건창을 찾아간 매천은 자작시 몇 편을 보이면서 평을 얻고 또 그의 문하에서 기라성 같은 경향 각지의 문인들과 교유하고자 하였다. 이건창은 1852년생이니, 나이로는 매천 보다 3년 위이나 경력이나 명성 면에서는 비할 바가 아니었다. 하지만 이후 두 사람은 벗이면서 스승인 '사우師友' 관계를 유지하였다. 매천이 이건창을 찾아 뵌 정경을 이이화 씨는 마치 지켜 본 듯이 리얼하게 그렸다.

숲이 울창한 북악산 밑, 그리 크지도 작지도 않은 어느 집 사랑채에서 고담준론이 한창 무르익고 있었다. 두 주먹을 불끈 쥐고 시국을 한탄하는 청년도 있었고, 시 한 수를 지어 놓고 무릎을 치며 읊조리는 젊은이도 있었다. 모두 거나하게 취해 있었지만, 이 집주인만은 파리한 얼굴을 하고 학처럼 앉아 있었다.

이들은 누구인가? 이 집, 주인은 청년 문사요, 촉망받은 벼슬아치로 이름을 떨치던 영재 이건창(1852~1898)이었고, 자리를 함께한 청년들은 창강 김택영(1850~1927)을 비롯 여규형·정만조·이건방 등이었다.⁵

당대의 청년 문사들의 시문 담론의 장소에 시골청년 매천이 당돌하게 뛰어든 것이다. 시문에는 누구 못지않은 자신감이 있었기 때문이다. 앞의 글은 이어진다.

이때 불쑥 시골의 한 청년이 이 집 주인의 문명만을 듣고 아무런 소개도 없이 찾아와서 자리에 끼었다. 전라도 광양에서 왔다는 황현은 시 몇 수를 좌중에 내놓고는 장에 나온 촌닭처럼 윗목에 앉아 있었다. 이 자리에서 인정을 받느냐 못 받느냐에 따라 황현의 문사로서의 지위가 판가름나는 것이다. 이 자리에서 촌닭은 하루 아침에 학이 되었다. 매천 황현은 창강·영재와 어깨를 나란히 하는 문사가 되었고, 마지막 한문학 3대가의 지위에 오른 것이다.[6]

이렇게 하여 만나게 된 세 사람은 교분이 날로 두터워졌고, 시문에서 더욱 빛을 발하여 한말 3대 문장가의 대열이 되고, 이와 함께 매천은 당대의 문사들인 강위姜瑋·여규형呂圭亨·신헌申櫶 등과 사귀게 되었다.

역시 매천과 사우 관계가 되었던 김택영은 개성 출신으로 소년시절부터 고문과 한시를 공부해서 17세에 성균관 초시에 합격하고 20세 전후에 이건창과 교유를 가지면서 문명을 얻기 시작했다. 이들 세 사람의 진로는 각기 달라서, 김택영은 뒤늦은 나이에 관계에 나아가 중추원서기관, 홍문관 찬집소 등을 역임하다가 1908년 중국으로 망명하였다. 망명 중에도 매천과 서한을 주고받으며 교유하였다.

김택영은 망명 중에 조국이 일제에 병탄되었다는 소식을 듣고는 죄인을 자처하여, 소복을 입고 울분하여 망국의 한을 담은 「오호부嗚呼賦」라는 시를 지었다.

오호라!
하늘 아래 동서남북 땅 아닌 곳이 없는데

나는 왜 이 땅에서 태어났을까?

고왕금래 세월은 영원한데

나는 왜 이때를 만났을까?

하늘을 불러 애타게 물어도

하늘은 아무 말이 없네

오호라!

하늘을 불러도 끝내 대답을 해주지 않으니

옷깃을 풀고 외친다.[7]

매천은 뜻이 맞고 문사인 이들과 서울에서 자주 어울렸다. 이로써 그의 문장력은 곧 장안에 알려지게 되었다. 뒷날 이건창은 망명지에서 매천의 순절 소식을 듣고 서울 김택영의 집에서 처음 만났을 때부터 이후 교유의 과정을 「매천전기」에서 이렇게 썼다.

전라도 광양 사람인 매천은 사람의 됨됨이 안온하고 깔끔하다. 책을 읽으면 단숨에 외고 재빨리 이해한다. 그의 시는 날카로우면서도 다양하다. 사리를 헤아리는 기개가 지나치나 법도에 어긋나지는 않는다. 나이 겨우 스물 일곱인데 옛 말에 일컫은 "가멸찬 재질이 무리를 뛰어 넘는다"는 말이 빗나가지 않는 정도다.

처음 매천이 시골에서 공부하는데 고루하고 과문할까 꺼려서 옆에서 권하기를 "서울이 크다는 것은 글하는 선비가 많기 때문이다"고 해서 무슨 소득이 있을까 기뻐하며 오백릿 길을 걸어서 서울에 올라왔지만 막상 갈 곳을 알 수 없었다. 마침 나를 천거해 주는 이가 있어 이내 시로써 예물을 삼아 나를 찾아왔었다.

나는 그때 탄핵을 받아 문을 닫아 응접하기를 사절하고 있었고, 곧 귀양길을 떠나게 되어서 만나지를 못했었다. 매천은 서울에 머물러 있는 동안 두 서너 분 높은 벼슬아치들에게 그의 소문이 알려져 자주 초대를 받았었다. 그러나 매천의 성질이 조급해서 오래 머물지를 않았다.

다음 해 내가 귀양에서 풀려나 돌아오게 되자 매천이 매우 기뻐하여 다시 시와 문을 지니고 나에게 찾아오니, 그 초면의 반가움이 구면같았다. 이로부터는 매천이 내게서 머무는 날이 잦았다.[8]

장원급제하고도 출사거부 귀향

약한 먹잇감을 놓고 외부의 포식동물들이 뜸을 들이지 않는 것은 고금이 다르지 않다. 무능한 군주와 탐욕적인 지배층으로 노쇠하고 무기력해진 조선왕조는 내우외환으로 평온을 잃어가고 있었다. 1882년 6월 임오군란이 일어나 명성황후의 요청으로 대원군이 청국 톈진으로 끌려가고, 7월 제물포조약으로 일본군이 한성(서울)에 주둔하게 되었다. 내우외환은 갑신정변(1884. 10), 한성조약(1884. 11), 거문도사건(1885. 3), 방곡령실시(1887. 9), 전국 각지의 민란(1890~1892)으로 이어졌다.

매천은 한동안 서울에 머물면서 급박하게 변하는 내외 정세를 목격하고, 세상을 보는 안목을 넓혔다. 금강산을 찾기도 했다. 1883년 29세가 되었다. 아버지는 아들이 과거를 보아 가문을 빛내고 양반의 반열에 올려주기를 바랐다. 입신출세의 길은 과거의 길 뿐이었기 때문이다.

하지만 당시 삼정三政의 문란과 함께 과거제 역시 극도로 문란하여 권문세가의 자제들이 '입도선매'하는 경우가 적지 않았다. 시문에서 능력이 출중하였던 매천은 가족과 주위의 권유로 1883년에 시행한 특설 보거과保擧科에 응시하였다.

매천은 초시의 초장初場에서 장원으로 뽑혔다. 그러나 당시 시관試官 한장석韓章錫이 시골의 한미한 출신이라 하여 차석으로 고쳐 발표했다. 뇌물이거나 고위층의 '뒷배'가 작용했을 거였다. 이 사건은 그에게 과거에 대한 불신과 조정의 문란상을 절감하게 하는 계기가 되었다.

그는 훗날 『매천야록』에서 과거제도의 문란상을 소상히 기록하였다. 초시의 합격증이 200냥에 거래되다가 300냥, 500냥, 1,000냥에까지 팔렸으며, 회시는 만 냥, 대시大試는 10만 냥을 호가했다고 한다. 그는 또 문벌과 뇌물로 과거에 합격한 꼴을 두고 "사람마다 주사요 집집마다 참봉人人主事 家家參奉"이라고 썼다. 역사학자 이이화 씨는 한말 과거제의 문란상을 리얼하게 기술한다.

양반 자제들이 많은 수종을 데리고 들어갔다. 수종들은 책을 가진 자, 시험지를 베껴주는 자, 외부와 연락해 시험답안지를 바꿔치기 하는 자들이었다. 그리하여 어느 때는 사람들이 너무 많아 밟혀 죽는 자와 상처를 입는 자들이 많았다 한다.

응시자들이 하도 많아 시관이 시간에 쫓겨 반절 정도만을 읽고 채점하는 경우도 있었다. 그러자 시험지를 먼저 내려고 다투었고, 몇 사람의 글쟁이를 데리고 들어가 시험지를 분담해서 신속하게 작성하여 냈으며, 관리자를 매수하여 늦게 내고도 앞에 슬쩍 끼워 넣게 하였다.[9]

과거의 타락상에 크게 실망한 매천은 고향으로 돌아왔다. 벼슬의 꿈을 버리고 오직 학문을 연구하고 후학들을 가르치려는 뜻이었다. 광양에서 구례의 백운산 밑 간전면 만수동으로 옮겨 작은 초당을 짓고 살았다. 할아버지와 아버지가 구하고 자신이 한양에서 사 모은 서책을 쌓아놓고 글공부에 정진하였다.

만수동에 초당을 짓고 입주하면서 매천은 소회를 시로 적었다.

> 온돌이 따뜻해 병풍 두르고 누워
> 잠 한숨 자고 나서 열려진 창문 사이로
> 얼어붙은 강물이 시원스레 내다보이네
> 명절이라 집집마다 아낙네들 절구질하고
> 잘 가꾸어진 숲 속에는 나무마다 매화가 피었네
> 꿈 속에 옛 사람을 만났더니 귀신의 힘을 자랑했었지
> 눈 내리는 소리를 들으며 글재주 없음을 한탄하네
> 여보, 그만 말 그치고 독한 솔술 좀 들어보오
> 요즘의 궁핍한 시름은 끊을 길이 없어라.[10]

매천은 만수동 초당의 당호를 '구안실苟安室'로 지었다. 그곳이 '구차하게 편안함을 구한 방'이었는지, '구차하지만 편안한 방'이었는지, '다만 편안할 뿐인 방'이었는지 알 수 없다.[11]

매천이 향촌에 새 거처를 마련하고 있을 즈음 나라의 사정은 더욱 어려워지고 있었다. 남부지방에서 큰 흉년이 들어 유리걸식하는 백성들이 줄을 이었으나, 관리들은 재물 탈취에만 여념이 없었다. 그러던 중 서울의 벗들과 부모의 간청으로 매천은 1888년(33세)에 다시 과거를 보기 위해 상경하였다. 부모는 머리 좋은 자식이 반드시 벼슬을 하지 않아도 좋으니, 등과만 해서라도 가문의 명예를 살렸으면 하는 바람이었다.

시험 결과 매천은 당당하게 장원으로 뽑혔다. 매천이 응시한다는 소문에 유생들은 그의 장원을 점치고 있었다. 워낙 출중하여 부패타락한 과시의 시험관들도 어찌하기 어려웠을 것이다.

갑신정변(1884년) 이후 조정은 민씨 척족과 수구파의 권세가 더욱 강화되고 국정의 난맥상이 심해졌다. 서울의 사정은 매천이 시골에서 듣던 것보다 더 고약한 상황이었다.

이 같은 처지에서 매천은 출사의 의미를 찾을 수 없었다. 장원을 하고도 벼슬길을 포기한 채 다시 구례로 내려왔다. 조정의 대신 신기선申箕善과 이도재李道宰 등이 관직 출사와 교제를 요청했으나 거절하고 내려와 칩거했다. 박정양이 주미공사로 임명되어 미국에 파견되면서, 이건창이 그의 수행원으로 매천을 추천하였으나 그는 이것도 거절하였다.

'미친 정부'에 참여 거부

두문불출하고 독서에 열중하고 있을 때 서울의 벗들이 속히 상경하여 글도 짓고 벼슬을 하면서 시국담을 논의하자고 서한을 보냈다. 하지만 매천은 단호했다. "그대들은 어찌하여 나를 귀신같은 나라의 미친놈 족속들 틈에 들어가 같이 미친놈이 되게 하려느냐."고 질타하면서 듣지 않았다.

매천은 당시 조정의 형세를 '귀국광인鬼國狂人'에 비유하여 출사를 거부하였다. 역사의 긴 흐름으로 보아 때론 개인의 희생(불운)이 국가(민족)적으로는 큰 보탬이 되는 경우가 있다. 매천보다는 4년 후의 일이지만 백범 김구도 부패한 과거에서 탈락하여 관리가 되기를 포기하고 민족운동에 투신하였다. 매천이나 백범이 출사하여 조정의 녹봉을 받는 관료가 되었다면, 매천·백범과 같은 비범한 역사적 인물은 나타나기 어려웠을 것이다.

매천이 한말의 정국과 조정대신들을 '귀국광인'으로 표현한 것은 백 마디의 설명보다 정곡을 찔렀다. 이와 관련 한 연구가의 분석이다.

세도정치와 외세의 침투 압박 속에서도 그들을 추종하는 아첨배를 성토하는 데 영일이 없었던 것이다. 결벽성까지 간직하였던 황매천은 이런 간신배·아첨배·망국배들하고는 교담交談은 물론 상종도 하지 않겠다는 굳은 의지를 나타냈던 것이다.

이것은 한말의 부패상과 주체성 없는 정부 당국자의 한 모습을 단적으로 나타낸 비유라 아니할 수 없는 것이다. 물론 아첨배는 아니라 해도 그는 일단 고향으로 내려간 이후에는 누가 권유해도 상경 동참하는 것을 거절하였다.

가령 신기선이나 이도재 같은 정객이며 문장가가 몇 번이고 사람까지 보내 상경하여 글을 교류하자고 권유하였으나 모두 거절한 채 고고한 그의 심지를 보여주었던 것이다.[12]

왕조시대의 대사헌이나 대사간의 기능을 맡은 국·사립대학 총장이나 대법관이 부름만 있으면 거침없이 대통령 비서관으로 뛰어 가는 오늘의 세태와 비교하여, 그토록 부패한 과거제도에서 장원이 되고서도 '귀국광인'들이 득실대는 조정에 출사를 거부한 데서 매천의 기개와 참지식인의 순수성을 찾게 된다.

그는 이후 수차례 제의해 온 벼슬을 모두 거부하고 학문에만 전념하였다. 「무자년 생원시에 장원하고서」라는 시에서 그의 오롯한 심경을 담았다.

> 서생이 강물 실컷 마셔보고서야
> 강물 깊은 것을 깨달았네
> 예전에 헛되게 애쓴 것
> 이제 와 보니 도리어 우스어라
> 멀리 고향에서 장원급제 소식들을 걸 생각하니
> 부모님의 한 번 웃음 천금 값어치는 되리라.[13]

젊은 날의 매천에게 사상적 지향점은 당시의 유학자들처럼 전통적유학(주자학)이었다. 서당에서 주자학을 배우고 『주자강목』을 암송하면서 성장하였다. 20세 전 이웃 고을 장성 출신의 거유 기정진을 찾아뵙기도 하면서 그의 영향을 크게 받았다.

그는 기정진의 학문을 크게 존숭하였다. 『매천야록』에서 잘 나타난다.

> 노사 기정진은 조행이 독실하고 학문이 정밀 투철하였다. 그
> 가 이기理氣를 논함에 있어 전 시대 사람에게 의지하거나 아부

하지 않고 스스로 자기의 견해를 터득하여 문빗장을 뽑고 자물쇠를 열어 정미한 이치를 연구하여 수준이 깊었다.

그가 저술한 『납량사의納凉私議』 등은 호락湖洛의 여러 학자들을 모조리 쓸어낼 정도였을 뿐만 아니라, 아울러 율곡에 대하여도 불만의 뜻을 드러내었다.[14]

매천은 기정진을 존경하는 이유로, 그가 전인前人들에게 아부하지 않고 독창적인 이론을 가진 점을 들었다. 매천은 주자학을 배우면서도 여기에 빠지지 않았다. 다산 정약용의 실학사상을 높이 평가하고, 20세 이후에는 양명학에 크게 기울였다. 1876년 상경한 이후 만나 교유하게 된 이건창·김택영은 양명학의 주류인 강화학파의 핵심인물들이었다.

매천이 상경할 때의 목적에는 이들의 문장도 문장이지만, 양명학이라는 이념적·학문적인 동지의식에서였을 터였다. 이건창·김택영과는 물론 양명학자 이건초, 이건창의 동생 이건승, 김택영의 종제 이건방 등과도 절친한 관계를 유지하였다. 또한 실학의 계승자이며 개화사상가인 강위姜瑋·이기李沂·신정희申正熙 등과 밀접하게 교유하여 사상적·철학적 성장을 도모하였다. 매천은 30세를 전후하여 이미 전국적인 사상가, 문인들의 반열에 섰다.

2장

구례에 칩거하여 학문 전념

조선 선비의 정통 이어받다

전통사회에서 선비는 사士·농農·공工·상商의 사민四民 중에서 학문을 익혀 벼슬을 하는 사람士을 일컬었다. 사회 지배계층이었다.

조선시대는 산림파山林派라는 별도의 선비그룹이 존재하였다. 산림山林은 원래 '산곡임하山谷林下'에 은거해 있던 학덕을 겸비한 식자로서 산림지사山林之士 또는 산림독서지사山林讀書之士의 줄임말이다.

이들이 은거 생활을 하고 있다고 해서 중국의 죽림칠현竹林七賢과 같이 정치에 무관심했던 것이 아니었다. 오히려 중앙정치에 대해 항상 깊은 관심을 가지고 상소 등을 통해 유학자층의 여론을 조성하고는 했다.

16세기 말 성혼成渾·정인홍鄭仁弘 등이 중앙관직에 나서면서부터 산림의 정치적 활동은 두드러져지고, 인조 때부터는 본격적으로 정계에 진출했다. 그러나 훈구파와 사림파 간의 세력 다툼으로 대립갈등이 심화되었다. 특히 기묘사화와 을사사화는 피해자가 워낙 많아서, 산림파의 사기가 크게 저하되고, 일체의 관직에 나아가지 않고 산림에 묻혀서 학문연구에만 전념하는 인재가 많았다.

조정에서는 정치적인 개혁의 필요성을 느끼거나, 개혁적인 군주가 들어설 때이면 산림을 불러 주요 관직에 등용하거나 산림직을 따로 설치해 우대하기도 했다. 유교의 상징적 존재로 17세기 이후에는 정국을 안정시키는데 산림에게 명분과 실리를 제공하였다.

중종 시대 개혁정치를 실현하는 과정에서 '현량과'의 실시를 통해 인재를 등용하면서, 다수의 산림이 중앙정계에 등용되었으나 이후 훈구파의 모함으로 제거되는 경우가 많았다.

특히 영조 이후에는 외척 세도 가문의 대립이 심해지면서 산림은 관직에 거의 등용되지 않았으며 설사 등용되더라도 세도정치에 눌려 정치적 영향력을 발휘하기가 어려웠다.

조선 멸망의 원인 중의 하나는 유능한 산림들이 등용되지 못하고 특정지역, 특정가문의 인물들만이 중앙과 지방의 관직을 독점하면서 매관매직이 성행하고, 탐관오리들이 백성들을 수탈하면서 국력과 민력이 크게 약화된 것이다.

과거제가 문란해지고 음서제가 성행하면서 중앙정계는 특정가문, 특정지역 인사들로 짜여졌다. 신라 말기의 성골·진골의 행태와 조선 말기의 인사행태가 비슷했다. 조선 말기는 안동 김씨, 풍양 조씨, 민씨 일족의 세도정치가 장기간 권력을 오로지하면서 나라를 망쳤다.

우수한 인재들이 산림 또는 사림 士林이 되어 산야에 묻히고, 3류·4류급이 권력을 장악하여 저들끼리 나눠먹기하고 부패를 감싸면서 조선사회는 내적으로는 도처에서 민란이 일어나고, 외적으로는 서양(일본 포함)의 침략세력이 밀려와도 강력히 대처

하지 못한 채 국가의 기반이 흔들리고 있었다.

한국사에서 산림 또는 사림의 존재는 문학·사상적으로도 큰 역할을 하였다. 문학·사상사에 크게 발자취를 남긴 이는 대부분 관변이 아닌 산림(사림)들이었다. 면면한 산림의 전통은 한국의 현대사로 이어지고 있다.

박정희의 군사독재와 그 이후 권력을 승계한 전두환·노태우·김영삼·이명박·박근혜의 '훈구세력' 정치가 수구파와 특정지역 중심의 인사중용이 심해지면서 재야在野가 등장하게 되었다. 한국사회의 재야는 권력으로부터 배제·축출 또는 참여를 거부하는 인사들의 특수한 집단을 일컫는다. 특히 제도권의 야당이 제 기능을 하지 못할 때 재야(인사)가 반독재 민주화의 주도세력이 되었다.

조선시대의 선비는 재조·재야를 막론하는 용어로 쓰였지만, 관직보다는 학문과 사회적으로 행실에 모범이 되는 학인學人을 일컫는 경우가 많았다. 산림 또는 사림의 다른 표현이라 할 것이다. 선비에게는 학문적인 무장과 함께 청렴과 도덕성 등 다양한 의무가 따랐다.

선비가 사회적으로 뭇사람의 선망의 대상이 되고 국가가 소중히 여기는 것은 그들에게 특권을 누리라는 것이 아니다. 그들은 선비의 대접을 받는 이상 주어진 임무도 크다. 그것이 비록 강제성을 띤 것은 아니라고 해도 주어진 임무를 수행해야 할 책임이 있다.

그 책임을 이행하지 못할 때 정치는 정상 궤도를 벗어나게 되고 사회는 혼란을 초래하게 된다. 이것은 선비정신이 생동하느냐 아니면 침묵을 지키느냐에 따라서 엄청난 차이를 드러내게

된다.[1]

　매천은 조선 말기의 대표적인 산림파 선비의 길을 걷는다. 과거에서 장원을 하고도 차석으로 밀리는 인사횡포를 겪고, 그리고 부모와 지인들에게 떠밀리다시피 하여 다시 과거에 응시, 장원을 하고도 출사를 거부한 것은 "귀신과 미친놈"들로 짜여진 정부 각료들을 지켜보고서였다.

　매천이 과거 급제로 성균관 유생이 되었지만 중앙정부의 부패상을 보고 관도官途의 길을 포기한 채 향리로 내려와 구례군 간전면 만수동으로 이거하였다. 1886년 32세 때의 일이다. 이듬 해 이건창으로부터 박정양이 주미 공사로 임명되었으니 그의 수행원으로 추천하였으나 거절하였다. 이건창은 매천의 기개와 문장력을 평가하여 추천한 것이다.

　박정양은 1866년 문과에 급제하여 참판 등을 지내고, 1881년 신사유람단의 일원으로 일본의 선진문물을 시찰하고 돌아와 관제개혁과 개화에 공헌한 인물이다. 1887년 미국 특파 전권 대사로 부임하여 외교활동을 하다가 1894년 김홍집, 1차 내각의 학부대신이 되고, 이듬 해 김홍집내각이 붕괴되자 총리대신이 되어 과도내각을 조직했다.

　1898년 독립협회가 주최하는 만민공동회에 참정대신으로 참석, 시정의 개혁을 약속했으나, 수구파의 반대로 좌절되었다. 한말 고종 내각의 온건중립파로서 진보적 개화사상을 가진 인물이었다. 매천이 이때 박정양과 인연을 맺었더라면 그의 생애도 크게 바뀌었을지 모른다.

　매천이 박정양의 수행원을 거절한 정확한 이유는 밝혀지지 않았으나, 유인석 계열의 위정척사의 시대인식이 아니었던가 싶다. 이들에게 미국·프랑스·영국·러시아 등은 상종이 거부되는 '서양 오랑캐'였다.

사우들의 출사에도 흔들리지 않아

매천은 1890년(36세) 4월 만수동에 세 칸의 구안실을 짓고 칩거하면서 학문과 저술에만 열중하였다. 한 해 전에는 울적한 마음을 달래고자 경상도 지역을 1개월 간 여행하고, 돌아와 「천지일록天地日錄」을 지었다.

이 해에 이건창이 한성부소윤이 되었다. 이건창은 선비이면서도 매천과는 달리 기회가 오면 관도에 나가는 것을 꺼리지 않았다. 매천은 이해에 호남 출신의 큰 선비 해학海鶴 이기李沂를 만났다. 이기는 러일전쟁이 끝나고 일본과 러시아가 강화조약을 체결할 때 일본으로 건너가 일왕과 정계 요인들에게 일본의 조선침략을 규탄하는 '서면항의'를 하고 을사늑약 후 귀국하여, 1907년 라인영 등과 결사대를 조직, 을사오적의 척살을 기도했으나 권중혁에게 부상을 입혔을 뿐 실패하여 7년의 유배생활을 했다. 풀려서는 『호남학보』를 발행하면서 민중계몽운동을 펴다가 1909년 61세로 사망하였다. 매천은 이기를 만난 이후 사거할 때까지 교유하면서 학문을 나누고 나라 일을 함께 걱정하였다.

매천이 37세인 1891년 김택영이 진사과進士科에 합격하면서, 출사할 것을 거듭 요청했으나 매천은 움직이지 않았다. 더불어 '3대문장가'로서 자음知音의 관계이던 두 사람 특히 이건창의 출사에 충격이 컸겠지만, 그는 동요의 빛을 보이지 않았다.

매천은 뒷날 지은 「오애시」에서 "당시 조정에는 정사正土가 없고 모두 묘소眇少하기 때문에 이건창을 추모해서 생각한다"며 그를 선비의 이상형으로 묘사하였다. '묘소眇少'라는 표현은 '애꾸눈' 즉 조정대신들이 제대로 인격과 안목을 갖추지 못한 인물들이란 혹평이었다.

이건창은 1890년 한성부소윤이 되어 고종에게 시급한 현안을 상소하였다. 당시 국내에 거류하는 청국인과 일본인들이 우리 백성들의 가옥이나 토지를 마구 사들였다. 정부가 방관하는 사이에 그 규모가 점차 커지면서 그들이 소유권을 보호한다는 명목으로 온갖 비리를 일으킬 것에 대비하여 백성이 외국인에게 부동산을 팔지 못하도록 하는 내용이었다.

이 사실이 당시 조정에 큰 영향력을 행사하던 청국의 이홍장 측근에게 알려지면서 이건창에게 압력이 가해졌으나 뜻을 굽히지 않았다. 이건창은 1891년에 승지로 승격하였다. 그러나 외국인 부동산 구매 거부 사건으로 전남 보성에 유배되었다.

매천은 1893년 크게 분개하면서 유배지로 이건창을 찾아가 위로하고, 그와 같은 바른 선비조차 내쫓김을 당하는 조정의 행태와 국가의 앞날을 크게 우려하였다.

1892년 6월에 부친상에 이어 이듬해 2월 모친상을 당한 매천은 1895년 봄 탈상 때까지 일체의 만남과 시를 짓지 않았다.

매천의 30대, 그러니까 1883년(고종 20년)부터 39세가 되는 1892년(고종 29년)까지 10년은 나라가 위태로워지는 망국 전조의 시기였다. 1883년 9월 일본공사 다케조에 신이치로와 대한 제국 정부 재정고문인 러시아 출신 묄렌도르프가 비밀 교섭 끝에 인천·부산·원산 개항지의 관세 수세 업무를 일본 제일은행에 위탁하는 계약을 체결하였다. 이로써 정부의 권한이 크게 제약받게 되었다.

1884년 10월 김옥균·박영효·홍영식 등 혁신파인 개화당이 청국에 의존하려는 척족 중심의 수구당을 몰아내고 실질적인 독립과 개혁정치를 이룩하고자 갑신정변을 일으켰다. '14개조 개혁요망'을 발표하는 등 국정개혁을 내세웠으나, 미처 공포도 하기 전에 원세개의 청국군이 출동하여 개화파 정치는 이른바 '3일천하'로 끝나고, 주모자들은 처형되거나 해외로 망명했다.

일본 병력을 빌어 거사를 한 혁신파나 청국군을 끌어들여 개혁파를 제거한 수구파나, 국가의 장래와 안위보다 자파의 정치적 이해득실에만 몰두한 삭태는 크게 다르지 않았다. 갑신정변으로 조선에서 청의 세력이 강대해진 가운데 청·일 두 나라의 조선쟁탈전은 더욱 격화되었다. 또 이 사건을 빌미로 일본과 한성조약이 체결되었다. 조약은 일본의 피해에 대한 공식 사과, 일본인 피해자에 대한 보상금 지급 등이 주요 내용이었다.

이런 가운데 1891년부터 해마다 일본 어선 수십 척이 한국 연안에 몰려와 살인 강간과 민간인 재물을 약취하는 등의 난동을 부렸다. 전국 도처에서 민란이 일어나고 1892년 11월 동학교도의 삼례집회에 이어 1893년 2월 동학교도들이 광화문에서 복합상소하는 일이 일어났다. 그리고 1894년 초 전북 정읍을 중심으로 동학농민봉기가 시작되었다.

3장
___

매천
30대의 시문

'문장 맑고 뛰어나, 기교 부리지 않아'

매천의 본령은 어디까지나 문인이다. 조선시대 '선비=문인'의 등식이 이루어질 만큼 선비는 시를 짓는 것을 업으로 삼았다. 시·서·화를 두루 익히고 문·사·철에 능한 경우도 있었으나 모든 선비가 그런 것은 아니었다.

매천은 많은 시를 남겼다. 한국고전번역원이 2010년 8월에 간행한 『매천집梅泉集』 1, 2, 3, 4권에 실린 시는 총 400여 수에 이른다. 『매천집』은 매천이 자결 순국한 이듬해인 1911년 말경 중국 상하이에서 평생의 지우 창강 김택영에 의해 원집이 간행되고, 『매천속집』은 1913년에 간행되었다.

매천의 아우 황원이 가형의 유고집을 모아 망명중인 창강에게 보내고, 창강은 우여곡절 끝에 『매천집』을 간행하였다. 450질을 국내로 송부 도중에 총독부에 압수당하는 시련도 겪었다. 이 부문은 뒤에서 상술하기로 한다.

『매천집』을 간행한 김택영은 「성균관 생원 황현전」에서 매천 시의 우수성에 대해 다음과 같이 평하였다.

황현의 문장은 맑고 뛰어나고 서리犀利하며, 그의 시는 더욱 우뚝솟아 우리나라의 명가名家가 되었다. … 황현시는 조선조 500년에 있어서 몇 손가락 안에 꼽힌다. 그의 십절도시十節圖詩는 더욱 더 아름다우니, 피맺힌 충성심에서 흘러나온 것이기에 기교를 부리지 않아도 자연히 잘된 것이다. 비단 옷 위에 양가 죽 옷을 더한 것과 같으므로 비록 어린나이라도 그 아름다움을 알 것이다. 황현은 뛰어난 문장에 높은 절개를 더해, 그 빛이 백세에 드리울 것을 어찌 의심하겠는가.[1]

매천의 30대 시기의 시편 중 일부를 소개한다.

30대 전반기에 쓴 시문

매천이 30대에 향리에 은거하면서 쓴 시문을 통해, 이 시기 그의 사유의 세계와 시대인식을 살펴보기로 하자.

스승이었던 왕석보의 둘째 아들 왕사천王師天의 호가 소금素琴이다. 매천은 31세 때에 「왕소금 사천에게 부치다」라는 시를 지었다.

> 문 앞의 버드나무 한 가지가지마다
> 예전에 그대 와서 말 매던 때가 생각나
> 머나먼 길에 봄풀은 무정하기만 하고
> 좋은 바람 더디어 그윽한 꽃은 피질 않누나
> 백석을 노래한 우가는 마음이 장아하거니와
> 홍렬의 황금 제조한 술법 또한 기이하구려

강남의 안개비 속을 그대는 기억하는가
막 푸른 강리에 그리운 생각 부치노라.

매천은 같은 해 「춘사春社」라는 제목의 시를 지었다. 춘사란
입춘 이후 다섯 번째 무일戊日을 일컫는데, 옛날 민속에 따르면
이날 토지신에게 제시하여 풍년을 기원했다고 한다.

동쪽 이웃 가서 사주 마시니 술맛은 진국인데
춘궁기라 닭 돼지고기는 배불리 먹기 어렵네
꿈 속엔 나비와 인간 세상에 노닐거니와
사는 집은 도화동 골짝 안 마을에 있다오
함께 배워 훌륭한 아우 신취함은 보기가 좋고
농사할 만 하니 거친 밭 있는 것만도 기쁘구나
지금 다시 어느 때의 풍족함을 기대할쏜가
맑은 방 거닐며 노래할 제 달이 문을 비추네.

'이웃 서당의 과문에 화답하다'

매천은 31세 때에 「이웃서당의 과운課韻에 화답하다」는 긴
시를 지었다. 이웃 서당에서 시를 보내와서 답신으로 쓴 것이다.

햇볕 아래 물결 다사롭고 들판은 아득한데
지붕 모서리에 닭 울고 한낮은 길기만 하네
막걸리는 때로 양자의 집에 가져오고

봄 산은 정공향이 가장 좋기도 하구려
내 몸 위한 계책은 삼 년 묵은 약쑥도 없는데
나라 다스림엔 어찌 오묘의 뽕을 논할쏜가
오직 복사꽃 있어 나를 능히 사랑해주는데
맑은 시내 가로질러 세상과 서로 잊었노라

비장해 온 상자에서 진귀한 글을 얻었으니
저술하면서 잠부라 호칭함도 무방하겠네
앓고 나선 게을러져 그대로 담담해지고
세속 일은 끊어 버리니 점차 없어져 가누나
온 가족 태평성대에 살기나 바랄 뿐이지
내 자식 보통 아이와 똑같음을 왜 걱정하랴
깊은 밤 띳집 처마 밑에서 밝은 달 기다리며
약화로 껴안고 솔바람 소리 조용히 듣노라

처마 끝에 해 돋아 나무 그림자 드러날 제
잠 막 깨어 들으니 꾀꼬리 소리 유독 좋아라
봄 논밭 들판은 아득해 강하처럼 질펀하고
옛 비석 이끼 낀 글자는 호악문보다 푸르네
맑고 따스한 날은 되레 비 오기 쉬운 법이라
물가의 작은 산에 갑자기 구름이 이는구려
만발한 꽃 무성한 잎이 다 시 읊을 재료거니
천지 이치 처음 배우는 묘군을 돕는구나

솔 심은 게 어제 같은데 벌써 숲을 이루어

산 앞에 깊숙한 한 오솔길을 얻었네그려
방 안에 밝은 창 아래 죽부인이 흔들거리고
구불구불 흐르는 물엔 꽃 그늘이 옮겨 가네
나무꾼은 석양 아래 소문의 휘파람을 불고
춘풍에 크게 취한 이는〈양보음〉을 읊는구나
고상한 이에 붙여 보면 누가 그와 비슷할꼬
자신의 용모에 흰 구름 같은 마음이로다.

'위당 신 대장을 곡한다' 외

매천은 같은 해 「위당 신 대장을 곡한다」를 지었다. 여기서
말하는 대장은 조선 말기 무신인 위당威堂 신헌申櫶을 가리킨
다. 신헌은 고종 연간에 훈련대장·어영대장 등을 역임한 무인으
로 문장과 서화에도 능하였다.

평산 신씨는 대대로 가풍이 제일이거니와
다섯 조정의 인서로 한 대장이 있었으니
경술의 근원 추구해 용병의 근본 알았지만
태평성대를 만났기에 전공은 많지 않았네
휘하의 명신은 감 같은 인사가 많았거니와
집안의 여러 자식은 위의 재능이 옹결하네
관 덮은 뒤의 만사에 내 어찌 유감 있으랴
애영을 끝까지 누린 게 눈 가득 찬란한걸.

매천은 같은 해 「진사 김횡金鐄에 대한 만사」를 지었다. 그에 대해 알려진 바는 없으나 지역 출신의 선비였던 것 같다.

넓은 띠 높은 관 차림에 세속에 물들지 않고
십 년 동안 타관살이에 일생이 가난하였네
우연히 세상 경시한 건 관록 구한 게 아니요
비록 재덕을 숨겼지만 명성 또한 얻었구려
하늘이 글 읽은 선비 미워함을 알 길 없어라
앞으로 그 누가 다시 인재를 사랑할런고
사군의 강산 유람 약속 이젠 그만이로다
후일에 홀로 여행하자면 갑절 한스럽겠네.

'왕봉주 선생 사각師覺에 부쳐' 외

매천은 32세 되는 해 「책을 판데 대한 탄식 왕봉주 선생 사각에게 부쳐 위로하다」는 시를 지었다. 왕봉주는 왕석보의 장남으로 학행이 훌륭하고 시문에 뛰어났다.

옛날엔 전토 팔아서 책을 사더니
이제는 책을 팔아서 쌀을 사 오네
거문고 불 때고 학 삶는 건 물을 것도 없이
칼 뽑아 땅 찌르며 눈물 머금고 노래하네
오십 나이로 모소에 빠진 왕 선생은
흰 머리털 휘날리고 피골이 상접했구려

송이 있어 자연의 문장을 능사할 만하고
책이 있어 개황의 뜰 아래 바칠 만도 하건만
사람들은 안목 없고 나는 운명이 기박해
기개는 구름 같으나 집은 씻은 듯 청빈하네
거년에는 나귀 팔고는 산행을 그만두고
멀리 명산을 향해 머리만 조아릴 뿐이러니
금년에는 소를 팔아 봄 농사를 망쳤는지라
처자식은 원망하며 높은 노적 부러워하네
일절 소유한 거라곤 아무것도 없는데
학까지 놓아 아득한 선경으로 날려 보냈네
단지 나무 밑에 조그마한 집이 남아 있어
썰렁한 대사립이 달을 향해 열려 있는데
먼지 낀 시루는 안 돌보고 날로 시나 고치고
흥겨웁게 읊조리며 제자들을 가르치시네
선생의 오묘한 관찰엔 있고 없음이 없거니
초록 인간이 객사를 지나치듯 할 뿐일세
춘하추동 사계절이 서로 변천함에 따라
만승천자의 성궐도 주인이 서로 갈리거니와
육경은 더구나 옛사람의 찌꺼기일 뿐이니
착륜의 비유는 옳았고 미친 소리 아니었네
내가 팔긴 했지만 팔지 않은 게 남아 있으니
뱃속에 쟁여진 부본은 그 뿌리가 빛나고말고
곤포에서 옥 천히 여김은 옥이 많아서일 뿐
옥은 본디 까치에게 던지는 게 아니다마다. (이하 생략)

매천은 32세 때에 「소취 정경석에게 부치다」를 지었다. 정경석은 구례 출신으로, 『매천집』 발간에 협찬한 인물로 알려진다.

그대 같은 고학은 무쇠도 닳을 만하고
십 년 간 산골에 숨어 형설지공을 쌓았구려
반생 동안에 친구의 학문 성취한 것을 보니
재주 많음은 안 두렵고 많이 읽는 게 두렵네.

또한 같은 해 「감역 유노식柳魯植에 대한 만사」를 짓기도 했다. 유노식은 초심을 지키지 못하고 미관말직인 감역을 지냈다.

아미산 아래 수많은 단풍 숲 속에서
춘풍에 잠시 이별한 게 한 고금을 이루었네
먼지 쌓인 무쇠 벼루에 지난 일이 맘 상해라
꿈같은 붉은 관복에 처음 마음 저버렸구려
응당 뱃속 상자의 경전은 널리 전했으련만
연상의 계산엔 주의가 꼭 깊지는 못했겠지
죽은 뒤의 청전은 폐하지 않길 기약했구려
의젓한 한 아들이 열 자식보다 훌륭하네.

'만수동으로 이사 눈 쌓인 산속에서'

매천은 1886년(32세) 12월 8일 봉성의 만수동으로 이사하여 눈 쌓인 깊은 산중에서 쓸쓸히 지내며 회포를 읊었다. 「만수동으로 이사 눈 쌓인 산속에서」라는 시문이다.

> 산중 거처가 속진과 멀어진 걸 잘 알겠도다
> 솔바람 소리 듣기 좋아 아침까지 누워 듣네
> 땅 가득 구름 낀 산은 구절장 짚고 거닐고
> 하늘 닿은 밝은 달 아랜 한 퉁소 소리로다
> 도부는 써서 스스로 문 위의 벽에 붙이고
> 버들개지 필 때엔 한가히 다리를 지나가네
> 동문들 경비의 차림을 이미 익히 보았으나
> 이제부턴 맹세코 어초를 싫어 아니하련다
>
> 따뜻한 방 병풍 아래서 잠 한숨 자고 일어나
> 창문을 열고 흐르는 겨울 강을 유쾌히 보네
> 명절이라 집집마다 아녀자들은 절구질하고
> 산촌 경제의 밑천은 일만 그루 매화로다
> 꿈속에 고인 만나선 기백을 과시했는데
> 누워 가랑눈 소리 듣고는 시재를 한탄하네
> 경경은 송료가 준하다고 말을 말게나
> 요즘은 곤궁한 시름을 쉬 억누를 수 없구려.

매천은 33세 때에 「섬진강 동쪽으로 흐르는 물을 따라 하동으로」를 지었다.

> 온종일 강물을 따라 내려가노라니
> 모래톱이 어느 덧 눈에 익숙해지네

배 안개 짙은 곳에 북소리는 잠잠하고
비린내나는 저자 바람에 돛은 찢기었네
눈은 다 녹아 푸른 남악이 비껴 있고
하늘은 푸르러 동정호로 들어가는 듯
십 년 전의 일도 이미 묵은 자취어라
무슨 일로 이곳을 거듭 지나가는지.

　매천은 33세 때에 하동 군수(사군)인 동석東石 조정현을 방문하여 이틀 밤을 묵은 내용의 시「하동 사군使君 동석 조정현을 방문하여」를 지었다.

호향의 취묵 놀이 그 꿈이 아직 남았으니
올가을 이별과 만남은 다 끝없는 일이로다
나는 철적을 가지고 강에 떠서 내려오는데
그대는 매화와 함께 추운 겨울을 지냈구려
선보의 기묘한 거문고는 타기가 정히 힘들고
진번의 걸상은 예스러워 앉기가 되레 어렵네
오늘 밤에 하양이 좋은 걸 참으로 보겠도다
설월 아래 천 가호의 만 그루 대가 그것일세

흥이 나서 백 리도 멀다 아니하고
거룻배 저어 즉시 와서 만났다네
군은 옛 고을인데 강은 변한 게 많고
관장이 청렴하니 아전도 탐하질 않네
잠시 날아 몸은 학으로 화한 듯하나

같은 명성에 용 꼬리 된 건 부끄럽네

인간 세상 해 저물어 가는 때에

오늘 밤 만남을 잊기 어려우리.

　　매천은 35세 때에 「3월, 영남에 가려고 문을 나서면서 읊다」
를 지었다. 이 장章 역시 『매천집』 제1권, 김정기 역, 한국고전번
역원 발행에서 인용한다.

　　　　분분한 집안일들을 깨끗이 정리하지 못해 문을 나서자 다시

　　머리가 자꾸 뒤돌아뵈누나

　　　　논밭 열 마지기는 아우들에게 나눠 주었고

　　　　죽이나마 한 달 생활은 이내에게 밑기있네

　　　　종은 나를 아끼는 재간 있어 약간 그립지만

　　　　나귀는 개처럼 작아서 타고 가기 싫었었지

　　　　운전의 버들에게 간절히 하직의 말 부치노니

　　　　춘풍에 늘어진 네 만 가닥 실을 못 보겠구나.

　　매천이 35세 때에 지은 「홍류동에서 돌에 새긴 제명이 매우
많은 것을 보고 짓다」이다.

　　　　푸른 절벽에 붉게 새긴 이름 날로 많아져라

　　　　이 일은 오직 하사의 명성이나 낼 만하겠지

　　　　특별히 뛰어난 이는 참으로 이름이 안 썩나니

　　　　지금 바위 골짝의 온통 외론 구름이 그것일세.

35세 때 지은 「해인사에서 경담 스님에게 주다」이다.

손수 소나무 심어서 문밖의 산봉을 가리고
손 전송하러 꽃 사이를 벗어난 적도 없었네
나는 십 년 동안을 그대의 푸른 두 눈동자로
앉아서 가야의 만홀산 차지한 게 부럽구려.

35세에 지은 「수송대에서 예전 시에 차次하다」이다.

거북이 물 밖에 나와 볕을 쬐는 듯 한데
깊은 못 돌아 흐른 물은 한 활 길이로다
고인을 비췄던 건 단풍과 솔 그림자요
공중에 피어오른 건 구름과 물빛이로다
다리는 위태해라 나막신 소리 울리고
봉우리는 좋아서 평상을 옮기지 않네
나는 앉아 물에 꽃 떠가는 걸 보는데
봄바람에 바깥 세상은 한창 바쁘겠지.

30대 중반기에 쓴 자연시

35세 때의 작품 「강동 개석 정연갑의 초당에서 묵다」이다.

수승대 앞에는 버들 빛이 산뜻하고요
금원산 기슭엔 들꽃이 한창 봄이로다

십 년 동안 꿈에 어리던 구지산 길이요
천하에 반겨 준 이는 오직 동도인일세
계수 꽃이 한창인데 왜 벼슬하지 않는가
도원은 작지만 함께 이웃하길 허락하네
문을 나가 마부와 나귀는 지치거나 말거나
돌아보니 점차로 광려의 진면목을 알겠네.

35세의 작품 「함벽정에서 신노인 윤조에게 주다」이다.

두 줄 가을 버들 늘어진 한 물굽이 백사장에
옷소매 떨치며 우뚝 섰는 건 들국화로다
서풍을 향해 흔들려 떨어짐을 원망 마소
예로부터 그대 같은 백발이 하 많았다네.

매천 35세 때의 작품 「방 상사 하규를 곡하다」이다.

그 몇 해나 과거장에서 땀을 줄줄 흘렸던고
계륵 같은 공명 속에 귀밑이 진작 세었지
한스러워라 그대 금의환향하던 날에는
연명이 발병이 있어 찾아보질 못했었네

산전을 다 팔고도 병을 고치지 못했구려
금단은 이미 늦었으니 어찌한단 말인가
듣자 하니 진사방에서 서로 만난 이후로는
날로 뱃사공 시켜 날 나귀 태워 오라 했다지

요계 가을에 객중의 두 잉어가 당도했으니
수많은 국화들이 밤을 세워 시름했으리
보내온 서신이 절필임을 진작 알았다면
남들이 갖다 서로 완상토록 맡겨 두었으랴

사계정 모서리에 긴 무지개가 떨어지더니
밤중에는 송삼 숲에 엄숙한 바람이 일었지
손 들어 인간을 하직해도 인간은 몰랐는데
생학 타고 달 밝은 하늘을 훨훨 날아갔구려.

35세 때의 「대구에 사는 하산 정재동을 방문하고, 이별할 즈음에 벽 위에 써서 남기다」이다.

석 자쯤 된 다복솔은 둥글게 그늘 펼치고
버들가지는 치렁치렁 우물 난간에 드리웠네
이끼 낀 오솔길은 속객이 다닌 흔적 없는데
봄비 속에 문 닫고 들어앉아 난을 치누나

춘풍이 집에 가득하니 토사도 향기로워라
맑은 밤엔 등불 밝혀 온 난간이 환하구려
마을에선 생가 소리 삼백부로 떠들어대니
몇 사람이나 줄 그르쳐 주랑을 기다리는고.

서재 '구안실'을 짓고 쓴 시

매천은 향리에 '구안실'이란 서재를 짓고, 36세에 「구안실苟安室을 처음 이루다」를 지었다.

한가한 땅 가려 모죽으로 엉성하게 얽었는데
내 집을 사랑하니 의당 편액을 붙여야지
마당 지나 마을 가는 길은 막지 않았거니와
문만 열면 집의 주산은 한눈에 들어오누나
형제들은 밥 먹고 나면 서로 따라 모이고
아이들은 꽃 사이에서 장난치며 노는구나
짐승이나 새 말고 찾아오는 사람은 없어
사립짝이 있어도 잠긴 채 내버려 두노라

집이 이루어진 걸 보니 뜻을 한가로워지고
아이들 팔묵 장난에 웃음이 절로 나오네
계곡 깊이 더 들어가면 꽃은 골짝에 연하고
술 깨어 노래라면 달빛은 산에 가득쿠려
옹산은 실패하여 전토 두 이랑뿐이지만
기우는 오활하여 너른 집 천 칸을 생각하네
그대여 뿌리 씹어 먹는 걸 좋아할 줄 안다면
이게 바로 우리가 물욕의 꿈 깨는 관문일세.

매천은 같은 해에 「산거즉사山居卽事」를 지었다.

봄 저물어 계곡 깊은 물은 이끼처럼 파란데
바위 틈 꽃은 아직도 다 피지를 못하였네
소는 풀 향기 맡으면서도 뜯어 먹지는 않고
꾀꼬리는 깊은 숲 찾아 자주 날아오누나
이웃 서신 답장은 상판 머리에 놓고 쓰고
산나물은 기양주 잔 기울이는 안주로 삼네
학문은 비록 농사 이외의 일이 아니지만
고인 같은 재주를 얻기가 가장 어렵구려.

매천은 34세에 「밤에 앉아서 읊다」를 지었다.

장마철이라 일기가 일정치 않아
때론 구름 새로 달이 비치기도 하네
섬돌은 축축해 벌레들이 나오고
외양간은 무더워 소가 절로 놀라네
먼 불빛은 방아 찧어 가는 등불이요
이웃 말소리는 물 긷는 사람 소릴세
나무마다 조금 서늘한 기운 일어라
잠 못 이룬 채 맑은 새벽 맞이하네.

매천은 같은 해 「가을 밤에 읊다」를 지었다.

찬 강 기운 보내와 계곡 하늘은 환히 트이고
낙엽 바람 거세어라 밤 골짝은 슬피 우는 듯
산중 개는 지나는 범에 놀라 문득 입 다물고

서재 등불은 하 밝아라 사람 올까 두렵구려
장난삼아 아이 불러 이불 나란히 덮고 자고
일꾼에겐 재촉하여 방아 찧어 오라 하였네
오늘 밤에 유독 곤히 자는 걸 괴이타 말게나
열흘 넘게 나막신 신고 계곡을 답파했거니.

애국지사의 낙향을 위로하다

매천은 36세 때인 1890년 회당 이성렬의 유배지 단성현으로 찾아가 위로하고 이 시 「단성현에 가서 각학 이회당 성렬의 유배지를 방문하다」를 지었다. 이성렬은 성균관 대사성으로 있을 때 직무상의 문제로 유배되었다. 해제 후 전북·경북 관찰사 등을 지내고, 을사늑약 후 낙향하여 의병을 규합하다가 동지들이 체포되자 단식 끝에 자결했다.

분성의 굽은 길을 환한 강가로 좇아가서
용등 아래 잠깐 만나니 담소가 나오누나
잠시 유배로 벼슬살이 맛은 알았겠거니와
박통한 재주라 시로만 이름 내려 안 했었지
겨울이 다스워 일찍 우는 닭은 참 이상하고
밤이 오래자 놀란 기러기에 시름을 더하네
십 년 동안 백운산 깊은 곳에 깃든 나그네가
기이한 인연으로 뜻밖에 영남 땅을 밟았네.

매천은 1890년 애국지사 해학 이기李沂가 경북 달성으로 떠나자 그를 시로써 전송하였다. 이기는 유형원·정약용 등의 학통을 계승하고, 동학혁명에 적극 참여했으며, 일본으로 건너가 일왕과 정계 요인들에게 한국침략을 규탄하는 '서면항의'를 했고, 1907년 을사오적 암살을 결행하다가 붙잡혀 7년 유배형을 받고 진도로 유배되었다. 당시 지은 시문 「달성으로 가는 해학 이기를 보내다」이다.

> 그대 소문 들은 지는 벌써 십 년인데
> 그대 직접 보기는 금년이 처음일세
> 나는 관중의 가난함을 잘 알기에
> 그대 유표에 의지할 계획 동정하노라
> 쓸쓸한 봉성의 객사에는
> 울창한 솔과 계수나무가 둘러섰는데
> 안타까운 건 새장 속에 갇힌 새가
> 항상 하늘을 날 기세를 지녔음일세
> 우리 무리는 지극히 가련한 처지라
> 이런 한은 예부터 눈물을 흘렸었지
> 천금의 진귀한 숙상구를
> 풍상 속에 누굴 위해 낡아뜨렸나
> 동녘 길에 운산이 길게 뻗어 있으니
> 푸른 안개가 길손의 소매 적실 걸세
> 다행히 아직 노쇄한 때는 아니지만
> 이별의 순간은 한스럽기만 하구려
> 가다가 연진 나무를 건너노라면

쌍룡이 물밑에서 장난을 할 걸세.

술벗들과 어울려 시를 짓다

매천은 38세인 1892년 「4월 1일 반산재에서 추렴내어 술을 마시다」를 지었다.

> 그대를 기다리니 한낮에 즉각 당도하여라
> 스무 날 전 이 약속을 돌보다 굳게 지키었네
> 처음엔 백 전으로 주막 술이나 사려 했더니
> 반 자나 되는 협강 물고기를 가져왔구려
> 풍년이라 비가 넉넉해 꽃이 일제히 피니
> 선경에 산이 밝아 숲이 점점 성글어 보이네
> 봄여름 밭두둑 길을 잊은 지 오래이어라
> 고인도 혹 붓을 호미로 삼은 이 있었던가.

38세 때에 「4월 30일, 가대인 회갑연에 헌수를 하고 짓다」를 지었다.

> 만수산 깊은 곳이라 초여름도 선선한데
> 보리 바람 홰나무 햇살이 고당에 오르네
> 꽃 화려한 지붕 위엔 단사 기운이 어리고
> 술 거나한 인간에는 백발이 향기로워라
> 처자와 노비까지 건강히 잘 기른 게 기쁘고

인에 올라 다행히 노년 강건을 송축드리네
속상한 가난 십 년을 좋은 음식 못 드려 보고
슬하의 몸 색동옷 소매만 부질없이 길구려.

매천은 38세에 「단양端陽(5월 5일 단오절의 별칭)에 또 반산재
에 모이다」를 지었다.

무슨 일로 온 집안에 웃음소리 들리면서
연일 내내 기쁜 기색이 눈언저리에 넘치는고
예쁜 아이는 절로 만족해 탕병을 자랑하고
늙은 부친은 아직도 축수시를 능히 평하네
혜초 흔드는 갠 바람에 옷 그림자 산란하고
하 높은 좋은 나무는 골짝 그늘을 옮기누나
산이 깊어 앵두가 늦게 익는 걸 한탄 마소
파란 빛깔 청포주가 술잔에 가득하거니.

4장

'매천야록'을 쓰다

사마천과 매천의 역사 쓰기

매천의 생애는 대단히 단조롭다. 당시 재야 지식인들의 일반적인 패턴이었다. 해서 그는 시골에 칩거하면서 자신의 역할을 찾았다. 그것이 『매천야록』의 집필이다. 사마천은 "몸은 비록 궁형을 겪었어도 은인자중하여 구차하게 목숨을 부지한 것은 나의 문장이 세상에서 사라지고 후세에 남는 것이 없어 두려워하기 때문이다."라면서 전문 130권에 52만6천5백 자에 이르는 방대한 『사기』를 저술했다.

중국의 진보적 문인 루쉰이 "『사기』는 정말로 사필史筆의 절창이며 무운無韻의 이소離騷로서 손색이 없다"고 평가했듯이, 사마천은 역사를 있는 모습 그대로 파악해서 거기에 필주筆誅를 가함으로써 있어야 할 모습을 드러내었다. 그리고 56세에 『사기』를 완성하고 기진맥진하여 얼마 후 죽었다. 어디서 어떻게 죽었는지 단서가 없다.

매천이 언제부터 『매천야록』을 쓰기 시작한 것인지, 정확한 연대를 찾기 어렵다. 1864년부터 1910년까지 47년간의 정치정세와 사회상을 연대순에 따라 자신의 의견을 곁들여 기술하였다.

매천이 책의 제목에 굳이 '야록野錄'이라 붙인 것은 당시의 일반적인 정황이다. 군주시대에 역사는 국가 권력이 장악하여 편찬하는 이른바 관찬官撰 중심이었다. 『삼국사기』, 『조선왕조실록』이 그렇다. 그 대신 『삼국유사』, 『대동야승大東野乘』, 『대동패림大東稗林』 등에서 보이듯이 재야에서 지은 사서는 '유사遺事', '야승', '야록'의 이름을 쓸 수밖에 없었다.

하지만 '관찬'이 예나 지금이나 권력의 입김에서 벗어날 수 없고, 또한 역사가 승자의 기록일 터여서 호휘포폄을 제대로 기술하기란 쉽지 않았다. 이에 반해 '사찬'은 비교적 자유로워서 『삼국유사』나 『대동야사』, 『매천야록』의 저자들은 매인 데가 없어서 사실은 진실되게 기록하고 의견을 덧붙일 수 있었다.

황현이 『매천야록』을 집필하기 전후하여 김윤식金允植의 『음청사陰淸史』와 『속음청사』, 정교鄭喬의 『대한계년사大韓季年史』가 각각 쓰였다. 『음청사』는 김윤식이 순천부사 재임 중 영선사로 임명되어 상경한 뒤, 1881년 9월 1일부터 1883년 8월 25일 임오군병까지의 기록이다. 임오군병이 발생 때 청나라 쪽의 개입진상을 소상히 밝히고 있다.

정교는 『대한계년사』를 조선조 25대 고종 1년(1864)부터 1910년 병탄까지 47년간의 최근세사를 강목체綱目體 형식으로 기술하였다. 정교가 독립협회의 중요 간부로서 몸소 체험한 것을 기록한 것으로 매천의 야록과 비슷한 시기를 담고 있다. 양적으로만 따지면 『음청사』·『속음청사』와 『대한계년사』는 『매천야록』에 비해서 큰 편이다. 그럼에도 역사의 증언서로서의 의미와 자료적인 인용도에 있어서는 『매천야록』에 도저히 미치지 못하고 있다. 이는 무엇보다 기록 주체의 날카로운 비판 정신, 비장한 인간 자세에 관련이 되는 것으로 생각한다.[1]

『매천야록』은 앞에서도 잠시 언급했듯이, 고종 원년(1864) 대원군의 집정으로부터 순종 4년(1910) 한일병탄에 이르기까지 47년간의 한국 최근세사를 기록한 것이다. 바꿔 말하면 조선 망국사의 정사이면서 비사인 셈이다.

매천은 이 방대한 역사를 어떻게 시골 우거에서 무슨 경로로 정보를 듣고 기록할 수 있었을까.

> 자신의 직접적 경험이나 견문에만 그치지 않고 타자로부터 전문한 사실과 각종 문서 및 인쇄매체에서 채취한 기사가 대폭 포함되어 있다. (…) 비록 중앙 정계와 멀리 떨어져 있었음에도 종유한 벼슬아치나 문우文友들을 통해서 얻어들은 바가 자못 넓었던 것이다. (…) 당시 새로운 매체로 등장한 신문이 『매천야록』을 집필하는 그에게 통신의 역할을 했던 셈이다.
>
> 시골구석에 앉아 있는 매천에게 있어서 세계와 통하는 유일한 창구가 신문이요. 중앙의 동향과 지방의 사건들을 얻어 듣는데 관보官報도 계속 보았겠으나 역시 신문이었다.[2]

황현은 『매천야록』에서 궁궐의 은밀한 내용까지를 상세히 취재하여 기록하였다.

> 궁정에서 어느 날 밤 왕과 왕후가 놀이패를 불러들여 질탕하게 노는 데, "오늘 길 가는 길에 만난 정 즐거웠다. 죽으면 죽었지 헤어지기 어렵더라."는 잡스런 노랫소리를 듣고 그 자리의 다른 이들은 얼굴을 가리는데 명성후 혼자 좋아서 넓적다리를 치며 "좋아, 좋아."하고 감탄사를 연발하더라 한다. 자신의 직접

적 견문이 될 수 없음은 물론이다. 이 사실을 매천은 그 당시 궐내에서 숙직했던 승지 이희승(1851~?)으로부터 들었다고 제보자를 병기하고 있다.[3]

매천은 사마천의 사필 정신으로 『매천야록』을 썼던 것 같다. 사마천이 전설 시대의 황제黃帝로부터 시작하여 작자 당대인 한무제漢武帝 시대에 이르기까지 중국민족 3000년의 역사를 기록한데 비해, 매천은 당대사 47년간을 기록하는 데 그쳐서 한계는 있지만 기술방법과 비판정신은 다르지 않았다. 실제로 『사기』가 중국 3000년의 역사를 기술했으나 전체 내용의 절반 이상이 한나라 역사의 당대사라는 점에서 『매천야록』의 당대사 중심과 크게 다르지 않다.

> 『매천야록』의 비판정신은 전근대적인 '사'의 관점으로 왕조사 관계에서 벗어나지 못한 것이라고 무뎌지거나 굽어지지 않고 그야말로 '직필'을 휘둘렀음은 더 말할 나위 없다. 지존의 정상에 대해서까지 종래의 사필처럼 휘諱한다든지 완곡한 표현을 쓴다든지 하는 법이 없이 사실이라면 직서하는 주의였다. (…)
> 나라 망친 제일의 책임은 임금 고종과 명성후 민씨에게 지워지고 있음을 실감할 수 있다. 이들의 밑 빠진 독처럼 뇌물을 빨아들이고 미신에 현혹되는 등 황탄무도한 일들이 구체적 사례로 폭로되고 있는 것이다.[4]

사마천의 사필 정신은 권력보다 인의仁義를 상위에 두었다는 점이다.

천하에는 제왕과 현인이 많다. 그들은 생존 중에는 명성과 명예를 누리지만 죽고 나면 그만이다. 그에 반해 공자는 포의布衣에 불과했지만, 10여 대를 전하며 학자들은 그를 스승으로 삼았다. 중국에서 육예六藝를 논하는 자는 천자로부터 왕공王公에 이르기까지 모두 선생을 최종의 권위로 삼았다. 그는 지성至聖이라 불릴 만하다.[5]

사마천은 권력(자)의 본질을 꿰뚫고 있었다.

정치를 잘하는 자는 백성의 본성에 따라서 하고, 그 다음은 이利로서 이끌고, 그 다음은 깨우치며, 그 다음은 가지런하게 하고, 가장 하등인 자는 백성과 더불어 다툰다.[6]

'매천야록' 어떻게 구성되었나

『매천야록』의 본서는 7책 6권으로 구성되었는데 각 책의 내용을 표시하면 다음과 같다.

제1책 권1 상, 고종원년 갑자부터 동 24년 정해까지
제2책 권1 하, 고종 25년 무자부터 동 30년 계사까지
권2, 고종 31년 갑오 정월부터 동년 6월까지
제3책 권2, 고종 31년 갑오 7월부터 광무 2년 무술까지

제4책 권3, 광무 3년 기해부터 동 7년 계묘까지

제5책 권4, 광무 8년 갑진부터 동 9년 을사 10월까지

제6책 권5, 광무 9년 을사 11월부터 융희 원년 정미 7월까지

제7책 권6, 융희 원년 정미 8월부터 동 4년 경술 8월까지.[7]

매천은 『매천야록』에서 대원군의 집정과 안동 김씨의 몰락, 대원군 10년간의 독재정치, 민비와 대원군의 알력, 민비와 그 일족의 난정, 일본세력의 침투, 임오군란과 청국의 간섭, 갑신정변, 청일양국의 각축 등 고종 즉위 이후 20년간의 내정 외교와 기타 중요한 사실을 하나도 빼지 아니하고 대개 연대순으로 기록하였다.

또 권2 이하 갑오 이후는 완전한 편년체를 갖추어, 연월일순으로 동학란과 청일전쟁, 러일의 경쟁과 개전, 을사늑약 체결 이후 우리의 주권을 강탈하기 위한 일제의 모든 간계와 시책, 친일파 민족반역자의 매국행위, 이를 반대하는 의병과 의사의 활동, 탐관오리의 비행 등 실로 다른 서적에서 얻어 볼 수 없는 귀중한 사실을 많이 기재하고, 또 신문화의 영향을 받아 날로 변천해 가는 사회적, 경제적, 문화적 산실을 많이 수록하였다.[8]

예로부터 글文은 인人이라 하였다. 특히 사가史家는 안정복이 『동사강목』에서 지적한 바, "대저 사가의 대법大法은 계통을 밝히고 찬역篡逆을 엄하게 하여 시비를 바르게 하고 충절을 포양襃揚하며 전장典章을 자세히 하는 것"이다.

조선 후기의 실학과 성호 이익은 「필법론筆法論」에서 "춘추는 현실적인 힘이 미치지 못하는 자들도 글로 대신 주벌誅罰하는 책으로, 글자 하나 거취에 따라 나타나는 의리가 자별하다. 필

부나 인군, 난신이 제멋대로 하지 못하는 것은 칼보다 날카로운 필부의 붓 때문이다. 『춘추』의 필법을 통해 선악이 드러나고 존비가 구분되고 정사正邪가 가려진다."고 하였다.

매천의 활동시기는 전근대에서 근대로 이행하는 과도기였다. 전통적인 유교의 주자학체계가 무너지고, 위정척사파와 개화파가 대립하였다. 정치사적으로는 사림정치에서 표방하였던 통치 원리 즉 천리天理를 밝히고 인심을 바로 잡게 하여 이단을 배척하고 정학政學을 북돋우는 세도世道 정치가, 조선 후기에 와서 왕의 총신과 척신들이 득세하면서 '세도勢道'의 독재정치로 변하였다.

그나마 사색당파 시대는 당색끼리 견제와 균형이 가능했으나, 세도정치가 자행되면서부터 권력이 일파, 일가문에 집중되었다. 홍국영의 척족세도로부터 시작되어 김조순 계통의 안동 김씨, 남양홍씨, 풍양조씨, 여흥민씨, 동래정씨, 나주박씨 등이 단독 또는 연대하면서 권력을 독점하거나 과점하였다.

안동김씨 중심의 세도정치는 대원군의 집정으로 일단 종식되었으나, 10여 년 후 명성왕후가 권력의 실세가 되면서 여흥민씨 중심의 세도정치가 새로 시작되었다. 민씨 척족의 세도를 매천은 '민족閔族의 세도'라 부르며 비판했다.

나라를 망하게 만든 세도정치는 영조 때부터 성립된 노론 일당의 전제가 사림 및 산림의 등용을 막고 언로를 제약하면서 국력과 인력이 약해지고 결국 망국을 가져오게 되었다.

황현의 『매천야록』은 이와 같은 상황에서 집필되었다. 일파 일당의 전제가 국가·사회에 얼마나 많은 해악을 끼쳤는지, 국력이 어떻게 쇄락했는지, 한 논자(박노자)의 지적이다.

일본의 강요로 조선이 1876년에 강화도 조약을 맺었을 때
그 체결의 배경은 3만 2,777명의 장병과 군함 19척의 일본 육
해군을 조선으로서 현실적으로 대항해내기가 불가능에 가까
웠다는 힘의 열세였다.

대원군 비판에서 출발한 필봉

매천의 사필은 대원군 이하응을 타깃으로 시작되었다. 대원
군은 누구보다 척족세도의 폐해를 알고서도 사림(산림) 정치를
복원하지 않고, 자신의 독재정치를 감행한 데 따른 것이다.

사가史家나 언론(인)의 일차적인 타깃은 권력이어야 한다. 권
력은 본질적으로 부패·폭력·확장성을 갖기 때문이다. 『매천야
록』의 첫 타깃은 대원군 이하응의 거처이면서 권부의 상징인
'운현궁'에 꽂혔다.

> 관상감觀象監(천문·지리·역수·검산 등의 사무를 맡아보는 관사)은
> 일명 서운관署雲觀이라고도 하는데, 지금 임금의 잠저潛邸(임금
> 이 즉위하기 전에 살던 집)가 관상감의 옛터이기 때문에 그곳을
> '운현궁雲峴宮'이라고 부른다. 철종 초년에 관상감에서 성인이
> 나온다는 참요가 서울 안에 나돌았고, 또 운현에 왕기王氣가
> 있다는 이야기도 있었다.
>
> 이윽고 지금 임금이 탄생한 것이다. 지금 임금이 왕위에 오른
> 이후 대원군 이하응이 확장하고 새롭게 단장하여 주위가 몇
> 리에 이르렀으며, 사방에 문을 설치하여 위엄스런 모습이 마치

대권과 같았다.[9]

두 번째 서술은 시골의 무명 관상가가 벼슬을 얻게 된 과정의 '관상가 박유봉'이다.

청도사람 박유봉이란 자는 관상을 잘 보았다. 그는 자기 얼굴을 스스로 살펴보고 한쪽 눈이 멀어야 귀하게 될 것이라고 하여 드디어 한 쪽 눈을 찔러 버렸다. 임금이 어린 시절 잠저에 있을 때 그가 배알한 것이 있었는데, 사람들을 물리치게 하고 말하기를 '천일지표 天日之表'의 상이오니, 누설하지 마옵소서, 라 하였다. 박유봉은 갑자년(1864) 이후에 벼슬을 얻어 남양부사를 거쳐 수사 水使(수군절도사)의 직함을 받았다.[10]

박유봉이 어린 고종을 보고 임금(천일지표)이 될 상이라고 했다가 '수군절도사'가 되었다는 내용이다. 이 직함은 일찍이 이순신 장군이 맡았던 종2품의 무관직이다. 『매천야록』의 앞 부문 중 중요하거나 재미있다고 평가되는 대목을 골랐다. 먼저 '민씨와의 국혼'이다.

철종이 승하하였는데 후사가 없었다. 철종은 일찍이 지금 임금에게 뜻을 두고 있었기 때문에, 장동 김씨들이 옹립하려고 하였다. 김흥근이 말하기를, "흥선군이 있으니 임금이 둘인 셈이다. 두 임금을 섬길 수 있겠는가? 그만 둘 수 없다면 바로 흥선군이 좋지 않겠는가?"하였다. 김병학이 흥선군과 언약하여 자기 딸을 장추궁 長秋宮(왕비)에 간택하게 하면 외척의 지위가 그대로 유지될 것으로 생각했다.

임금이 즉위하고 나서 흥선군이 대원군으로 높여지게 되자 곧 김병학의 약속을 어기고 민치록의 고려孤女와 국혼을 청하니, 바로 명성후이다. 김병학의 딸은 그후 조신희에게 출가했다.[11]

'민중의 소리' 등 직설 보도

『매천야록』의 가치는 권세가들의 세계에서 일어난 비사들을 직필로 기록한 데 있다.

대원위분부

운현이 국정을 맡아 보던 갑자년(1864)에서 계유년(1873)에 이르는 10년 동안 나라 안이 무서워 떨었으며, 백성들도 혀를 내두르며 서로 조심하여 감히 조정의 일에 대해 말하지 못했다. 그래서 늘 저승사자가 문 앞에 와 있는 것 같이 여겼다.

옛 제도에 교령教令을 내릴 때 반드시 '대원위분부大院位分付' 라는 다섯 자로 내외에 온통 행해졌다. 갑술년(1874)에 친정親 政을 하게 되자 다시 옛 제도를 회복했다.[12]

원납전

경복궁은 국조 중엽에 누차 화재를 입었고, 임진왜란 때 전 소된 뒤에 폐허가 되어 다시 수축하지 못해, 남아 있는 것이라 곤 계단과 주춧돌 뿐이었다. 지금 임금 을축년(1864)에 중건하기 시작하여 여러 해에 걸쳐 공사를 마치고 정묘년(1867)에 어소御所를 옮겼다.

그 웅대하고 기걸스런 경관은 우리 나라에서 처음 있는 것이다. 바야흐로 역사役事를 시작할 때 재정이 텅 비어 일을 진행할 수 없어 팔도의 부호들을 뽑아서 돈을 할당하여 거두어들이니 파산한 집이 속출하였다.

그 행회行會(정부의 지시나 명령을 각 관사의 장이 그 부하에게 알리고 시행방법을 논의하기 위한 모임)를 할 때에 원납전願納錢이라고 칭하였는데, 백성들은 입을 삐죽대면서 '원납願納'이 아니라 '원납怨納'이라고 하였다.[13]

문세전·신낭전

이때 갖가지로 돈을 거두어들였다. 서울에서는 문세전門稅錢이 있었고, 지방에서는 장정의 숫자를 헤아려 징수하기도 하였는데 백성들은 그것을 '신낭전腎囊錢(콩팥을 넣는 주머니의 비유)'이라고 불렀고, 농토의 넓이에 따라 징수하기도 하였는데 백성들은 그것을 '수용전水用錢'이라고 불렀다. 또 민가의 망가진 솥, 모습, 가래까지 거두어 들였는데, 호戶의 상하 등급에 따라 근량斤量을 정했다.[14]

대원군과 관련된 '만동묘'와 '석파란'에 얽힌 이야기도 있다.

만동묘

만동묘萬東廟(임진왜란 때 도와 준 명나라 신종을 위해 세운 사당)는 청주 화양동에 있다. 이 묘가 창건 된 것은 대개 우암(송시열)의 뜻이었던 까닭에 그 옆에 우암의 사당을 두었는데, 세상에서 화양동서원으로 일컬었다. 서원의 일을 맡은 사람들은 대개 충청도에서 무단을 일삼는 양반집 자제였다.

묵패墨牌(서원에서 도장을 찍은 문서를 각 고을에 보내어 서원의 제숫돈에 쓸 명목으로 돈을 바치도록 한 문서)로 평민들을 잡아다가 가죽을 벗기고 골수를 빼내니, 남방의 큰 병폐가 되었다. 100년이 지났지만, 수령들은 그 성사城社를 겁내어 감히 힐책하지 못했다.

운현이 소싯적에 이 서원에 들렀다가 그곳 유생에게 모욕을 당하고 통한으로 여겼다. 권력을 잡자 그 유생을 찾아내 죽이고 마침내 그 서원은 철폐했다. 이 처사가 사감에 치우쳤다는 말을 들을까 걱정한 나머지 온 나라의 서원과 사묘를 모두 폐지하도록 하였다. 오직 48곳을 남겨두었는데, 모두 승무陞廡(공자의 사당인 문묘에 배향하는 일)한 명현과 국가에 충성과 공훈을 크게 세운 분들을 모신 곳이었다.

만동묘를 혁파하고 나서 명나라 마지막 황제의 신위는 북원의 대보단으로 옮겨 봉안하였다. 마침내 화양동 서원은 폐지되고 말았다.[15]

석파란

운현은 자호를 석파石坡라 하였으며, 어려서부터 완당 김정희를 좇아 서화를 배웠는데 특히 난초를 잘 그려 한때 석파란石坡蘭이 세상에서 대단한 평가를 받았다. 보정부保定府(중국 톈진 근처의 지명)에 구금되어 있을 때 중국 사람들 역시 그의 그림을 많이 구입해갔다.

지금 임금은 운현의 차남으로 대통을 계승했으며, 장남 재면은 자가 무경武卿으로 철종 말년에 과거에 합격하여 벼슬이 이미 대교였다. 딸 둘을 두었는데, 장녀는 조경호, 차녀는 조경구에게 출가했다. 서자인 재선은 무과에 올라 벼슬이 별군직이었는데, 신사년(1881) 겨울 안기영 등의 옥사에 걸려 사사되었고, 서녀는 이윤영에게 출가하였다.[16]

당대의 비리와 사회상을 밝히는 대목도 눈에 띈다.

당백전과 청전

경복궁의 역사를 할 때 원납전으로 부족하자 병인년(1866) 봄부터 당백대전當百大錢을 주조하여 물가가 갑자기 뛰어올랐다. 몰래 주조하는 사람이 많아 엄히 벌주었으나 금지하지 못하여 얼마 안 되어 중지했다.

또 정묘년(1869)에는 청국의 돈을 통용시켰는데, 이때는 비록 몰래 주조하는 일은 없었으나 물가가 또 뛰어올라 4, 5년 지나 갑술년(1874) 정월에 이르러 수입을 막고 통용하지 못하게 했다. 청국의 돈을 통용할 때 경상도와 함경도 지방에서는 쓰이지 않았다.[17]

천주교인 남종삼

천주교가 우리나라에 들어온 것은 정조 때였다. 그후로 여러 차례 제거하였으나 몰래 믿는 자들이 끝내 근절되지 않았다. 갑자년(1864) 초 전 승지 남종삼, 진사 홍봉주, 프랑스 사람 장경일(베르뇌) 등이 모두 형을 받아 죽었다.

남종삼은 승지 남상교의 아들로 북인 명문가인데 부자가 모두 문장으로 이름을 떨쳤다. 남종삼이 공초에서 말하기를, "전에 두세 번 양국洋國에 가서 좋은 벼슬을 하였는데 품계가 우리나라 이조판서에 해당한다."고 하였다.

홍봉주는 장경일을 맞아들여 사위를 삼았다. 그의 집을 적목할 적에 양침洋針이 여러 상자 나왔다고 한다. 임성교는 공주의 감옥에서 굶주려 죽었다. 이때부터 그 무리들을 조사하여 샅샅이 찾아내 뿌리까지 다 파헤쳤는데 용서받지 못하고 죽은 자가 전후로 2만 명 가량 되었다고 한다.[18]

진사 합격의 남발

진사의 본래 정원은 매회 200인을 뽑는 것이었는데, 지금 임금(1867)에 와서 특지特旨로 해액解額(지방에서 향시를 보고 중앙에서 실시하는 회시를 보기 위해 올라온 인원) 중에서 임금과 나이가 동갑인 사람 몇 사람을 선발하여 방의 끝에 추가했으며, 또 종친으로서 과장에 들어온 자는 촌수가 가깝고 먼 것을 가리지 않고 일률적으로 은전을 베풀었다. 그러다 보니 과거시험의 합격자가 남발하게 되었다.[19]

대원군의 인재등용 등 파헤쳐

흥선대원군이 사람을 뽑는 법과 그의 형에 관한 이야기가 있다.

운현의 사람쓰기

운현은 사람을 취하되 반드시 준걸하고 쾌활하며 일처리에 재빠르고 호기를 부려 큰소리치는 자를 쓸 만한 사람으로 인정한 반면 선비답게 세련되고 노숙한 사람은 타기했다. 이 때문에 술 마시고 도박 잘 하는 무뢰배들이 온갖 길로 연줄을 대어 진출하였으니, 수염 좋은 자, 장구를 잘 두드리는 자, 해학 잘 하는 자들이 대부분 좋은 벼슬을 얻었다. 그는 성품이 또한 술수를 좋아하여 점치고 운명을 논하는 자들이 좌우에서 떠나지 않았다.[20]

이최응

흥선군 이최응은 운현의 셋째 형이다. 그는 운현이 멋대로 행동하는 것을 보고 자못 그르게 여겼다. 당백전이 사용될 때 매번 포인庖人(주방 일을 보는 사람)이 고기나 야채를 사게 되면 상인을 불러 앞으로 나오게 하여 직접 돈을 셈해 주면서 말하기를, "어찌 한 푼의 돈이 백 푼에 해당할 이치가 있겠느냐?" 하고 한 푼 그대로 셈해 주었다. 그래서 후한 이득을 보는 자가 많았다.[21]

대원군이 실각한 이후

경복궁 역사가 끝나고 나서 또 토목공사를 일으켜서 서울의 모든 관의 건물들이 일신되었다. 관리들 또한 이를 본받고 선망하여 다투어 신축 보수공사를 하였다. 궁벽한 지방 외진 땅에도 성곽, 정대亭臺 등이 환하게 꾸며져 빛이 났다.

또한 해마다 무기를 점검하여 모두 예리하기 이를 데 없었다. 운현이 물러난지 채 10년이 못 되어서는 선혜청의 담장이 무너지는 지경이었으며, 동학군이 일어났을 때 주현州縣의 무기고를 열어보니, 모두 녹슬고 무뎌져 쓸 수 없었다.[22]

5장

'매천야록'의 인물평

박규수·최익현의 인물

'매천필하에 무완인梅泉筆下無完人'이라 했듯이, 매천의 필봉은 예리하고 준엄했다. 권세가나 부호, 친소관계를 가리지 않았다. 사마천『사기』의 '열전'을 연상케 한다. 대원군 집정기와 명성황후·고종시대에 매천의 시계視界에 포착된 인물은 수백 명에 달한다. 여기서는 1차적으로『매천야록』권1 상에 수록된 주요 인물과 비화, 사건을 중심으로 살펴본다.

박규수

박규수朴珪壽는 자가 환경, 호는 환재로 연암 박지원의 손자이다. 그는 빼어난 재주가 있고, 어려서 집이 가난하였는데, 매일 글을 읽었다. 익종(순조의 아들)이 대리청정을 할 때 미행微行을 좋아하였다.

어느 날 밤, 자하동에 이르니 옥을 깨는 듯 낭랑하게 글 읽는 소리가 무너진 담장, 구멍 난 들창 사이로 들리는 것이었다. 익종은 기뻐하여 곧장 들어섰다. 무감武監(무예 별감의 준말)이 손을 휘저으며 "어가御駕가 이르렀다." 하니, 박규수가 놀라 부복하였다.

익종은 일어나라고 명하고, 읽고 있는 책이 무엇이냐고 물어 본 다음, 자세히 살펴보고 말하기를 "글 읽기를 좋아하니 너를 등용하겠다." 하였다. 다음날 도성 안에 어가가 밤에 박규수의 집에 행차했다는 소문이 자자했고 박규수 또한 스스로 분발하였다.

이 해에 익종이 승하하자 그는 애통해하여 생을 이어갈 뜻이 없는 듯이 보였다. 신정황후가 그 이야기를 듣고 더욱 슬픔을 이기지 못하였다. 조병기가 집권한 후 신정황후가 힘껏 박규수를 도와주어, 그는 드디어 과거에 합격하였다.

갑자년(1864) 초에 그가 회사의 고시관이 되어 낸 시제詩題는 "금련촉을 거두어 한림원으로 돌아가는 소 학사를 전송한다徹金蓮燭送蘇學士歸院" 하였으니, 대개 동파(소동파)와 선인태후宣人太后의 일을 끌어다 스스로를 비유한 것이다.

최익현의 상소

최익현은 본관이 경주인데, 대대로 포천에서 살았다. 이항로의 문하에서 수학했으며 철종 때 명경과로 뽑혀 신창 군수로 있을 때는 은혜로운 치적이 있는 것으로 알려졌다. 그후로 집에 머물러 있고 오래도록 임용되지 못했다.

계유년(1873) 겨울에 최익현이 소장을 올렸는데, 운현을 배척하여 권신으로 지목되기에 이르렀으나, 임금이 부드럽게 비답을 내렸다. 운현은 분노를 이기지 못하고 문을 닫고 직무를 거부했지만 임금은 문안 인사도 안 했다. 이윽고 또 임금 앞에 가서 자신의 수고로움을 진술했으나, 임금은 묵묵히 있었다.

이에 서석보 등이 최익현을 떼 지어 공격하기를 골육을 이간시키고 임금을 겁박하여 천륜을 멀어지게 만든다고까지 하였다. 서석보의 상소에 "요순의 도는 효제일 따름이다"라는 등의 말이 있었으므로 임금의 노여움이 매우 심하여 서석보를 친국할 때 묶어 매달아 거의 절명할 지경이었으며, 임자도(신안군)로 천극안치(위리안치와 같은 말) 하라는 엄명을 내렸다. 이어서 최익현을 발탁하여 호조참판에 이르게 하였으나, 그는 소(상소)를 올려 간곡히 사양하였다.

최익현의 생활

최익현은 집이 매우 가난하였는데 노부모를 봉양하는 데에 효성을 다하였다. 매번 추운날이면 아버지의 방에 반드시 손수 불을 때며, "불 땔 사람이 없는 것은 아니지만, 온도를 맞추기가 어렵기 때문이다."라고 말하였다.

몸소 농사를 짓고 나무를 하였으며 채마를 가꾸는 일까지 직접 하였다. 서울에 일이 있을 때마다 도보로 왕래하였다. 만년에 이르러 은퇴하려고 하면 할수록 지위가 더욱 높아져서 한때 큰 명망을 짊어졌다.

대원군의 편파적인 인물 등용

흥선대원군과 형제인 이최응이나 민승호, 윤자덕 등에 대한 인물평을 보자.

운현궁 쪽 사람

불량한 무리들이 운현이 실각한 이후로도 유언을 퍼뜨려 대원군이 다시 쓰여지기를 기대했다. 임금은 그들을 미워하여 김세호·정현덕·조병창 등을 차례로 유배 보냈다. 젊어서부터 운현과 왕래하던 자들까지 찾아내어 죄를 씌워 쫓아내고 '운현궁쪽 사람'이라고 지목했다.

운현궁 쪽 사람이라면 뿌리까지 뽑으려 하였으므로 다른 당파의 사람이라도 서로 제거하고자 하면 으레 "아무개는 운현궁쪽 사람"이라고 모함하였다. 그래서 운현에게 덕을 본 것이 없는 사람들까지도 허다히 폐고를 당한 경우가 있었다.

이최응

흥인군 이최응李最應은 아우인 대원군과 평소에 사이가 좋지 않았다. 민승호 등이 그를 끌어내어 영의정으로 삼았으니 대원군과 대적하게 한 것이었다. 무릇 일을 진언해야 되는데도 난처한 점이 있으면 반드시 이최응을 시켜 탑전榻前에서 주달케 하였다.

이최응도 달게 꼭두각시 노릇을 하고 그 찌꺼기를 얻어먹었다. 운현이 이를 몹시 한탄하여 한번은 갑자기 침소로 찾아가 휘장을 걷고 뚫어지게 바라보며, "형님께서 오랫동안 나오시지 않으니 수양대군 같은 음모라도 꾸미시는 겁니까." 하였다. 당시 이최응은 병이 있다 하여 쉬는 중이었다.

민승호

민승호閔升鎬는 성격이 유화하고 어두운 데다 건망증이 심했다. 하루아침에 큰 정사를 맡음에 기강을 장악하지 못하니 아랫사람들이 두려울 것이 없어서 허튼 소리와 거짓말을 곧잘 하였다.

반년도 채 안 되어 온갖 법도가 해이해지니 이를 보는 사람들이 딱하게 여겼다. 얼마 안 되어 생모의 상을 당하여 상주 노릇을 하느라고 대궐에 나아갈 수 없었다. 이에 문서 왕래의 방식으로는 여러 복잡한 업무에 대응할 수 없었으며, 별입시別入侍의 무리들이 또한 안에서 용사用事를 하니 정사의 문이 마치 쥐구멍과 같아서 권력이 옆으로 많이 새어나갔다.

윤자덕

윤자덕은 병재 윤증尹抾의 후손이며, 정원용의 외손이다. 자못 문예가 있었으며 영합을 잘하며 이쁨을 받았는데, 호를 현호玄湖라고 하였다. 헌종 때에 총애를 받아 과거에 뽑혀 대교가 되었고 임금이 친정하자 전 참판으로 판서에 올랐으며 윤상민과 윤상연 두 아들도 연달아 대과에 급제하였다.

'까치 판서', '예예정승' 사례 지적

까치 판서와 예예정승 등 관리들의 별명과 관련된 일화도 있다.

신정희

신정희申正熙는 자가 원중原仲으로 신헌의 아들이다. 용모가 단아하고 재주가 빼어나고 높았다. 헌종 때 별군직別軍職으로 궁궐 안에서 독서하여 크게 은총을 입었다.

연로한 후 고향에 내려가 있을 때에도 헌종의 탄일이 되면 꼭 서울에 올라와 진전眞殿의 다례 행사에 참여하였다. 이야기가 당시의 일에 미치면 번번이 오래도록 흐느끼는 것이었다.

까치 판서

정기세鄭基世는 정원용의 아들이다. 정씨 집안은 재상이 많이 배출되었는데 '화이근신和易謹愼'을 가문에서 대대로 지키는 규범으로 삼았다. 혁혁하게 높은 벼슬을 하였으나 일컬을 만한 가풍이 없어 세상에서는 이 때문에 그 집안을 대수롭지 않게 여겼다.

정기세는 더욱 겸손하기로 자기를 지켜 다른 사람의 뜻을 거스리지 않았으며 남에게 좋은 소식을 전하는 것을 좋아했다. 그래서 당시에 그를 '까치 판서'라 불렀다.

이재면

이재면李載冕은 여러 민씨들과 결탁하여 상황이 바뀐 뒤를 기약하고 계획에 참여했다. 그런데 일이 성사되고 나서 민승호가 독점하게 되어 이재면은 뻔히 바라보고만 있을 따름이었다. 그때서야 분이 나서 욕을 하니 운현이 이를 알고서 말하기를, "에라! 돼지새끼로다."라고 하였다.

예예정승

흑전청륭(구로다 기요타카, 강화도조약 당시 일본 진권대사)이 함대를 이끌고 도착한 당초에 백관들이 날마다 의정부에서 회의를 하였다. 어떤 사람이 "강화해야 합니다."라고 하자, 수상 흥인군 이최응은 "예, 그렇지요."라 하고, 또 어떤 사람이 "응당 싸워야 합니다."라고 하니, 또 "예, 그렇지요."라고 하였다.

가부를 결정하지 못하고 날이 저물면 흩어졌다. 이 때문에 서울에서는 그를 '예예정승唯唯政丞'이라고 불렀다.

정범조

한창 가물 때에 여러 군읍에서는 곳곳에 기우제를 드렸는데, 수령들은 형식과 관례를 좇을 따름이라 민폐를 더할 뿐이었다. 심지어는 소를 잡고 술을 짊어지고 산사에서 기생을 끼고 노는 자도 있었다.

오직 전라 감사 정범조 만은 초라한 나귀에 어린 동자 하나 데리고 음식지공을 번거롭게 하지 않으며 도내의 영산을 돌아다니며 몸소 기우제를 지냈다. 그가 무등산에서 기우제를 지낼 때에는 뜨거운 햇볕 아래 앉아 머리를 조아리고 하늘에 호소하였는데, 그가 꿇어앉은 곳에 갑자기 구름과 안개가 일더니 조금 비를 뿌렸다. 백성들이 이를 신기하게 여겼다. (후략)

다산 정약용에 대한 인물평

매천이 실학사상을 높이 평가했던대로, 다산 정약용에 대한 인물평도 빼놓지 않았다.

정다산

정다산은 이름이 약용이며 남인이다. 정조 때 과거에 급제하여 관직이 승지에 이르렀다. 일찍이 초계문신抄啓文臣으로 규장각에 들어가 크게 인정을 받았다. 이로 인해 그를 시기하고 질투하는 사람이 많았다.

형 정약종의 옥사에 연좌되어 강진에 유배되었다가 18년 만에 풀려났다. 유배지에서 일이 없어 고금의 일을 연구하며 특히 민생과 국계國界에 유의하여 탐구해서 저술하였는데, 근원까지 파헤치고 지엽까지 다 살펴서 요컨대 '유용지학有用之學'을 이루었으니 모두 후세에 본받을 만한 것이었다.

『목민심서』, 『흠흠신서』, 『방례초본』, 『경세유표』, 『전제고田制考』 등의 저서가 그것이다. 우리 동방에 있어서는 거의 공전절후라 일컬을 만하다. 반계 유형원·성호 이익의 학문과 견주어 보면 또한 더욱 확대해서 넓힌 것이다. 시문과 잡지 등 『여유당집』 200권이 있으며, 또한 의학의 이치에도 매우 정통했다.

다산이 그후 형의 옥사에 연루되어 체포되있을 때 심문에 답변하기를, "임금을 속일 수 있겠습니까? 임금을 속일 수 없습니다. 형을 증언할 수 있겠습니까? 형을 증언할 수 없습니다." 하였다. 세상에서는 공적인 의리와 사적인 인륜 양편에 도리를 다했다고 말했다. 참으로 말하기 어려운 처지에 잘 대응한 것이라 하겠다.

다산은 유배생활 18년을 통한 온갖 어려움을 겪었지만 불평한 기색을 전혀 드러내지 않았다. 일찍이 유배 와 있다가 서울로 돌아가는 사람을 송별하여 시 한 편을 부채에 써 주었는데 그 기구起句에 "역정의 가을비 사람을 송별하게 더디댜"라 하고, 다시 "이릉李陵이 고향으로 돌아갈 기약이 없어라."라고 썼다.

붓을 던지고 길게 읊노라니 처연히 눈물이 흘렀다. 그 사람이 서울에 도착하여 당시 재상을 뵙는 자리에서 별 생각없이 그 부채를 보이게 되었다. 재상이 깜짝 놀라며 "정 아무개가 아

직도 이 세상에 노닐고 있단 말인가?" 하였는데 이윽고 풀려나
게 되었다.

다산이 의학의 이치에 매우 정통한 것을 두고 헐뜯는 자들
은 그것이 서학에서 나왔다고 하였다.

다산의 기억력

다산은 기억력이 매우 뛰어났는데 사람들은 계곡 장유張維에
견주었다. 정승 이강산李書九이 어느 날 영평에서 대궐로 오다가
길에서 한 소년이 한 짐의 책을 말에 싣고 북한산의 절로 가고
있는 것을 만났다. 십여 일 후, 고향으로 돌아가는데 다시 한 짐
의 책을 싣고 나오는 먼젓번의 그 소년을 만났다.

강산이 이상히 여겨 물었다. "너는 왠 사람인데 책을 읽지 않
고 다만 가거니 오거니 하고 있단 말이냐?" 소년이 대답하기를
"다 읽었습니다." 하였다. 강산이 놀라서 묻기를 "싣고 가는 게
무슨 책이냐?", "『강목綱目』입니다.", "『강목』을 어떻게 십여 일
동안 다 읽을 수 있단 말이냐?" 소년이 대답하기를 "다 읽었습
니다." 하였다. "읽었을 뿐 아니라 욀 수도 있습니다." 강산이 드
디어 수레를 세우고 책을 임의로 뽑아서 시험을 해보았더니, 거
의 배송背誦하는 것이었다. 이 소년이 곧 다산이었다.

정다산과 김추사

다산은 타고난 재분이 뛰어난 데다 백자百字에 관통했는데
오직 실용에 힘썼기 때문에 그의 저술은 고인의 법도에 그대로
맞기를 구하지 않아서 약간 잡박한 병통이 있었다.

비록 마단림馬端臨(중국 송말 원초의 대학자)·고염무顧炎武(명말

86

원초의 대학자) 같은 학자와 비교해도 손색이 없겠으나 그의 문장은 영청明淸 이래의 여러 명가明家에는 끝내 미치지 못할 것이다. 그렇지만 이것으로 저것을 바꿀 수 없는 것이다.

맏아들 유산西山 정학연丁學淵은 일찍이 추사 김정희를 초청해서 『여유당집』을 고찰, 교정하여 취사선택 해서 확정지어 줄 것을 부탁하였다. 추사가 그의 저작을 다 살피고 나서 유산에게 말하기를 "선생의 백세百世 대업은 진실로 위대합니다. 그 저작에 대해서 나는 실로 알지 못하는데 어떻게 능히 취사선택을 하겠습니까? 어찌 전고全稿를 그대로 보존하여 후세의 양자운揚子雲(한나라 때의 학자 양운)을 기다리지 않습니까?" 하였다.

추사는 글 짓는 천성이 경직되고 껄끄러운 소품小品 척독尺牘을 넘기는 데 그쳤지만 삐이닌 재주에다 박학하여 참으로 녹자적인 안목이 있었던 것이다.

사대부는 당파가 나눠진 이후로는 비록 통재通才, 대유大儒라 일컬어지더라도 대부분 문호門戶에 얽매이고 집착하여 언론이 편파적이기 마련이었다. 그러나 다산은 마음이 평탄하고 넓게 쓰는 데 중점을 두어 오직 옳은 것을 좇아 배우기를 힘 쓸 뿐 선배에 대해서 전혀 주관적 감정을 드러내지 않았다. 이런 연유로 남인들에게 경시당했다.

다산의 저작

지금 임금은 부국강병의 뜻을 강하게 갖고 여러 가지로 개혁을 시도하면서 신하들 중에 의지할 만한 사람이 없음을 한스러워 하였다. 을유(1885)·병술(1886) 연간에는 『여유당집』을 올리도록 명하고, 강개한 동시대에 살지 못함을 탄식하였다. 얼마 안 있어 다산의 증손 정문섭丁文燮을 대과人科에 발탁하였다.

지금 정한 13부제府制(1896년 지방제도의 개정에 구획된 13도) 역시 다산의 의도를 미루어 편 것이다.

다산이 저술한 책들은 하나도 간행된 것이 없고 개별적으로 서로 베껴 써서 책이 따로 각기 흘러다니고 있다. 『흠흠신서』, 『목민심서』의 경우 더욱 지방행정과 형사소송에 절실한 내용 이기 때문에 비록 당론이 다른 가문의 사람이라도 보배로 간직 하지 않는 이가 없다.

지금 벌써 수백 본이 나돌고 있는데 글자가 틀리고 빠진 것 이 많아 읽을 수 없는 지경이다. 정문섭은 비루하고 무식한 사 람이라 다산의 전고全稿를 팔았다고 한다.

탐관오리와 아명어사

탐관오리 조병식의 잘못을 밝히려는 어사 이건창의 이야기도 있다.

조병식

가을에 어사를 각도에 파견하여, 진정을 살히고 수령의 탐학 과 부정을 조사하도록 하였다. 충청우도 어사 이건창과 전라우 도 어사 어윤중魚允中이 가장 명성이 있었으며 그 나머지는 형 식적으로 임할 뿐이었다.

충청 감사 조병식이 재물을 착복 수탈한다는 소문이 자자하 여 복성福星(선정을 베푸는 사람)이라 하고 조목조목 진술하여 포상하도록 아뢰었다. 시비가 전도된 것이 모두 이런 형편이었다.

조병식은 민씨의 측근으로 그 위세가 불꽃 같았는데, 이건창은 미약한 한 소년으로 우뚝이 위풍을 지켜 봐 주는 것이 전혀 없었다. 당시의 의론이 이건창을 훌륭하게 여겼다. 민규호는 조병식을 힘써 변호하여 다시 조사하도록 하였으나 공의公議에 굴복하여 조병식을 지도로 유배 보내게 되었다. 한편 이건창은 사람을 함부로 죽였다고 무고당하여 벽동군으로 귀양 가게 되었다.

어사 이건창

이건창이 조병식을 탄핵하려고 할 때에 임금은 민규호의 말을 받아들여 매우 조병식을 비호하고자 하였다. 그래서 탄핵하는 글이 폭로되지 않도록 하기 위해 몰래 무예별감 두 사람을 보내 중도에서 그 징계狀啓의 초안을 빼앗아 포상하는 글로 바꾸려했다.

이건창이 이 사실을 미리 알고 샛길로 가서 곧장 승정원에 올렸다. 임금은 일부러 들추어내는 것으로 여겨 노여워 한 나머지 바야흐로 입대入對할 때에 얼굴에 매우 노기를 띤 채 큰 소리로 물었다. "너는 나이도 어리고 미욱한데 어찌 조병식의 그 허다한 일을 안단 말이냐?" 이건창이 황공해 하며 아뢰기를, "사실에 근거하여 일을 조사해 본 바 그렇게 하지 않을 수 없었습니다." 하였다.

이에 임금은 "틈이 벌어진 사이라 그런 것이 아니냐?" 하였다. 대개 이건창은 선대에 조병식의 가문과 신임당화辛任黨禍 때문에 척을 진 까닭에 민규호가 까탈을 잡도록 고자질한 것이다. 이건창이 아뢰기를 "밝은 해가 하늘에 떠 있는데 신이 어찌 감히 그럴 수 있겠습니까? 단지 제 몸이 어사가 되었기에 어사의 일을 행한 것일 뿐입니다." 하고서 그의 불법한 사실을 대략 밝혔다.

임금은 아무 대답도 않고 갑자기 물러가라고 명하였다. 이로부터 임금은 이건창을 과격하다고 여겨 크게 기용할 뜻이 없었다.

못난 이순신 장군의 후손 외

충무공 이순신의 8대손 이문영과 대원군의 일화와 민씨 일가의 세도정치에 관한 기록도 보인다.

충무공 8세손 이문영

충무공의 종손 이문영은 외양이 볼품없고 기가 약해 보였다. 병자년(1876) 봄에 흑전천륭이 강화도에 함대를 끌고오자 조야가 놀라고 두려워하였다. 이문영이 마침 운현을 배알하러 갔는데, 운현이 농담 삼아, "그대는 충무공 같은 할아버지의 후손이니 왜적을 격파할 무슨 좋은 계책이라도 있는가?" 하였다.

그는 즉시, "대감은 걱정하지 마십시오. 저놈들은 쉽게 막을 수 있습니다."라고 대답하였다. "계책을 정차 어떻게 내야겠는가?"라고 묻자, 그는 "충무공의 8세손이 이처럼 못났으니 가등청정加藤淸正의 8세손인들 무슨 용맹이 있겠습니까"라고 대답했다.

이 말을 들은 사람들은 포복절도하였다. 이때 흑전청륭이 가등청정의 8세손이라는 소문이 있었는데, 이문영 또한 충무공의 8세손이었던 것이다.

　유신儒臣으로는 우암 송시열을 추대하고 충훈忠勳으로는 충무공을 받들어 조정에서는 그들의 후손들을 매우 후하게 대우하여 다른 명신의 가문과는 견줄 바가 아니었다. 그런데 두 집안 자손들은 벼슬살이를 할 때 재물을 탐하여, 청렴결백으로 알려진 사람이 없다.

민영익閔泳翊

　민영익이 이미 관직에 나오고부터는 다음날 대교가 되고 그 다음날은 한림이 되고 다음 날은 주사가 되어 무릇 청직과 요직을 두루 맡지 않은 것이 없더니 1년 만에 통정대부通政大夫의 품계를 넘어섰다.

　임금과 왕비는 그를 매우 총애하여 그의 말이라면 따르지 않는 것이 없었고, 하루에도 세 번 입궐하였다. 대궐에서 물러나오면 빈객이 집안을 가득 메워 늦게 찾아온 사람은 종일 있어도 그를 볼 수가 없었다.

　민규호가 임금에게 아뢰기를 "나이가 젊은 사람은 마땅히 독서와 수양을 해야 하며 요직에 두어 나라의 일을 그르치게 하거나 사람들의 비난을 받게 해서는 아니되옵니다."라고 했다. 민영익이 그 말을 듣고 좋아하지 않았다. 매양 민규호가 어떤 일을 아뢸 때면 민영익이가 나서서 저지하였으므로 둘 사이에 틈이 생기게 되었다.

신정희

　신정희가 금위대장이 되었다. 무신은 옛날부터 부자가 한 시대에 나란히 등단한 일이 없었다. 신정희는 임금의 돌봄을 받은데다 민규호와 친근함 때문에 이 자리에 올랐던 것이다.

사람들 사이에 말이 많았는데 민영익은 자리에 앉으면 어떤 사람에게 "부자가 함께 대장에 오르다니, 옛날에 그런 예가 있었던가? 신진이라 나라의 체모에 어둡다고 말한 것은 무엇인가?"라고 말하였다.

민씨의 세도

민영목閔泳穆은 민영익의 먼 친족으로 문필도 있었고 분별력도 있어 여러 민씨 중에 다소 나은 편이었다. 그 역시 순서를 뛰어넘어 발탁되어 몇 년이 지나지 않아 정경에 이르렀다. 이에 민영휘·민영규·민영상 등이 청화의 요직을 줄줄이 차지하여, 밖으로 방백 수령에 이르기까지 좋은 자리는 모두 민씨 인척들의 것이었다. 또 명성황후는 자신 집안 돌보기에 빠져, 성이 민씨라면 가깝고 멀고를 따지지 않고 한결같이 보았다.

몇 년 사이에 먼 시골까지 미쳐서, 무릇 민씨 성을 가진 자들은 의기양양하게 일어서서 사람들을 물어뜯을 기세였다. 그러나 여러 민씨들은 모두 양자로 들어온 이들로 그 가운데 민정중·민유중의 혈속은 민영익 부자와 민영휘뿐이었다.

나합

나합羅閤은 고 정승 김좌근金左根의 첩이다. 나주 출신 기생으로 김좌근의 집으로 들어왔는데 지모가 많았으며 살펴 헤아리기를 잘하였다. 김좌근은 처음에 그 여자에게 고혹되었다가 오랜 뒤에는 제압되어 더불어 국정을 의논하기까지 하였다.

방백수령들이 그 여자 손에서 많이 나왔으며, 그 여자는 버젓이 바깥사람들과 통하여 한때 권세가 불꽃같이 타올랐다. 염치를 모르는 자들은 그 여자를 아첨을 바치는 자리로 여겨 '나합'이라고 일컬었다.

참판 조연창이 일찍이 나합에 초대받고 가서 마주 앉아 있는데 김좌근이 갑자기 들어와서 보고는 질책하기를 "영감이 어떻게 여기 있소?" 하니, 나합은 바로 웃으며 "대감은 이미 관상을 보지 않았습니까? 나 또한 관상을 보려는 것입니다."라고 대답했다. 김좌근은 "그래그래" 하고 나갔다. 대개 조연창은 평소에 관상을 잘 본다는 명성이 있었던 것이다. 그는 후에 이름을 병칭秉昌으로 고쳤다.

김홍집·김옥균 등의 인물평

김홍집, 이항로, 조성하, 김옥균에 대한 인물평도 찾아볼 수 있다.

김홍집

김홍집金弘集은 자가 경능이고 호는 도원道園으로 경은부원군 김주신의 후손이다. 김주신은 숙종의 국구國舅로 영조를 보우했고 신임 연간에 공로가 많았으므로 노론이 그에게 은덕을 입은 것으로 여겼다.

그래서 대대로 북촌에서 사는데, 세상에서 '북촌 소론'이라고 부른다. 혼인하는데 있어서만은 같은 당색을 취했지만 그밖에 벼슬살이나 교우 관계는 모두 노론이었다. 김홍집은 젊어서 과거에 급제하고 병자년(1876)에 홍양 현감으로 나가 혜정惠政을 하여 백성들이 흉년을 모를 지경이었다.

얼마 안 돼 통정대부의 품계에 올랐는데 재주가 민첩하고 일 자리가 능란한 것으로 당시 평판이 있었다. 그가 사신으로 떠 날 즈음 임금께 하직하고 자기 집으로 돌아오자 마침 점심상 이 나왔다. 바야흐로 성찬을 앞에 놓고 수저를 드는데 밥을 담 은 백자주발이 쫙 하고 가운데가 갈라졌다. 보는 이들의 낯빛 이 변했다. 그 후 김홍집은 일본에서 돌아와 여러 번 유림의 성 토를 받았으며, 갑오년(1894) 국정을 맡았을 때 일본 사람과 일 을 같이 하여 끝내 죽임을 당하는 화를 입었다. 이 모두가 수신 사로 떠날 때 조짐이 있었던 것으로 세상에서 깨진 주발의 징 험이라고 하였다.

이항로의 문인

이항로의 문인 중에 최익현·김평묵·홍재학·유인석 같은 이 들이 전후로 기절을 떨치고 명분과 의리를 부식했다. 세상에서 이항로를 강학가講學家 중에서 빼어나다고 하였다.

오리감사 조성하

조성하趙成夏가 죽었다. 그는 조병귀의 양자로 자존심이 강 해 권세를 좇지 않았으므로 일시의 명망이 그에게로 돌아갔 다. 갑술년(1874)에 국사가 날로 그릇되어가는 것을 보고서 임 금에게 건의하고자 하였으나 두렵고 겁이 나 감히 힘껏 간하지 못하였다.

그래서 일부러 평안 감사 자리를 얻어 지방에 나가 있었다. 그는 당시 갓 서른에 감사로 있은 지 수년 동안 풍류와 여색을 즐겨 매일 수천금의 비용을 썼다. 그림 그려진 배에서 풍악을 잡히고 밤낮으로 대동강 위에서 취해 노니 서도 사람들이 그를 '오리 감사'라고 불렀다.

김옥균金玉均

김옥균을 포경사에 임명하였다. 김옥균은 장동 김씨의 변두리 일가로 그의 양아버지 김병기는 음직으로 부사에 이른 사람이다. 김옥균은 약간 재능이 있었는데, 과거에 오른 지 10여 년이 지나도록 벼슬길이 열리지 않아 태서학泰西學을 연구하여 부강의 정책을 떠벌리며 명예를 구하려고 하였다.

박영교와 그의 동생 박영효·이도재·신기선·서광범·홍영식 등은 서로 어울려 작당하여 그를 영수로 추대했다. 그는 점차 임금에게 알려졌는데, 마치 기이한 재주와 능력이 있는 것처럼 비쳐져 임금이 그에게 경도되었던 것이다.

이때에 이르러 특별히 포경사를 설치하고 먼저 김옥균을 임명하였다. 서양인들은 고래를 잡아 많은 이익을 얻었고 일본인들도 그러했다. 그러나 무단히 그렇게 되는 것은 아니었는데, 김옥균은 방문도 나가보지 않고 혓바닥으로 고래의 이익을 만들었으니, 당시 사람들이 그를 비웃었다.

6장

한말 친체제와
비판 지식인

위정척사파와 개화파

매천이 구례에 칩거하여 '야록'을 쓰고 있을 즈음 서세동점의 거센 물결에 조선은 극심한 민족적 위기에 봉착하였다. 조선의 지식인 사회는 위기를 타개하고 국권수호와 근대적 국가발전을 추구하기 위하여 몇 갈래의 사회사상과 방법론이 제시되있다.

큰 갈래의 첫째는 전통 주자학의 맥을 이은 위정척사파衛正斥邪派 계열이다. 원래 '위정척사'라는 말은 「벽이론闢異論」의 바른 것을 지키고 옳지 못한 것을 배척한다는 유교적 정치윤리 사상에서 기원한다. 1866년 병인양요를 계기로 주자학의 대가 이항로李恒老와 기정진奇正鎭 등은 상소에서 서양인을 금수로 치부하면서 양물洋物과 천주교를 물리치기 위해서는 위정척사론으로 국력을 배양해야 한다는 국가자강론을 제시했다.

위정척사론은 개국·개화를 반대하는 척화·척사의 배타성과 보수성 그리고 사대주의, 중화사상을 바탕으로 하지만, 외세의 침략으로 국권이 누란의 위기에 놓이게 되면서 민족자존사상으로 승화발전하고 한말 의병전쟁의 이념적, 행동화의 원동력이 되었다.

첫째는 충의사상 존왕양이의 춘추대의론이란 한계를 벗어나지 못했으나 국가위난기에 국민통합의 명분론으로 작용하였다. 위정척사파 지식인 중 상당수는 의병전쟁의 지도자가 되기도 했지만 다수는 매국·친일의 앞잡이로 변신하였다. 위정척사파는 당대 친체제 지식인으로써 정국의 중심이 되고 여론을 주도하였다.

위정척사파 지식인들 중에는 유교국가의 근본을 지키면서 서양의 무기나 항해술 등을 받아들이자는 '동도서기론東道西器論'과 '중체서용中體西用'을 수용하기도 하였다. 이것은 개화파 지식인들도 비슷한 담론이었다.

둘째는 민족주체 의식의 발현을 목적으로 하는 동학운동이다. 이양선의 출현과 서학의 전래는 전통적인 조선사회의 가치관을 근저에서부터 뒤흔들었다. 국정의 문란으로 전국 각지에서 민란이 속출하면서 양반중심사회의 해체기에 접어들었다. 1860년 최제우崔濟愚를 교조로 하여 동학이 창도되었다. 조선 후기 세도정치의 결과 신분차별·적서차별·남녀차별 등 극심한 사회불평등 구조가 계속되면서 백성들은 보국안민·광제창생을 내세우며 후천개벽을 내세우는 동학(교)에 몰려들었다.

제2대 교주 최시형에 이르러서 "사람 섬기기를 하늘같이 한다事人如天"는 가르침으로 일반 백성은 물론 신분사회에서 소외된 사림계층, 중앙정계에서 밀려난 관료, 지방유생 등 지식계층의 지지를 받게 되었다. 1894년에 봉기한 전봉준의 동학농민혁명은 더 나아가 만민평등·제폭구민·축멸왜이·진멸권귀의 사회개혁 이념으로 제시되었다.

동학(농민혁명군)에 참여한 지식인들은 조선시대 최초의 전국 규모의 반정부 혁명군을 이끌면서 개국 이래 최초의 농민직접

통치를 실현하였다. 동학혁명은 유생들의 반대, 최시형을 중심으로 하는 북접의 비협력, 청·일 양군의 조선 파병, 특히 현대 병기로 무장한 일본군의 잔혹한 농민군 살상으로 좌절되었지만, 농민혁명군은 이후 항일의병 항쟁의 중핵세력이 되었고 그 맥락은 3·1혁명으로 계승되었다. 근대의 기점이라 할 수 있다.

셋째는, 자주부강한 근대국민국가 건설을 추구하면서 전개된 개화파 지식인들의 '문명개화' 사상이다. 1876년 강화도조약으로 개항된 조선사회는 열강의 도전이 증대되면서 위기의식을 느끼게 되고 김옥균·박영효·서광범 등 소장 지식인들은 개화를 추진하기 위해서는 주체 그룹이 필요하다고 믿고 개화당을 조직하였다. 이들은 모두 당시 최고위 양반출신의 영민한 자제들이었다.

개화라는 용어는 본래 주역에서 "개물성무 화민성속開物成務化民成俗"에서 취한 용어로서, 모든 사물의 지극한 곳까지를 궁구窮究, 경영하여 일신하고 또 일신해서 새로운 것으로 백성을 변하게 하여 풍속을 이룬다는 의미다. 개화파 지식인들은 민족적 위기를 당하여 나라와 백성을 자주적으로 근대화하고 변혁해서 진보한다는 뜻으로 이 용어를 사용하였다.

개화사상의 원류는 조선 후기 실학사상과 중국에서 들어온 각종 신서新書들을 공부하고, 여러 차례 통역관으로 북경에서 서구 열강의 침략으로 중국이 붕괴되어 가는 것을 지켜보고 위기감을 느끼게 된 오경석吳慶錫과 박규수朴珪壽·유홍기劉鴻基 등 신지식인들이다. 김옥균 등 신진사류는 이들의 영향으로 국제정세에 눈을 뜨게 되고 개화당을 만들어 미국유학생 출신 서재필 등과 함께 독립협회, 독립신문 등을 통해 개화정책을 추진하였다.

그러나 이들은 주체적인 역량이 부족한 데다 성급하게 거사를 도모하고 지나치게 일본에 의존하면서 갑신정변은 그야말로 '3일천하'로 그치고 말았다. 이들의 개화정책을 지지할 사회계층으로서의 시민층이 형성되지 못하고, 청군의 역량을 얕잡아 본 것 등이 실패의 요인으로 지적되었다.

매천, 위정척사파 계열에 속해

개화파 지식인들에게는 자주부강한 근대국가를 건설하려는 뚜렷한 목적의식이 있었고, 중국의 조선속방화 정책에 대한 과감한 저항의 행태를 보였다. 그러나 민족문제가 배제된 개화논리와 지나친 일본의존성은 이후 개문납적開門納賊의 계기가 되고 망국으로 이어졌다.

쇄국시기 위정척사파의 원류는 이항로(1792~1868), 기정진(1798~1879), 유중교柳重敎(1821~1893)가 중심이 되고, 개화파의 원류는 김정희金正喜(1786~1856), 최한기崔漢綺(1803~1877), 박규수朴珪壽(1807~1877)에 닿는다. 매천은 이 계열에 속한다고 하겠다. 동학의 원류는 유·불·선 삼교와 민간신앙적 요소까지 포함되는 한국전통사상에 맥이 닿는다.

문화개방 초기 위정척사파는 최익현崔益鉉(1833~1906), 송병선宋秉璿(1836~1905) 등이고, 개화파는 김윤식金允植(1835~1922), 박정양朴定陽(1841~1904), 김옥균金玉均(1851~1894), 박영효朴泳孝(1861~1939)를 들 수 있다.

문호개방 후기 위정척사파는 유인석柳麟錫(1842~1915), 곽종석郭鍾錫(1846~1919), 기우만奇宇萬(1846~1916), 허위許蔿(1855~1908) 등이고, 혁신 개화파는 박은식朴殷植(1859~1925), 서재필徐載弼(1864~1951), 윤치호尹致昊(1865~1945), 신채호申采浩(1880~1936) 등이다.[1]

동학의 맥락은 최제우(1824~1864), 최시형崔時亨(1827~1898), 손병희孫秉熙(1861~1922) 등으로 이어졌다.

위정척사파와 동학, 혁신개화파 지식인들의 위기 대처 방법론은 서로 달랐다. 위정척사파의 대의명분론에는 배일 의병전쟁론과 함께 사대 모화사상이 깔려있었고, 동학(혁명)에는 왕조 타도의 혁명세력과 순수 종교활동의 온건세력으로 나뉘었다. 개화파 역시 마찬가지였다.

개화파 중에는 급진론자와 점진론자가 있었다. 급진론자는 갑신정변의 주역이 된 김옥균, 박영효, 서광범 등 청년이었고, 온건파는 김홍집, 어윤중, 김윤식 등으로 개항 이후 나라의 주요정책을 결정한 집권세력이 여기에 속했다.

척사론의 바닥에는 주자학을 통한 중화사상과 사대주의가 깔려 있음을 간과해서는 안될 것이다. 척사론자들은 조선을 '소중화小中華'라 칭하고 보수성이 강했으나 한편 외세의 위험성을 경고하고 국민들에게 내수외양內修外壤을 강조하는 한편 일단 유사시에 총궐기할 것을 요청하였고 국민들에게 주체의식과 반외세의식을 고취하는 긍정적인 면도 있었다.[2]

동학은 교주가 참수당하고, 전봉준 등 혁명파 지식인들은 대부분 처형되거나 전투과정에 살해되었다. 2대 교주 최시형의 제자 손병희는 3·1구국항쟁의 지도자가 되고, 또 다른 제자 이용구는 매국노가 되었다.

근대의 기점과 성격에 관해 분명히 해 두어야 할 점이 있다. 영국과 프랑스를 '전형'으로 하는 서구근대가 있고, 또한 '서양의 충격'을 거친 다음 아시아 침략을 지렛대로 하여 이룩한 일본의 굴절된 근대가 있다. 식민지근대라 하더라도 아시아에서는 중국의 경우 반半식민지, 조선의 경우 완전식민지라는 서로 다른 위상이 있고, 더욱이 일본이라는 국민국가에 포섭되어버린 오키나와의 근대가 있다. 이와 같이 세계사에서 말하는 '근대'는 서구근대에서 식민지근대에 이르기까지 그 내용은 다양하다.[3]

전통적 신민臣民에서 신민新民으로

일반적으로 한국근대의 기점을 두고 여러 가지 논거와 학설이 나오지만, 여기서는 1894년 동학농민혁명의 발발 시점에 두고자 한다. 서구의 정통적인 '근대'와는 차이가 있어도, 동학혁명은 피압박 민중이 주체가 되고 탈봉건, 반군주, 척외세 이념이 깃들어 있기 때문이다.

한국 근대이행기 지식인들에게는 피치 못할 큰 과제가 안겨졌다. 외세의 침략으로부터 국권을 수호하고 근대적 민족국가를 수립하는 일이었다. 이에 관해서는 위정척사파, 동학, 개화파가 크게 다르지 않았다. 그러나 불행한 것은 이들 계열의 지식인들이 민족적 위난을 맞아 연대하거나 가치의 실현을 공유하지 못하고, 적대·분열함으로써 공멸하기에 이르렀다는 사실이다.

그럼에도 불구하고 민란, 동학혁명, 의병전쟁, 독립협회, 만민 공동회, 근대적 신문발간 등을 통해 백성들의 각성과 민중의식이 크게 성장하게 되었다. 왕조적인 신민臣民 의식에서 근대적인 시민市民 의식으로까지는 아직 이르지만, 신민新民 의식으로 전통적인 반상제도의 낡은 인식과 제도의 큰 틀이 허물어지게 된 것은 사실이다.

1900년을 전후하여 한국의 지식인 사회에 크게 영향을 주는 두 가지 '학설'이 도입되었다. 하나는 청나라 신지식인 양계초의 『음빙실문집飮氷室文集』에 실린 「신민설新民說」이 국역되면서 한국 지식인들의 담론이 되었다. 다른 하나는 우승열패, 양육강식의 사회진화론 사상이다.

먼저 '신민설'은 개회를 지향하는 학교에서는 교새에 쓰이고, 『독립신문』(1896년 창간), 『제국신문』(1898년 창간), 『황성신문』(1898년), 『대한매일신보』(1904년 창간) 등 잇따라 창간된 근대적 신문에서 서재필 등과 기독교선교사들에 의해 들어온 서구의 민주주의 사상과 결합되면서 지식인들의 중심 가치로 자리 잡았다.

1907년 안창호·신채호·양기탁·이동녕·이동휘·전덕기·이갑 등이 설립한 비밀결사의 이름은 양계초의 중요한 학설인 '신민설'에서 차용하여 신민회新民會라 지었다.[4] 신민회에 참여한 신지식인들은 평양에 대성학교, 정주에 오산학교를 세우고, 기관지로 『대한매일신보』를 발행하는 한편 평양과 대구에 태극서관을 설립하여 신문화운동에 노력하였다.

신민회가 무엇을 위하여 일어남이뇨? 민간 풍습의 완고한 부

패에 새로운 사상이 시급하며, 민간 풍습의 우둔한 미혹에 새
로운 교육이 시급하며, … 도덕의 타락에 새로운 윤리가 시급
하며 … 실업의 지지부진에 새로운 규범이 시급하다. … 오늘
새로워지지 못하면 … 필경 만겁의 지옥에 떨어져서 인종은 절
멸하고 국가가 폐허가 되고 말 것이다.[5]

한국 역사상 최초의 공화주의 단체로 꼽히는 신민회는 위정
척사파 계열 중의 진보적 인사들, 동학혁명 참가자, 개화파의
독립협회계열, 기독교계 인사 등 당시 활동하던 다양한 계열의
지식인들이 다수 참여하였다. 신민회의 목적은 국권을 회복하
여 자주독립 국가를 세우고, 그 정체는 공화정체共和政體로 하
자는 데 두었다.

독립협회 때까지 입헌군주제를 목표로 했던 지식인들이 불과
몇 해 사이에 공화정체로 깃발을 고쳐 단 것은 변혁기 지식인들
의 혁명적인 인식의 변화였다. 이들은 목표를 달성하기 위하여
무엇보다 국권을 회복할 수 있는 실력의 양성을 이룩해야 한다
고 믿고, 실력을 양성하기 위해서는 국민을 새롭게(신민) 할 것
을 주장하였다. 현대적 민주주의 사상이 배태되고, 이것이 진보
적 지식인들에 의해 수렴되었다.

'신민설' 지식인과 '사회진화론' 지식인

대한제국시대 지식인들은 1876년 일본과 강화도조약을 체
결하면서 쇄국의 문이 열리자 그 후 서구 열강들과도 통상조약

이 체결되어 외국의 선진문명에 접촉하게 되었다. 여름밤에 창문을 열면 시원한 바람과 함께 해충도 들어오듯이, 이 시기 일본과 서양의 각종 이질적인 문물이 유입되었다.

정부는 1881년 청나라에 영선사領選使, 일본에 신사유람단을 파견하여 선진문물을 받아들이게 하였다. 여기에는 관리 또는 관변 지식인들이 차출되었으며, 더불어 갖가지 문명의 '해충害蟲'이 끼어들어왔다.

'해충'의 하나는 사회진화론 또는 진화주의 이론이었다. 일본과 미국의 유학생이었던 유길준은 1900년대 초 일본의 대표적인 문명개화론자인 후쿠자와 유키치福澤諭吉와 미국에서는 진화론의 열렬한 지지자였던 동물학자 에드워드 모오스의 지도를 직접 받고 귀국하여 사회진화론을 전파하였다.

유길준은 일본에서 귀국한 직후에 쓴 「경쟁론競爭論」이란 글에서 인간사회는 경쟁을 통해서 진보한다고 주장하였다. 다윈의 진화론은 동종의 개체간의 경쟁을 기본으로 하였으나, 사회진화론은 사회와 국가 간의 경쟁까지 확대해석하였다.

1870년대 이후 열강의 조선침략과 때를 같이하여 도입된 진화론은 당시 개명·개화 지식인들에게 신선한 충격을 주며 큰 반향을 일으켰다. 진보적인 민족주의 사학자, 언론인들까지 이를 적극적으로 수용하면서 부국강병의 이데올로기로 인식하였다. 그러나 이것이 양육강식·우승열패의 제국주의 침략과 식민통치를 합리화하려는 지배권력과 결합하면서 신채호 등 조선의 진보적 지식인들은 이를 단호하게 배척하기에 이르렀다.

가토 히로유키加藤弘之를 중심으로 하는 일본의 대표적 사회진화론자들은 사회진화론을 국가유기체설과 결합시키고, 천황제 이론의 핵심이 되었다. 이것은 일본군국주의체제 강화의 배경이 되고, 한국의 친일파들은 "사회진화론을 빌어서 당시의 국제환경을 황인종과 백인종의 인종싸움의 시기라고 단언하고, 황인종 사이의 반목은 백인종의 아시아 침탈과 그 지배구조를 초래하게 된다는 명목아래 인종적인 싸움의 긴급성을 강요"[6]하는 모습을 보였다.

우월한 인종이 열등한 인종을 지배하는 것을 자연의 법칙으로 주장함으로써 일제의 조선침략과 지배를 정당화한 사회진화론은, 친일파 지식인과 민족주의 지식인들 사이에 전혀 이질적인 이데올로기로 수용되거나 배척되었다.

1884년 독립당(개화당)의 개화파 지식인들이 근대의 문을 열었다면, 1894년 동학혁명 지식인들은 평민주의 시민의식을 일깨우고, 1907년의 신민회는 봉건군주체제를 거부하고 공화정체를 선언하는 거대한 물굽이의 역할을 하였다.

개화파 지식인들에게는 위정척사파의 거센 거부세력이 있었고, 동학혁명 지식인들에게는 전통유학세력의 완강한 저항이 따랐으며, 신민회 참여 지식인들에게는 낡은 근왕주의 세력과 조선침략을 노리는 일본제국주의, 여기에 영합한 국내 친일파들의 탄압이 가해졌다.

일제침략기 친일지식인들의 반민족성

나라의 외교권이 일제에 강탈당한 1905년을 전후하여 한국의 지식인 사회는 국권회복을 위하여 외세에 맞서 싸우는 독립운동 세력과, 현실에 순응하면서 일제에 협력하는 친일세력으로 확연하게 분립되었다.

위정척사 계열 지식인 의병장들은 대부분 처형되거나 투옥되고 소수는 만주와 러시아로 넘어가 의병투쟁을 전개하였다. 최익현은 일군에 끌려가 절식 끝에 대마도에서 순국하고, 유인석·안중근 등 의병장은 만주와 러시아를 넘나들면서 일제와 싸웠다.

일제는 병탄과 함께 친일파와 황실, 대한제국 고관 76명에게 작위와 은사금을 주고 전국의 유생 721명에게 회유책으로 30만 엔을 살포하였다. 일제의 병탄에 맞서 순국한 황현 등 소수의 유학자가 없었던 것은 아니지만, 유림으로써 행세하던 유학 지식인 대부분이 망국의 대가로 회유금을 받은 것은 부끄러운 모습이었다. 고려가 망했을 때 72현의 두문동 칩거와는 너무도 상치되었다.

조선을 강점한 일제는 '완전히 그리고 영구히' 지배할 목적으로 이른바 일시동인, 내선융화, 내선일체라는 동화주의를 표방하였다. 여기에는 조선의 '문명화'라는 허울이 씌이고, 군경의 무단통치가 깔렸었다.

망국을 당한 한국의 지식인들은 해외 망명을 택하고 소수이지만 국내에 남아서 비협력 국수보존운동을 전개한 이들도 있었다. 최남선이 주도한 신문관과 조선광문회는 일본 유학생 출신의 지식인들이 시사주간지 『동명東明』 등을 발행하면서 실력양성론을 논의하였다. 참여자는 고의동·김도태·김두종·김정수·김홍제·김윤경·김은호·민태원·송진우·안재홍·염상섭·이광수·이상협·임규·정노식·주요한·진학문·최두선·현상윤·홍영우 등이다.[7] 이들 대부분이 친일변절의 길을 걸었다.

일제강점기 한민족의 정통성과 정체성을 유지한 지식인의 중핵은 망명지사들이다. 1910년 7월 신민회 계열의 지식인들은 국내에서는 더 이상 구국운동이 불가능하다고 판단하고 중국 청도에 모였다. '청도회담'에서는 백두산 부근이나 블라디보스토크에 토지를 매입, 개간하여 한인촌을 건설, 경제적 자립과 자치행정을 실현하고 학교·교회·무관학교를 세워서 독립군 기지를 조성하려는 원대한 계획이었다.

이 회담에 참석자는 안창호·신채호·이강·이종호·이갑·유동열·김지간·김희선·정영도 등 모두 한말 진보적 지식인들이다. 청도회담은 크게 성과를 거두지는 못하였으나 이를 계기로 해외 독립운동이 본격화되고, 지식인들의 무장 기지론이 제기되었다. 『황성신문』과 『대한매일신보』에서 많은 애국계몽의 논설을 쓴 박은식·신채호 등은 해외로 망명하여 존화적 사대주의 유교사관을 극복하고, 주체적 역사인식·근대적 민족주의사관을 정립하고 일제와 싸우는 역사이데올로기로 활용하였다.

7장

동학농민혁명에
대한 보수적 시각

동학농민 봉기를 '비도'라 표기

1894년 초 한반도 남쪽에서 시작한 동학농민 봉기는 넓게는 동북아시아의 판도를, 좁게는 조선왕조의 진운을, 그리고 매천 개인의 운명을 바꾸게 하는 거센 소용돌이였다.

매천이 낙향하여 울연한 심경으로 학문에 연찬하고 있던 시기, 전라도에서 일제히 동학혁명이 시작되었다. 전라도 53개주 전 지역에 집강소가 설치되고 농민자치가 이루어졌다. 4천 년 역사에서 처음 겪는 대규모적인 농민봉기이고 농민자치운동이었다.

> 이 시기 전라도의 전 지역은 농민군의 세력하에 들어가 있었고, 따라서 이 지역의 향촌 사회는 가위 혁명적인 격동을 겪고 있었다고 할 수 있다. 이 시기 농민군은 기존의 지배체제를 전적으로 부인하면서 새로운 사회질서를 만들고자 하였다.[1]

전라도 일부 지역에는 1891년경부터 동학이 포교되면서, 차츰 대중적인 지지가 확대되었다. 지배층의 수탈이 심해지고, 일본과 서양의 침략 위협, 각종 민란 발생 등으로 전통적인 주자학 체제가 무너지고 있었다. 여기에 동학이 양반사회의 계급질서를 부정하고 만민평등과 신분·적서제도嫡庶制度 등 사회적 모순타파를 제기하면서 농민층에 뿌리를 내리게 되고 조선사회는 급속히 붕괴되고 있었다.

동학을 창도한 최제우가 혹세무민의 죄로 체포되어 대구 감영에서 처형되었으나, 교회 조직은 날이 갈수록 확대되었다. 곡창 지대인 호남은 탐관오리들의 탐획이 특히 심하면서, 이에 대한 저항으로 동학교세가 세를 얻게 된 것이다.

매천은 앞에서 지적한 대로 사상적으로 이항로-유인석으로 이어지는 위정척사파 계열이었다. 유교를 개혁하여 유교적 가치관으로 조선을 재건 부흥시키자는 주장이다. 젊은 시절 한때 스승으로 모시고 공부했던 왕석보 역시 같은 셰열이었다.

그럼에도 매천은 양명학에 깊은 관심을 갖고, 교유 관계의 핵심 인물들도 모두 양명학 신봉자들이었다. 양명학에 경도되기 전 매천은 다산 정약용의 실학정신을 높이 평가하였다. 강진에 유배 중일 때 집필한 여러 저술을 구해 읽었다. 그리고 『매천야록』에 비중 있게 기록하였다.

매천이 살고 있는 구례도 동학교도들이 많았고, 이들은 동학혁명에 열정적으로 가담했다.

1894년 3월 전봉준·손화중·김개남 등이 무장에서 집결하여 고부 백산에서 창의를 선포하였을 때, 전남지역의 동학교도들도 상당수 농민군으로 참여한 것으로 보인다. 오지영의 『동학사』에서는 영광·무안·장흥·담양·창영·장성·능주·광주·나주·보성·영암·강진·흥양·해남·곡성·구례·순천 등지의 동학교도들이

참여했다고 적었다.[2]

매천은 인근 지역에서 동학혁명에 참여한 농민들이 많았고, 전라도 전 지역이 혁명의 열기에 충만한 것인데도 대단히 비판적인 시각을 보였다. 그는 "동학의 시말은 『동비기략東匪記略』에서 상세히 갖추어 서술한 까닭에 이 책(『매천야록』-필자)에서는 대략 언급한다."고 썼다.

안타깝게도 이 책은 아직까지 발굴되지 않았다. 해서 그의 동학(혁명)에 대한 인식과 비판은 『매천야록』(필자)과 비슷한 시기에 쓴 『오하기문』에 의존할 수밖에 없다.

매천은 시종 동학(혁명군)을 '적賊' 또는 비도匪徒라 불렀다. 비적匪賊이란 "무장을 하고 떼를 지어 다니면서 살인·약탈을 일삼는 비적단"(국어사전)을 일컫는다. 그는 동학을 비적으로 보았다. 위정척사 계열뿐만 아니라 당시 재조·재야 유생들의 일반적인 시각이었던 것 같다. 하지만 정부 인사 중에 '민당民黨'이라 부르는 등 진보적인 성향을 보인 경우도 있었다. 매천의 「선무사 어윤중」 기사에서부터 이 같은 인식을 살피게 한다. 동학과 관련된 내용을 소개한다. (이하 임형택 번역, 앞의 책)

선무사 어윤중

동비들이 드디어 해산하자 홍계훈洪啓薰은 군대를 거두어 돌아왔다. 조정에서는 기색이 퍼져서 서로 축하했으나 잠재된 우환은 비로소 커져갔다. 충청도와 전라도의 사대부들은 모두 어윤중의 실책이라고 허물하였다.

어윤중은 보은으로부터 여러 고을을 돌며 순찰했다. 처음에 이도재李道宰의 형 아무개가 충청도에서 살고 있었는데, 그는 무단을 자행하다가 그 지방 백성에게 살해당했다. 마침 이도재는 귀양을 가 있었기 때문에 세력을 잃어 원수를 갚을 수 없었다. 이에 이르러 어윤중이 선무사의 위엄을 빌려 그 자를 쳐죽였다.

또 사람을 시켜 악양岳陽(하동군의 마을)의 손씨 선영에 치총置塚하였다. 치총이란 옛날의 수장壽藏(살아 있을 때 미리 마련한 묏자리)과 같은 것으로, 우리나라 풍속에서 남의 무덤을 침범하는 것을 금하고 있었다.

그런데도 손씨는 두려워하여 감히 대항하지 못하였던 것이다. 사람들은 이 두 가지 일을 모두 선무사로서 할 일이 아니라고 말했다.

어윤중은 평소 풍수술에 빠져 스스로 그 술법에 정통하다고 여겼다 한다. 어윤중은 전후 장계狀啓에서 동학을 가리켜 '비도'라 하지 않고 '민당民黨'이라고 일컬었으니, 마치 태서泰西(서양)의 민권民權 같이 들려서 식자들이 그의 실언을 허물하였다.

사실 기록하면서 시각은 보수적

매천의 동학에 대한 '비적 인식'은 그의 지우知友 이건창도 비슷한 시각이었다. 이들 뿐만 아니라 유림들의 일반적인 인식이었다.

매천의 동학에 대한 인식은 지극히 보수적이었으나, 그의 기록을 통해 '동학혁명'의 실체와 진행 과정을 어느 정도 읽을 수 있다. 이런 의미에서 『매천야록』과 『오하기문』은 동학혁명과 조정의 대응, 청·일의 출병 과정 등을 소상히 파악할 수 있다. 이는 마치 일제 검·경의 독립운동가 심문·재판기록에서 역설적이지만 독립운동사의 소중한 기록과 자료를 찾는 것과 비슷한 사례라고 하겠다.

이건창의 어윤중 탄핵

부호군副護軍 이건창이 상소하여 어윤중이 동비를 토벌하지 못한 과오를 논하였다. 이 상소가 올려졌으나 살펴지지 않았다.

당시 어윤중은 임금의 교지를 받들어 동비를 무마하여 해산시키는 데 급급하였으나 식자들은 그의 조치가 마땅함을 잃었다고 비난하였는데, 공개적 논박은 이건창으로부터 시작되었던 것이다. 동비의 무리가 터져 나오자 세상에서는 그의 선견지명에 감복하였다.

고부의 민중봉기

고부에서 민란이 일어나 군수 조병갑이 달아났다. 나라에서 그를 체포하여 심문하도록 명하고 용안 현감 박원명을 대신 군수로 보내고, 장흥 부사 이용태를 안핵사로 삼았다.

조병갑은 고 군수 조규순의 서자로 부임하는 곳마다 탐악하게 굴었다. 계사년(1893)에 가뭄으로 기근이 들었는데, 그는 재결災結을 무시하고 다같이 마구 거두어들이니 백성들이 마침내 난을 일으킨 것이다.

박원명은 대대로 광주光州에서 살았고 많은 재산을 가지고 있었는데, 자못 재간도 있고 또한 본도 사람이라 필시 정황을 잘 알 것이라 하여 민영준이 그를 기용하였던 것이다. 이윽고 또 순천에서 민란이 일어나 부사 김갑규를 쫓아냈고, 영광에서 민란이 일어나 군수 민영수를 쫓아냈다.

매천이 본 전봉준

매천은 동학혁명의 지도자 전봉준에 관해 자세히 기록했다. 상당히 부정적인 시각이다.

전봉준

고부에서 동비 전봉준 등이 봉기하였나. 박원명이 난민들에게 잔치를 열어 대접한 다음 조정의 너그러운 뜻을 유시하여 죄를 용서해주고 귀농하도록 했다. 이에 난민들은 모두 흩어졌으나 주동자인 전봉준 등 몇 사람은 어디로 숨었는지 알 수 없었다.

이용태가 부임하여서는 박원명과는 완전히 반대로 하여 백성들을 반역율反逆律로 몰아 죽이려고 하였다. 또 부호들을 난을 선동했다고 얽어 협박하여 많은 뇌물을 거둬들였다. 그리고 감사 김문현과 짜고 감영의 옥에 이감시킨 자들이 줄을 이었다. 이에 백성들이 분노하여 다시 난을 일으킨 것이다.

전봉준은 집이 가난하고 무뢰한 자로 오래 전부터 동학에 물들어 있어서 항상 울분을 지닌 채 떨쳐 일어날 것을 생각하였다. 처음 민란이 일어났을 때 모두들 그를 추대하여 우두머리로 삼았는데, 간계를 펼치기도 전에 전부 흩어졌으므로 전봉준 또한 황급히 숨었던 것이다.

그 후 얼마 안 되어 순찰사와 안핵사가 다투어 급히 수색하니, 이에 그와 같은 당인 기기범(김재남)·손중화·최경선과 모의하여 대사를 일으켜서 전화위복의 계책으로 백성을 꾀고, 동학은 "하늘을 대신하여 세상을 다스리고代天理物, 보국안민輔國安民을 한다."고 소리 높여 외치며, 살인과 약탈을 하지 않고 오로지 탐관오리만을 용서하지 않았다.

이에 백성들이 호응하여 전라우도 연해 지역 십여 고을이 일시에 호응하여 열흘이 못가서 수만 명에 이르렀다. 동학이 난민과 결합한 것은 이로부터 시작되었다.

고부의 안핵사 이용태를 김제로 유배 보내고, 전라감사 김문현의 직위를 삭탈하였는데, 모든 일을 그르치고 잘못하여 난을 더 키웠기 때문이다.

동학과 전봉준을 연구하는 학계에서는 오랫동안 전봉준이 동학교도인가를 두고 양론이 있었다. 매천은 여기서 "오래 전부터 동학에 물들어"라고 하여 동학교도임을 분명히 하였다.

그런데 절세의 영웅 전봉준을 '무뢰한 자'로 표기하는 등, 전봉준과 동학혁명을 대단히 부정적으로 인식한 것은 '매천의 한계'일 뿐만 아니라, 당대 유학자들의 한계였다.

전봉준도 다산의 저술을 적지 않게 읽었고, 매천 역시 그랬다. 그런데 같은 물을 마시고도 소는 젖을 만들고 뱀은 독을 만들 듯이, 두 사람은 정반대의 길을 걸었다. 하지만 보국안민과 국권수호의 목표는 다르지 않았다.

매천의 '동학-동비'의 기록은 계속된다.

김학진

　김학진金學鎭을 전라감사에 임명하고, 전라병사 이문영을 파직한 다음 서병묵으로 대신 맡도록 하였다. 당시 적변賊變이 자주 일어나, 서울에서는 하루에도 네다섯 번이나 놀라곤 하였다.

　조정의 의론이 모두 그 지방을 담당한 지방관리가 직무를 전혀 감당하지 못한 것으로 민영준을 허물하니, 민영준도 그들을 비호할 수 없어 드디어 위와 같이 임명을 하여 그날로 내려가게 하였다. 김학진이 임금께 하직할 때에 편의종사便宜從事할 것을 간청하니 임금이 마지못해 "경의 마음대로 하라."고 대꾸했다. 김학진은 문학과 행정에 역량이 있었으나 난리를 진정시킬 재주는 없었다.

　집안사람들과 작별할 때에 두려운 기색으로 눈물을 흘렸다는 말이 있어 이 이야기를 들은 사람들은 우려하였다. 서병묵은 일찍이 진주 병사로 있을 때 청렴하고 은혜롭다고 일컬어져서 다시 임명을 받을 수 있었다. 그러나 그는 다른 특장은 없었다.

홍계훈의 군산상륙과 동학군의 전주 입성

　불행하고도 부끄러운 일이지만, 조선 창업 이래 이제까지 군왕과 국가원수 그리고 기득권 세력은 외세의 지배를 받더라도 자신들의 안위와 기득권만 유지되면, 거침없이 그 길을 택하였다. 고종의 정부는 청군을 불러들여 동학군을 진압케 하고, 청·일간의 톈진조약에 일본군이 따라 들어오게 되었다.

초토사 홍계훈 군산 상륙

4월 7일, 홍계훈은 청국에서 빌린 정원함(군함) 및 우리의 창룡함·한양함 두 척에 서울의 군대 800명을 싣고 군산항에 도착하여 전주로 들어갔다. 4월 9일, 두 선발부대를 금구·태인으로 향하게 하고, 15일에는 홍계훈이 대대를 거느리고 전주를 출발하여 적이 있는 방향으로 진군했다.

동학군 전주 입성

4월 27일, 적이 전주를 함락하니, 감사 김문현은 도주하였다. 4월 초에 김문현이 여러 고을의 군사를 모아 적을 추격하다 고부 황토현에 이르러 홍계훈의 선봉대가 장성의 월평에서 싸워 또 패하였다.

적은 서울의 대대가 곧 이른다는 말을 듣고 샛길로 급히 정읍으로 나아가 홍계훈부대의 뒤쪽으로 우회하여 나갔다. 이날 새벽녘에 전주의 서문에 이르자, 김문현이 서문 밖 민가에 불을 지르고 성에 의지하여 방어하였지만, 정오가 지나자 서문이 저절로 열리고 적병이 일제히 밀려들어 왔다.

김문현은 경기전慶基殿(태조 이성계의 초상을 모신 사당)에 들어가 태조의 어진御眞을 만들어 짊어지고 해진 옷에 짚신을 신고 난민 가운데 섞여 도주하였다. 전주 감영이 크게 어지러워졌다.

홍계훈 부대 전주성 포위

홍계훈이 전주성의 적을 포위하였다. 홍계훈은 적이 북쪽으로 숨었다는 말을 듣고 뒤쫓아서 4월 28일에 전주에 이르렀는데, 성은 이미 함락되었던 것이다. 당초 홍계훈은 중과부적임을 걱정한 데다 또 적이 분산되어 있어 상대할 방도가 없자 짐 짓 앉아서 10여 일을 머뭇거렸다. 그러다가 중요한 성이 함락 됨에 이르러 훈계훈은 죄를 얻을 것이 두려웠던 한편, 적이 집 결해 있는 기회에 일컬어 섬멸할 수 있겠다고 생각하였다.

이때 당시 기호 지방의 원군이 날마다 증가했고 호남좌도 여 러 고을에서 새로 모집한 병사도 당도하여, 이에 부대를 나눠 요로에 지켜 적이 뛰쳐 나오는 것을 방어하면, 연결해 포진하여 길게 에워싸서 적을 곤궁에 빠지도록 했던 것이다.

망국 전조, 외국군 불러오다

동학군을 진압하기 위해 정부는 외세, 청나라에 도움을 요청 하는데 그 내용이 다음과 같다.

청국에 원군 요청

청국에 원군을 요청하였다. 이따 적의 기세가 날로 확대되 니 여러 성읍들이 연이어 함락되는데 백성들은 도리어 기뻐하 는 기색이었다. 동학이 패했다는 말이 있으면 모두들 믿지 않고 마음 속으로 그럴 리가 없다고 하였으며 오히려 관군이 패했을 것이라고 말하였다.

서울의 큰 벼슬아치들도 시골 사람을 만나 적의 소식을 듣고 는 모두 한숨을 쉬면서, "어찌 그렇지 않을 수 있겠는가?" 하였 다. 이원회가 순변사로 내려가고 나서, 서울에서는 유언비어가 돌아 사람들이 놀랐는데, 혹은 전주가 이미 함락되었다고 하고 혹은 적이 이미 금강을 건넜다고 하여 사방으로 피난을 갔다.

또한 적이 홍계훈에게 보낸 정문묘文에 "국태공에게 올립니다"라는 구절이 있어서 홍계훈은 역마로 임금에게 보고하였다. 양전은 크게 두려워하며 적을 빨리 평정하지 못하면 점차 말하기 어려운 일이 발생할 것이라고 생각하여, 민영준을 불러 계책을 정하고, 전보를 보내어 중국에 원군을 요청하라고 했다.

민영준이 말하기를, "지난 해에 체결한 천진조약에 청일양국이 조선에 파병하는 일이 있으면, 쌍방이 통지하도록 되어 있습니다. 청국은 진실로 우리의 우방이니 우리를 보호하는 데에 악의가 없다고 보겠으나 왜국이 오래도록 틈을 엿보일 터이니, 만약 조약을 핑계 대고 부르지 않는데도 온다면 형세가 매우 위태로울 것입니다. 어떻게 하겠습니까?" 하였다.

중궁은 적의 정문을 꺼내놓고 꾸짖기를, "못난 놈! 내가 차라리 왜놈의 포로가 될지언정 다시는 임오년(1882)의 일을 당하지 않겠다. 또 내가 망하면 너희들도 씨가 될 것이니, 여러 말 말라." 하였다. 민영준은 마침내 원세개袁世凱에게 구원을 청하여 원세개가 이홍장에게 전보를 치니, 이홍장은 답서를 보내어 허락하였다.

청국에 원조를 요청한 전문

지난번 한국 정부로부터 받은 관문關文을 살펴보니 이러하다. "본국은 전라도 관할의 태인과 고부 등 고을은 백성의 습속이 사나워 원래 다스리기 어려운 곳이라고 일컬어졌습니다.

근래에 동학에 붙는 동비들 만여 명이 무리를 이루어 공격하여 함락된 고을이 10여 곳이나 되며 지금 또 다시 북진하여 진주성을 함락하였습니다. 전에 선발한 연군練軍이 가서 진정시키려 하였으나, 그 동비들이 끝끝내 죽음을 무릅쓰고 싸워 연군이 패전하기에 이르러, 잃어버린 병기도 많았습니다.

이 흉악한 무리들이 오래도록 소요하면 매우 염려스러울 뿐 아니라, 더구나 한성과의 거리가 사백 수십 리에 불과하니 그들이 다시 북진하도록 내버려 둔다면 경기 지방이 동요할 것이니, 손상 되는 바가 적지 않을 것입니다.

본국이 새로 조련한 각군의 현재 숫자가 겨우 도회都會를 포위할 만한 정도인 데다 싸움을 경험하지 못하여 적을 진멸하는 데에 쓰기는 매우 어렵습니다. 흉악한 무리들을 오래도록 번창하게 놓아둔다면 중국에까지 우려를 끼치는 바가 더욱 많을 것입니다.

임오년과 갑자년에 일어난 본국의 두 차례의 재난을 보면 모두 중국의 군사가 와서 평정해 준 데에 힘입었습니다. 이에 원군 문제로 귀 총리를 번거롭게 하니 신속하게 북양대신北洋大臣에게 전보를 쳐서 몇 부대를 파견하여 속히 와서 토벌하도록 도와주십시오.

아울러 본국의 각군으로 하여금 따라가서 함께 군무를 익히게 하여 앞으로의 방위 계책을 삼겠습니다. 흉악한 무리를 꺾여주기를 기다려서 즉시 회군하기를 요청하고 감히 계속 머물러 있는 수고를 끼치지는 않겠습니다.

아울러 귀 총리에게 청하오니 속히 계획을 세워 이 급박함을 구제해 주기를 간절히 바랍니다.”

청군에 이어 일본군 들어와

정부의 요청으로 청나라에서 군대가 들어오는데, 문제는 톈진조약에 따라 일본군이 이어서 들어온 데 있다.

청국군의 출동

청국 북양 대신 이홍장이 회답 전보를 보내, 군대를 출동시킬 것을 알렸다. 정여창丁汝昌에게 신칙하되, 해군의 제원함·양위함 두 함대를 파견하여 인천과 한성의 상인을 보호하도록 하였다. 아울러 직례성直隷省의 제독 섭지초에게 명하여 태원진총병 섭사성聶士成을 대동하고 정예병 1,500명을 뽑아 군장을 정제하고, 상선을 징발하여 나누어 태워 앞뒤로 출발시켰다.

한편으로 일본에 주재하는 왕공사王公使(청국 주일공사)에게 전보를 쳐서 일본 외부外部에 통지하여 전일의 조약을 따르겠다고 하였다.

동학군에 점령된 전주성

5월 8일, 홍계훈은 적중에 사면령을 반포하고 포위를 풀어주었다. 적군이 포위 상태에 있을 때 여러 번 나와 접전하였으나, 그때마다 패하였다. 홍계훈이 연이어 전보로 승첩을 보고하면서 매번 꼭 왕의 뜻을 물었다.

임금은 본래 성격이 유약한 터라 적이라 할지라도 달래는 대로 따라오는 이는 모두 평민들이니, 도륙낼 수 없다고 생각하여 이에 윤음을 내렸으며, 홍계훈으로 하여금 포위를 풀고 용서하게 해 준 것이다. 적들은 북문을 열고 나와 관군을 무시하고 통과하여 서쪽으로 향해 갔다. 드디어 사방으로 흩어져 겁탈을 일삼아도 다시 제어할 수 없었다.

적이 물러간 지 이틀 뒤에 홍계훈이 입성하였는데, 이때 날씨가 더워 썩은 시체가 거리에 가득찼다. 그래서 떠메어 나가도록 했는데 며칠이 가도록 시체를 다 치우지 못하였다. 전주는 부유하고 번창하기가 삼남에서 으뜸이어서 서문 밖은 상점과 부호의 집들로 이름나 '금굴金窟'이라고 일컬었다.

이때에 이르러 횃불 하나로 혼통 잿더미가 되어 타다 남은 자리와 깨진 기와에 쌓여있는 시체가 서로 뒤섞여, 광경이 처참했다. 김학진은 적이 물러갔다는 말을 듣고서도 여러 날 배회하다가 그달 보름쯤 이원회를 따라 차례로 입성하였다.

일본군의 인천상륙

일본공사 오토리 게이스케가 돌아와 서울에 당도하고, 수군제독 이토 스케유위와 육군소장 오시마 요시마시가 이어서 도착했다. 오토리가 휴가차 본국으로 들어갔다가 변란 소식을 듣고 즉시 귀환한 것이다.

이토는 5월 6일에 입성하였고, 오시마는 군함을 항구에 정박하니 해군과 육군이 도합, 5,000여 명이었으며, 병선 7척, 포선 2척, 체신선 1척, 상륙선 5척이 계속 인천에 상륙하여 해안으로 올라왔다. 경비가 삼엄하여 마치 큰 적을 대하고 있는 것 같았다.

섭지초는 방을 붙여 적군을 초안招安(항복)하도록 권유했다. 이윽고 전주가 수복되었다. 소식을 듣고 아산에 주둔해 있으면서 북양대신의 회답 전보를 기다렸다.

5월 12일, 황혼에 일본군 대부대가 숭례문에 이르렀다. 대문이 닫혀 있자, 성의 계단을 허물고 남산으로 진입하여 잠두(서울 남산의 정상)에 진을 치고 주위에 대포를 설치하여 곧 결전을 치를 것 같은 모양을 갖추었다.

서울에서 수원까지, 또 인천까지 수십 리마다 군병 하나를 설치하여 봉화로 서로 연결하고 신호 소리가 서로 들리게 하였으며 통행인을 금지하여 철통같이 포위하니 원근이 모두들 크게 두려워 떨었다.

8장

'매천야록'에
나타난 동학혁명기
국내 사정

매천의 시각과 민초들의 시각

1894년의 동학혁명은 왕조사의 시각에서는 반란이지만 민중의 편에서 보면 농민혁명 또는 농민전쟁이었다. 왕조세력은 자신들의 안위와 기득권을 지키고자 외세를 끌어들여 '반란군'을 진압하고자 하고, 민중들은 이참에 부패타락한 왕조와 기득권세력을 타도하고자 하였다.

4천년 역사상 최초로 피지배 민중이 조직적으로, 대규모적으로 '척왜척양'과 '보국안민'의 기치를 들고 봉기하자 정부는 관군의 힘이 미치지 못하면서 외국군대를 불러들였다. 350여 년 전 선조가 명나라 군대를 불러올 때는 그나마 왜군의 침략을 물리치고자 함이었다. 그런데 이번에는 동족을 진멸하기 위해서였다.

한민족의 20세기, 그 고달프고 비참한 역사는 농학혁명의 좌절에서 시작되었다. 일찍이 단재 신채호가 「조선 1천 년래의 제1대사건」에서 묘청·정지상으로 상징되는 자주·개혁파가 김부식 등의 보수 왕당파에 패하여 민족사가 자주성을 잃고 사대주의에 빠지게 되었다고 비판했듯이, 한국근대사는 동학혁명이 패함으로써 수구파의 세력이 다소나마 연장되고, 종국적으로는 국가 멸망의 길을 걷게 되었다.

그만큼 동학혁명기의 과정은 한국근대사는 물론 현대사도 그 영향권에서 아직 벗어나지 못한, 한국현대사의 출발선이 되었다. 안타까운 것은 매천과 같은 선비가 동학을 적대시하고, 그 관련자들을 혹평한 점이다. 하지만 사건의 기술은 대단히 정확하고 다양하여 동학혁명사 또는 그 시대사를 읽는 데는 필수적이라는 사실이다.

『매천야록』에서 동학 관련 주요 내용을 인용한다. (임형택 외 옮김, 앞의 책)

김개남

호남의 적당 긴기범金箕範이 남원으로 들어가 섬거하였다. 그는 전봉준과 함께 형세를 두 갈래로 나누었는데, 전봉준은 전주에 있으면서, 김학진을 겁박하여 인질로 삼고 온 도내를 호령하고 있으면서 형세를 관망하여 진퇴의 계책을 세우고 있었다.

김기범은 난의 초기에 한 번 남원에 들어가서 그곳의 물력이 풍부함을 보고 마음에 두고 있다가, 이때 이르러 남원부사 윤병관이 도주했다는 소식을 듣고, 전라우도로부터 행군해 오면서 제포諸佈(동학이 전국 각지에 설치한 세포단위의 포包)를 수렴하여 5만여 인을 이루고, 남원성으로 격문을 띄운 다음 입성하였는데, 감히 저항하는 관민이 없었다.

적당한 참언讖言을 핑계대며 남원에 60일 동안 유진留陣하였으니, 마침내 본거지로 삼을 계책이었던 것이다. 그들은 사방으로 출동하며 백성의 돈과 양식, 기물과 병장기 등을 긁어가니 부근 십여 고을은 관이나 민가나 텅 빈 상태가 되었다.

김기범이 스스로 말하기를, "나 꿈에서 신민이 내 손바닥에 '개남開南' 두 글자를 써 주었다." 하고, 드디어 '개남開南'으로 자호했다. '介南'이라고 하는 것은 와전된 것이다.

일본군의 군기

이 전쟁에서 왜인은 모든 군수물자를 다 자기 나라에서 수송해 왔는데, 시탄柴炭까지도 그러하였다. 저들은 이르는 곳마다 물을 사서 마셨고, 군령이 매우 엄하여 우리 백성들이 군대가 와 있다는 것을 의식하지도 못할 정도였다.

그래서 모두들 기꺼이 그들을 위하여 향도가 되었던 것이다. 청국군은 음행과 약탈을 자행하고 날마다 징발하기를 일삼아 관민이 모두 곤란을 당하여 그들을 원수 보듯 하였다. 평양이 포위되었을 때 문을 열고 왜를 인도한 자도 있었고, 청국군이 패하여 도망가 숨어 있으면 성 안의 백성들이 그 숨은 곳을 가리켜 주어 벗어날 수 있는 자가 드물었다.

청군의 부패

위여귀衛汝貴는 향은餉銀 8만 냥을 착복하여 고향으로 돌아가서 군졸들의 마음이 이반되기에 이르렀으며, 게다가 그는 적과 대치한 상황에서 먼저 도주해버렸다. 청국 정부에서는 그를 파직하고 붙잡아 조사하여 12월 22일에 참수하고, 섭지초를 조사하였으며, 좌보귀左寶貴에 대해서는 서당을 세워주고 '용렬勇烈'이라는 시호를 내려주었다.

○ 청국군이 퇴각하고 나서야 김만식은 비로소 평양에 들어

갔는데, 평양은 참혹한 병화를 겪은 뒤라 성 안 가득 잿더미와 기왓장이 널려 있었으며, 선화당 대청마루 밑에 시체가 가득 쌓여 있었는데, 대개 청국 군사들이 숨어 있다가 왜군이 뒤에서 덮쳐 총포를 쏘아댔기 때문이다. 이 시체들을 성 밖으로 끌어다 불태웠는데, 열흘이 지나도 일을 마칠 수 없었다.

○ 바야흐로 싸움이 치열할 때 관민들이 모두 달아나 흩어져 집에 있는 사람이 없었다. 평양 향교는 양군이 대치하는 사이에 있어서 탄환이 우박처럼 떨어졌다. 김씨 성을 가진 교노校奴(향교의 하인) 한 사람이 대성전大成殿을 지키면서, 죽음을 무릅쓰고 떠나지 않았다. 전란이 끝나자, 관에서는 그를 가상히 여겨 대대로 전지기殿直를 맡아 교체되지 밀도록 조처하였다.

동학군의 형세 경기지방으로 확산

호위부장 신정희를 순무사로 임명하여 서울에 본부를 설치하고 여러 부대를 통솔하여 삼남의 적을 토벌하도록 하였다. 당시 비도들의 형세가 크게 떨쳐 여러 고을들이 온통 넘어가는 판이었다.

이때에 적군이 북쪽으로 경기지방을 쳐 안성과 죽산 등의 고을을 함락시키고 있었기에 이런 명이 내려졌던 것이다. 신정희는 영관 이두황·성하영 등을 파견하여 먼저 가서 방어하도록 하였다.

홍남주를 통제사로, 이항의를 경상우병사로 임명하였다. 홍남주는 재간과 국량을 인정받아 여러 차례 병사兵使와 수사水使를 맡았으나, 이때는 이미 노쇠하여 감당할 수 없었다.

청일전쟁의 과정

7월 28일 왜군이 압록강을 건너 청국 요동 지경에 침범하여 구련성·봉황성 등 여러 성들을 연이어 함락하였다. 대동구 싸움 뒤에 일본군은 함선과 기계를 정비하기 위해 40여 일 동안 휴식을 취하였다.

이때에 수군제독 이동우형伊東祐亨은 여순을 침범하였고, 육군 총관 대산암大山巖은 금주로 상륙하였으며, 산현유붕山縣有朋은 안동현으로 들어갔던 것이다. 청국의 수비하던 장수들은 소문만 듣고도 무너질 지경이었다.

동학군의 패전

관군이 왜장 영목창鈴木彰 등과 합세하여 적을 쫓아 공주에 이르러 크게 격파하였다. 이두황은 내포로 진입하여 신창·해미 사이를 돌며 싸웠는데 가는 곳마다 승전하였다. 적들은 부적과 주문으로 탄환도 막아낼 수 있다는 말로 부추겼다.

그래서 사람들은 이 말을 믿고 싸울 때마다 죽음을 무릅쓰고 물러나지 않았던 것이다. 경영京營의 병사들은 비록 양총洋銃을 가지고 있었으나 군율이 엄하지 못했고 중과부적이었기 때문에 싸움에 불리했으므로, 드디어 왜군에 원병을 청하게 되었다.

왜군은 매번 선봉에 서서 사기를 높였으며, 군율이 엄하고 병기까지 정교해서 목숨을 걸고 진군해 나가니, 탄환이 매번 적의 총보다 몇 배나 더 나갔다. 적들은 비로소 두려워하여 조금만 기세가 꺾여도 금방 와르르 무너지고 말았다. 그러므로 이두황 등이 연전 연승할 수 있었다. 남하한 우리 군대와 왜군은 도합 2,000명이었다.

장흥부사 박헌양의 죽음

12월 5일, 호남 적당이 장흥을 함락하고 부사 박헌양을 죽였다. 박헌양은 그해 7월에 부임하였는데, 장차 임지로 출발하려 함에 친구들이 만류하자, 그는 탄식하여 "평상시 나라의 녹을 먹다가 전란의 때를 당해서 기피하려 해서는 되겠는가?"라고 하였다.

이때에 충청도와 전라도의 적당들은 연이어 경군京軍에 패하여 남쪽으로 달아나다가 장흥과 강진 사이에 집결하였다. 장흥 고을은 수비할 병력이 부족하였으므로 주변에서 도망갈 것을 권했으나, 그는 듣지 않았다.

적당들이 이르자, 조복을 입고 인끈을 차고서, 동원 마루 위에 앉아 있었다. 적들을 향해 크게 꾸짖자, 적들은 그를 끌어내어 총을 쏘아 죽였다. 박헌양은 눈을 부릅뜨고 노려보여 주먹을 불끈 쥔 채 죽었다.

해남에서 동학군의 최후

12월 10일, 적들은 장흥으로부터 강진 병영으로 쳐들어 왔다. 병사 서병무는 성을 버리고 도주하였으며, 중군中軍 정규찬은 그곳에서 죽었다. 장흥과 강진이 연이어 함락되자 병영은 인심이 흉흉하고 두려워하였다.

서병무가 영암으로 도주하자 성 안에는 싸우려는 투지가 있을 수 없었다. 정규찬은 그동안 여러 번 병사에게 계책을 올렸으나 서병무가 듣지 않자, 탄식하기를 "나는 여기서 죽을 수밖에 없구나!"라고 하였다. 이때에 이르러 적들이 성을 포위하고 성벽을 올라오니, 정규찬은 사태가 어찌할 수 없음을 알고 그의 손자 아무개와 적진으로 돌격하여 해남땅으로 막다른 곳까지 달아났다가 육지가 끝나서 더 이상 도망갈 수 없게 되었다. 이두황은 이규태 및 왜군과 합세하여 크게 쳐서 격파하여, 3만 6,000여 명을 베었다.

김개남·전봉준 붙잡힘

이도재는 김기범(김개남)을 잡아 죽이고 전봉준 등을 체포하여 함거檻車에 실어 서울로 압송하였다. 영남 토포사 지석영은 일본을 등에 업고 선봉이 되어 낙동강 좌우지역을 토벌하였다. 이두황 등은 호남지역을 순무하였다. 이때에 이르러 영호남이 모두 평정되었다.

매천은 전봉준이 "체포되어 함거에 실려 서울로 압송되었다."고 간단히 기록하고, "『동비기략』에 자세히 나와 있다."고 덧붙였다. 실제로 전봉준은 공주전투에서 일본군에 패퇴한 데다 우금치에서 참패한 후 재기를 도모하면서 순창의 피노리에 은신했다가 12월 2일 밤, 농부들의 밀고로 붙잡히게 되었다.

그에게는 돈 1,000냥과 붙잡는 자에게는 신분 여하를 막론하고 군수직을 주겠다는 '현상'이 붙어있었다. 전봉준은 농민해방을 위하여 농민들과 함께 봉기했다가 배신한 농민들에 의해 체포되어 일본군에게 인계되었다.

서울로 압송된 전봉준은 진고개(충무로와 명동일대) 일본 영사관 순사청(중부경찰서 자리)에 억류되었다. 일본 군병이 철통 같이 둘러쌌다. 동학군이 파옥하고 구출할 것을 우려하여 감시가 삼엄했다.

일본 영사관에서 심문을 받던 전봉준은 1895년 1월 22일 조선정부의 법무아문에 넘겨지고, 거기서 다시 심한 고문을 당하며 심문을 받았다. 재판정에 끌려나온 전봉준은 고문으로 몸을 가누지 못할 지경이었다. 2월 9일(음)부터 공식적인 심문이 시작되었다. 형식상으로는 대한제국 정부의 법부대신 서광범이 최종 서명하고 재판은 협판 이재정, 참의 장백, 주사 김기조·오용묵이 참여한 것으로 돼 있지만 일본이 깊숙이 개입한 재판이었다.

영사관에 억류되어 심문을 받을 때 법관이 죄인 취급을 하여 다루려 하자 전봉준은 "동학은 잘못된 세상을 바로잡고자 하여 탐학하는 관리를 없애고 그릇된 정치를 빨아먹는 자를 없애는 것이 무엇이 잘못이며, 사람으로 사람을 매매하는 것과 국토를 농락하여 사복을 채우는 자를 치는 것이 무엇이 잘못이냐, 너희는 외적을 이용하여 자국을 해하는 무리이다. 그 죄 가장 중대하거늘 나를 죄인이라 이르느냐."고 법관을 준열히 꾸짖었다.[1]

동학혁명기의 민요와 참요

앞에서 기술했듯이 매천은 유학의 전통을 이은 사림 출신이었다. 향촌에서 농사일을 하면서 칩거해온 그에게도 농민들의 항거는 '반란'이나 '비도' 또는 '적'으로 인식되었다. 같은 시대의 공기를 마시면서도 계급이나 신분에 따라 보수·진보, 사대·

자주파로 갈린다.

고려 인종 시대의 김부식과 묘청, 동학농민혁명기의 전봉준과 매천의 인식과 시각이 이렇게 갈렸다. 해방공간에서 이승만과 김구, 그리고 현재의 수구보수세력과 진보개혁세력의 인식으로 갈리고 있듯이.

동학혁명기 민중들은 간절히 바랐다. 경자유전의 원칙에 따른 농민들이 소작료 내지 않고 농사를 짓고, 탐관오리들에게 생산물을 빼앗기지 않는 세상을 원하였다. 그래서 용기 있는 사람은 죽창을 들고, 겁이 많은 사람은 민요나 참요를 전파하면서 동학군의 승리를 기원하고, 전봉준과 김개남 등 지도부가 붙잡혔을 때는 하늘을 원망하면서 참요를 불렀다.

국난기이거나 혁명기 또는 역성혁명 때이면 어김없이 각종 민요나 참요 그리고 판소리 등 '민중의 소리'가 나타난다. 그것이 대부분 노랫가사의 형태를 띠고 있지만 그 가사와 의미에는 각별한 뜻이 담긴다. 명확한 작사자·작곡자도 없이 민중의 입을 통해 불리고 전파되는 이들 민요·참요·판소리 등은 시대상황의 이유로 파자나 위서의 형태로 나타나기 마련이다. 가사의 내용과는 전혀 다른 뜻이 들어있는가 하면, 비유나 은어·은유 등을 섞어 당대 지배세력의 감시와 탄압을 피하고자 하였다.

동학농민혁명기에도 어김없이 각종 민요와 참요, 판소리가 나돌았다. 반봉건·반외세를 표방하며 봉기한 한국사상 최초의 민족운동인 동학농민혁명은 비록 좌절되었지만 민중의식을 일깨우는 데는 크게 기여하였다. 1894년부터 1년여 동안 전개된 동학농민혁명은 관군과 일본군 연합군의 공격으로 30만여 명의 희생자를 낸 채 끝나고 말았다.

대외적으로는 청·일 양군의 출병을 유발하여 청·일 전쟁의 직접적인 계기를 만들고, 대내적으로는 갑오경장을 불러왔다. 비록 동학농민혁명군의 지도자들은 붙잡혀서 참수되었지만 하부구조는 상당수가 뒤이어 일어난 의병운동에 참여하여 반외세·민족해방운동의 중심 역할을 하였다.

동학농민혁명 전개과정에서 민중들 사이에서는 여러 가지 민요가 불려졌다. 혁명기에는 으레 따르는 각종 참요도 나타났다. 당시 지배세력은 민중이 동학농민혁명에 가담하는 것을 두려워하였다. 봉건지배 체제에서도 민중은 여전히 두려운 존재였던 것이다. 그래서 자연발생적인 민요가 불려지고, 이들 민요가 참요의 성격을 띠게 된 것을 두렵게 생각하였다.

동학농민혁명은 이느 날 갑자기 나타난 '화산폭발'이 아니었다. 화산이 오랜 세월 동안 치열한 분화운동을 거쳐 폭발하듯이 동학농민혁명은 1860년대에 진주민란을 비롯하여 삼남지역 여러 곳에서 발생한 민란의 연장선상에서 일어난 민중운동의 일환이었다. 따라서 수많은 민중의 희생이 따랐지만, 근대적 시민계급으로 성장하는 계기가 되었다.

동학농민혁명 과정에서 나타난 민요는 대부분이 혁명의 지도자 전봉준을 중심테마로 하여 엮어졌다. 동학농민군은 전라도와 충청도 여러 곳에서 관군을 크게 무찔렀다. 5월에는 전라도를 중심으로 충청도·경상도 일부를 포함하는 53개 고을에 집강소를 설치하여 동학농민군이 직접 폐정개혁에 나서기도 하였다.

이 무렵에 민중들 사이에는 「파랑새 노래」가 널리 소개되고 입으로 입으로 전해졌다.

새야 새야 파랑새야

녹두밭에 앉지 마라

녹두꽃이 떨어지면

청포장수 울고 간다.

이 노래는 누가 짓고 누가 가사를 붙였는지 알 수 없는, 그야 말로 민요이고 참요의 하나이다. 예전부터 참요는 정치적인 징후를 암시하는 민요로서 은유·파자·동음이의 등을 사용하고 있었다. 때문에 그 상징적 의미로 인해 여러 가지로 해석이 가능하게 되었다. 대체로 '파랑새'는 전봉준과 그를 따르는 민중을 의미하는 것으로 분석되어 왔다. '파랑'은 '팔왕八王' 즉 전全의 파자로서 전봉준을 의미하며 '새'는 그를 따르는 민중 즉 동학농민혁명군을 뜻한다.

전봉준을 '녹두장군'이라 불러

동학혁명기에 전봉준을 녹두장군이라 불렀다. '녹두'는 크기가 작고 단단하여 전봉준의 상징처럼 인식되었다. 전봉준의 키가 단신으로 녹두와 같다고 하여 붙여진 이름이다.

이러한 전제에서 해석할 때 "새야 새야 파랑새야/녹두밭에 앉지 마라"는 부문이 이해하기 힘들게 된다. 그래서 파랑새는 청나라 군사, 녹두는 전봉준, 청포장수는 민중을 뜻한다는 해석도 나오게 되었다. 즉 파랑은 '청靑'이고 곧 동학농민혁명을 진압하기 위해 조선에 온 청나라 군사라는 풀이다. 여기서 '청

포장수'는 녹말묵을 파는 행상으로 당시 천대받던 일반 민중을 일컫는다는 것이다.[2]

이 노랫말의 뜻을 풀이하면 "청나라 군사야, 동학농민군을 짓밟지 말라, 녹두장군이 쓰러지면 민중이 슬피 운다"라는 의미가 되는 것이다. 「파랑새 노래」는 시기와 지역에 따라 구전되면서 여러 형태로 불렸다.

정읍 지방의 노래이다.

> 새야 새야 파랑새야
> 너 뭣하러 나왔느냐
> 솔잎 댓잎 푸릇푸릇
> 하절인 줄 알았더니
> 백설이 펑펑
> 엄동설한이 되었구나.

홍성 지방에서 불린 노래이다.

> 새야 새야 파랑새야
> 네 굽을랑 엇다 두고
> 조선굽에 나왔느냐
> 솔잎댓잎이 파릇파릇하길래
> 하절인 줄만 알고 왔더니
> 백설이 휘날린다.

이들 노래에서는 청나라 병사들이 자신만만하게 우리나라에 출병(하절기)하였으나 일본과의 전쟁(청·일)에서 패배(엄동설한)한 사실을 표현하기도 하고, 거들먹거리며 동학농민군을 진압하려다가는 조선 민중들에게서 혼이 난다는 경고('너 죽을 줄 왜 모르니', '청포장수 부지깽이 맛이 좋다 어서 가라')의 내용을 담기도 하였다.[3]

다음은 전주와 완주 지방에서 부른 노래이다.

윗녘 새는 우로 가고
아랫녘 새는 아래로 가고
전주 고부 녹두새야
두룸박딱딱 우여 ….

새야 새야 녹두새야
윗녘 새야 아랫녘 새야
전주 고부 녹두 새야
함박 쪽박 열나무 딱 딱 휘여.

여기서 '윗녘 새'는 청나라, '아랫녘 새'는 일본을 의미한다. 동학혁명기에 한국에 군대를 파병하고 청·일 전쟁을 벌인 두 나라 군대를 비난하는 민중의 의지가 배인 노래들이다.

'가보세'에 담긴 뜻은

삼남지방에 집강소를 설치하고 폐정개혁을 전개하던 동학농민군은 정부와 맺은 전주화약이 깨지면서 재차 기의起義하여 서울로 북진을 기도한다. 이 무렵에 불린 것이 「가보세」의 참요이다.

> 가보세 가보세
> 을미적 을미적
> 병신되면 못 가보리.

동학농민혁명기의 대표적 참요인 이 노랫말의 뜻은 "갑오세甲午歲(1894년, 갑오년)에 일어난 동학농민혁명이 을미乙未(1895년, 을미년) 적거리며, 병신년丙申年(1896년)이 되면 실패하니 그때까지 끌지 말고 성공해야 한다"는 의미를 담고 있다. 더 지체하다가는 실패할지 모르니 모든 민중이 일어나 동학농민혁명군에 가담할 것을 권고하는 내용이다. 그러나 농민군의 총궐기를 호소하는 「가보세」의 노래에도 동학농민혁명군은 충청도 지방에서 잇따라 관군과 일본군 연합군에 크게 패하여 혁명은 위기에 봉착하였다. 다음은 이를 안타깝게 여긴 민중들의 노랫말이다.

> 봉준아 봉준아 전봉준아
> 양에야 양철을 짊어지고
> 놀미 갱갱이 패전했네.

여기서 놀미는 논산, 갱갱이는 강경의 사투리이다. 한결같이 혁명군 지도자의 패배를 아쉬워하는 노래들이다.

개남아 개남아 진개남아
수많은 군사를 어디다 두고
전주야 숲애는 유시했노.

여기서 '개남'은 동학농민혁명의 한 축이었던 김개남 장군을
뜻한다. 전주지역으로 후퇴한 김개남의 패전을 안타깝게 노래
하고 있다.

'새타령'과 '농부가'에 담긴 의미

동학농민혁명이 좌절되고 나라의 운명이 풍전등화처럼 위태
로울 때 전국 각처에서 의병들이 분연히 궐기하여 일제와 싸웠
다. 동학농민혁명 때와 마찬가지로 의병들은 일제의 현대식 병
기에 죽창으로 맞서면서 수많은 희생자를 냈다.

의병들이 일제와 싸울 때 민중들은 방방곡곡에서 「새타령」
등 구국항쟁의 노래를 당시 유행하던 판소리 형식으로 불렀다.
판소리 「새타령」과 「농부가」는 지금까지 노랫말의 의미를 제대
로 모르는 채 불리고 있다.

남원산성 올라가 이화문전 바라보니
수진이 날진이 해동청 보라매 떴다
보아라 종달새 이 산으로 가며 쑥국쑥국
저 산으로 가며 쑥국쑥국
어야허 어이야 디야허 둥가 내사랑이라.

여기서 말하는 '남원산성'은 남원의 지명이 아니라 '남은餘산성山城' 곧 일제가 지배하지 못한 의병의 주둔지를 말하고, '이화문전梨花門前'은 이왕문전李王門殿의 뜻으로 조선왕조를 지칭한다. 수진이(사냥매) 날진이(야생매) 해동청海東淸 보라매는 모두 조선의 전통적인 사냥매를 일컫는 것으로 여기서는 의병을 말한다.

종달새는 백성(민중)을 의미하고, '쑥국'은 수국守國 즉 나라를 지키자는 뜻이고 '어야허'는 조상신 호국신을, '등가登歌'는 궁중의 종묘악으로 임금과 국태민안을 선왕에게 축원하는 아악을 말한다. 일종의 왕조시대의 애국가인 셈이다.

이것을 정리하면 다음과 같은 뜻이 담겨져 있다. "의병의 진지에 올라가 삼천리 강토를 비라보며 의병들의 활동을 목견하다. 민중들아 보아라. 이 산에서도 의병들이 나라를 지키고자 일어서고 저 산에서도 일어선다. 열성조여! 함께 애국가 부르며 나라 지켜나가세."

국운이 풍전등화와 같았을 때 의열지사들이 호국의 의지를 담아 부르던 이 노래가 후대에 원래의 애국정신은 간데없고 단순히 '새타령' 정도로 불리고 있는 것은 안타까운 노릇이다.

다음은 모심기나 벼 베기를 할 때 부른 「농부가」이다. 먼저 가사를 살펴보자.

어라농부 말들어 어라농부 말들어
서마지기 논베미가 반달만치 남았네
일락서산 해 떨어지고 월출동령에 달 떠오르네
어화어화 상사디어 어화어화 상사디어.

이 노랫가사의 핵심은 '일락서산日落西山'과 '월출동령月出東嶺'이다. 일락서산에는 해(일본)가 떨어지고 동녘에는 달(초승달: 조선)이 떠오른다는 의미를 담고 있다. 일제의 패망과 조선의 독립을 갈망하는 소망을 은유적으로 표현한 것이다. 옛부터 일본은 해日를 상징으로 삼고 조선은 달月에 남다른 정서와 애착을 보였다. 그래서 해와 달의 상징성을 내세워 일본의 몰락과 조선의 독립정신을 고취시키고 있다.

가사 중에 '서마지기 논배미가 반달만치 남았네'란 구절은 "서(혀: 남도지방의 방언) 빠지게 농사 짓고도 수탈당하고 조금(반달만큼) 밖에 남지 않았다"는 참혹상을 상징하는 은어이다. 농민들은 일제관헌의 단속을 피하는 수단으로 은어를 통해 노래를 부르며 힘든 농사일을 하고 항일의지를 불태웠던 것이다. 여기에는 전봉준이 실현하지 못하고 간 동학농민군의 애절한 한과 소망도 함께 담겨 있다.[4]

9장

동학혁명 좌절 후의
내외정세

일본세력이 주도한 변혁

동학농민혁명이 진압되면서 조선사회는 국내외적으로 급격한 변화의 물결을 탔다. 동학군이 제시한 12개 항목의 '폐정개혁안'이 광범위하게 민중들의 호응을 불러일으키면서 조정은 덮어두고 갈 수는 없었다. 하지만 변혁의 주체는 외세를 배후로 하는 사대세력이었다. 한반도는 청·러·일 간의 각축장이 되었다.

정부는 1894년 12월 12일 '홍범 14조'를 반포하였다. 제2차 김홍집 내각의 작품이다. 갑오개혁의 정신을 명문화한 정치강령으로 왕실과 국가사무의 분리, 인재등용에서 문벌을 타파할 것, 법을 통한 조세징수, 징병제실시 등을 골자로 하였다.

'홍범 14조'는 대원군과 민씨 척족세력을 견제하려는 개화파의 정략이 배어 있었다. 고종황제가 개국 이래 처음으로 청(중국)의 종주권을 부정하고 조선이 자주독립국임을 선포하는 역사적인 의미와 더불어, 국력이 뒷받침되지 못한 '자주독립'은 청의 영향력을 벗어나 일본의 조선침략을 쉽게 하기 위한 일본의 음모에 따른 것이었다. 사회적인 변혁의 중심에는 일본세력이 자리 잡고 있었다. 이 시기 『매천야록』의 기록을 살펴보자.

국한문 혼용

이때에 중앙의 관보官報 및 지방의 공문서들은 모두 진서眞書와 언문諺文을 섞어 자구를 연결한 것이었으니 대개 일본의 글쓰는 법을 본뜬 것이었다. 우리나라 말에서는 예부터 중국문자를 진서라 하고 훈민정음을 언문이라 하여, 통칭 진언眞諺이라 하였다.

갑오년(1894) 이후로 시무時務를 추종하는 자들은 언문을 대단히 받들어 국문이라 일컫고, 진서를 구분지어 외국 것으로 취급하여 한문이라 불렀다. 이에 국한문이라는 말이 용어가 되었고 진서나 언문이라는 말은 드디어 없어지게 되었다. 경박한 자들이 한문은 응당 폐기해야 한다는 주장을 폈으나 형세가 막혀서 제지되었다.

사형법의 개정

능지陵遲와 효수경중梟首警衆 등의 참형법을 폐지하고, 교수형과 총살형만을 사형법으로 삼았다. 관아에서는 교수형을, 군문에서는 총살형을 쓰게 되었다.

은전과 엽전

옛 제도에는 백관의 녹봉을 모두 쌀·콩·포·면으로 지급하였는데, 이해 법을 개정한 당초에 먼저 녹과祿科를 변경하여 매월 원화元貨로 지급하도록 정하였다. 그런데 당시에 원화로 통용할 은전이 없어 이에 왜인들이 은전 300만 원을 대여해 주었다.

원화는 1원이 우리 돈(상평통보) 5냥에 해당하는 것으로 드디어 점차 유통되었다. 그러나 기호지방에 한정되어 있었으며 영호남 지방은 그대로 상평통보를 사용하였다. 그런 까닭에 결세結稅와 호세戶稅를 바칠 때는 상평통보로 해당액을 바치도록 하였다.

상평통보는 엽전이라 하는 것인데, 이때에 서울에서는 당오전當五錢(1883년 2월부터 1894년 7월까지 주조된 화폐)의 가치가 떨어져 엽전 1푼의 가치밖에 없어서 가령 1냥이면 20푼 밖에 되지 않았는 데도 1냥이라고 일컬어지니 거래를 하고 계산을 할 때에 백성들이 매우 괴롭게 여겼다.

청국 기년의 폐지

이해(1895)부터 비로소 청국 기년紀年을 폐지하였다. 그러나 '대조선개국 오백사년세차을미大朝鮮開國五百四年歲次乙未'의 아래에는 그대로 '시헌서時憲書'라는 세 글자를 썼다. 대개 기년은 고쳤으나 역법曆法은 아직도 고치지 않은 까닭에 시헌서라 한 것 또한 구례를 따른 것이니, 청국 고종高宗의 이름이 '홍력弘曆'인 까닭에 청나라 사람들은 '역曆' 자 대신에 '서書' 자를 썼던 것이다.

'홍', '역' 두 글자는 갑오년(1894) 이전까지 공문서에서 모두 취하여 김홍집金弘集은 굉집宏集이라 불렸다. 역관들 중에는 현씨玄氏 성이 많았는데 이때에 이르러 비로소 제 성을 쓰게 되었다. 이는 청국 성조聖祖의 이름이 '현엽玄曄'이었기 때문이다.

영은문·삼전도비의 철회

영은문迎恩門을 허물고 삼전도비三田渡碑를 넘어뜨렸다. 영은문은 서울의 서대문 밖 몇 리 지점에 있었는데 명나라 때에는 연조문延詔門이라 불렀고, 순치順治(청 세조의 연호) 이후에는 영은문이라 고쳐 불렀으니 중국의 사신을 맞이하는 곳이었기 때문이다.

삼전도비는 한강 삼전도에 있었는데 정축년(1637, 인조 15) 남한산성에서 내려온 뒤에 청나라 사람들이 억지로 우리나라에 그 전공을 기록하도록 한 것으로 옛 정승 이경석이 그 비문을 지었는데, 이른바 '천자가 십만 군사로 동쪽을 정벌하다天子東征十萬其師'라는 것이다. 몽고 문자로 쓰여 있기 때문에 우리나라 사람들 중에 그것을 해석할 수 있는 사람이 없었다. 이때에 이르러 청국과의 단절이 문명해지고 사대의 의절이 모두 폐지된 까닭에 여기에 이런 조치를 취한 것이다.

김가진金嘉鎭은 김상용의 후손인데 팔을 치켜들고 말하기를, "이제부터 우리나라가 대대로 조공을 바치던 치욕을 씻게 되었고, 나 개인의 인수를 갚게 되었으니 개화의 이로움이 어떤가?" 하였다.

청일전쟁의 의미

군부대신 조희연을 파견하여 청국 해성현海城縣에 주둔한 왜군을 위문하였다. 김홍집이 아뢰기를 "이번에 일본이 청국과 전쟁을 한 것은 오로지 우리의 독립을 보존하고 아울러 동양의 평화를 유지하고자 한 것입니다. 지금 수륙 양면으로 대승하여 연달아 큰 공을 알려오고 있으니, 한 번 사절단을 보내 위로하여 임금의 거룩한 뜻을 펼쳐야 하겠습니다." 하므로 그 말을 따른 것이다.

동학 평정에 대한 논공행상의 문제

삼남三南의 선무사와 초토사 등을 그만두게 하고 경영京營에서 출정한 장졸들을 모두 차례로 소환하였다. 동비의 화가 온 나라에 뻗어 나가니 이웃나라의 원군을 불러들이는 데에 이르러서야 겨우 평정할 수 있었으니 큰 난리라 할 것이다.

지역을 지킨 신하로 이승우·민종렬·조원식 같은 이들이 있고, 초야에 봉기한 의병으로 박봉양과 명영재 같은 이들이 있는데, 법으로는 응당 공훈을 기록하여 권장함이 마땅한데도 시행하지 않았으니 식자들이 통탄하였다. 이때에 조정의 상황이 새로 바뀌어 겨를이 없었고, 왜인들은 또 몰래 나라의 국운을 가로막고 오직 우리나라 사람들이 충의의 마음으로 분발할까 두려워하던 터이라 무슨 수를 써서라도 훼손하고 제지하려 하였다.

시세에 영합하는 무리들은 그 의중을 헤아려서 공훈을 내리는 문제를 가지고 입을 열지 않았고 김홍집 또한 그러하였으므로 식자들이 통탄해 마지 않았다.

지방 제도의 개혁
감사·유수·안무사·통제사·병사·수사·방어사·감리·부윤·목사·부사·군수·서윤·판관·현감·경력·감목관·첨사·영장·중군·우후·민호·권관·별장 등의 관직을 혁파했다.

지방제도를 개정하여 전국을 23부府 331군郡으로 나누어, 부에는 관찰사를 두고 군에는 군수를 두었다.(한성부 11군, 인천부 12군, 충주부 20군, 홍주부 22군, 공주부 27군, 전주부 20군, 남원부 15군, 나주부 6군, 제주부 3군, 진주부 21군, 동래부 10군, 대구부 23군, 안동부 16군, 강릉부 9군, 춘천부 13군, 개성부 13군, 해주부 16군, 평양부 27군, 의주주 13군, 강계부 6군, 함흥부 11군, 갑

산부 10군, 경성부 10군)

군제 개혁

군제를 개혁하여 대장·부장·참상·정령·참령·정위·부위·참위
등의 계급을 두었다. 먼저 육군을 새로 편제하도록 명하고, 이
름을 '훈련대'라고 칭했다.

재판소 설치

각부各府와 개항장에 재판소를 설치하여 감금·징역·유배·처
교處絞 등의 법을 제정했다.

장례·시종, 규장 내장 등 여러 원院과 사司를 두어 이들 궁내
부에 소속시키고, 원에는 경卿을 두고, 사에는 장長을 두었다.

학교 설립

사범학교, 외국어 학교, 법률학교, 사관학교를 건립하고, 총
명한 젊은이를 선발하여 일본에 유학보냈다.

호열자의 유행

전염병이 의주에서부터 발생해 열흘 만에 관서와 해서지방
으로 두루 퍼져 서울에까지 미쳐서 사망자들이 속출했다. 그
증세는 관격關格이 되어 구토와 설사를 일으키다가 하루 이틀
만에 곧바로 죽었다.

우리나라 사람들은 그것을 '괴질'이라고 부르는데, 서양인들
은 '호열자'라 하는 것이다. 서울에 검역소를 설치하고 오이 같
은 날것을 먹지 말도록 금했다.

명성황후 죽이고 대원군에 혐의 씌워

대한제국 때에 제정되었던 개국기원절에 관한 내용과 명성황후를 시해한 혐의를 대원군에게 뒤집어씌운 일본의 행태도 기술되어 있다.

공문서를 국한문으로

구제도에 공문서를 보낼 때, 서울의 관사官司에서 지방 각도에 하달하는 것과 감영에서 각읍으로 통보하는 것을 '관자關子' 혹은 '감결甘結'이라 한다. 읍에서 감영에 상달하고 감영에서 서울의 각사에 상당하는 것을 '보장報狀'이라 하여, 수령이 백성에게 유사하는 것을 '전령傳令'이나 '하첩下帖'이라 한다.

이때에 이르러 관자와 감결을 '훈령訓令'과 '지령指令'으로, 보장은 '질품質稟', '보고報告', '청원請願'으로, 전령과 하첩은 '고시告示'로 개칭하였다. 국한문을 혼용하였는데, 아전과 백성들은 그것을 괴롭게 여겼다.

동비 잔당의 토포

서울과 지방 각도에 동비의 잔당을 잡아들이라는 영을 내렸는데, 수령들은 귀화시킨다는 핑계를 대고 모두 불문에 부쳤다. 오직 호남의 장흥과 강진 두 고을에서는 이교吏校들이 동비의 난에 많이 죽었기 때문에 그 가족들이 떼 지어 일어나 추적해 잡아들여, 전후로 죽은 자가 수백 인이 되었다.

개국기원절

개국기원절(16일)에 경회루에서 연회를 개최하였다. 각국의 공사가 모두 부인을 동반하여 알현하였고 각부의 책임관들도 부인을 대동하고 연회에 참석하였다.

구미의 풍습에 따른 것이다. 7월 16일은 태조가 개국한 날이다. 지난 해부터 비로소 새로운 기념일로 정하고 명절로 삼는데 역시 서양의 법식이다.

을미 왜변

8월 20일(무자) 일본공사 삼포오루三浦梧樓가 대궐을 침범하여 왕후 민씨는 시해 당했고, 궁내부 대신 이경직과 대대장 홍계훈은 적에게 지항하다 죽었다. 왕후는 오래도록 성치에 배제되어 간여하지 못하게 되자, 정상형井上馨에게 뇌물을 후하게 주고 임금에게 정권을 되돌려 주도록 하여 자신이 예전처럼 중앙에서 권세를 부리고자 하였다.

박영효는 그것을 질시했기 때문에 5월의 음모가 있었던 것이다. 삼포오루는 이런 정황을 박영효에게 익히 듣고는 일을 도모하려 생각한 것이다.

그 무렵 황후는 권세가 조금씩 커지자 매일 밤 궁중에서 놀이를 벌이고 가곡을 들었다. 일본인 소촌실小村實이란 자에게는 영리한 딸이 하나 있었는데, 왕후는 이 자를 총애하여 늘 불러서 만났다.

삼포오루는 거느리고 있는 일본인으로 하여금 광대들과 뒤섞여 놀이를 구경하도록 하면서, 몰래 왕후의 초상 수십 장을 그리도록 하여 보관하고 있었다.

기일을 정해 거사하는 데, 남의 나라 국모를 시해했다는 죄가 두려워 드디어 대원군과 내통하여, 그날밤 공덕리로 나가 대원군을 가마에 실어 앞세우고 여러 일본놈들이 뒤따랐다.

각기 왕후의 초상화를 한 장씩 가지고 있었으며 소춘실의 딸은 그들을 인도하였다. 곤녕전에 이르자 대궐 안은 횃불이 환히 비쳐 개미도 헤아릴 정도였다. 이경직을 만나자 황후가 어디 있는지 물었다. 이경직이 모른다고 하며 소매를 들어 저들을 막자, 이경직은 좌우 팔뚝이 모두 떨어져 나가 죽었다.

왕후는 옷장 속으로 숨었으나 적들은 머리를 휘어잡아 끌어내었고 소춘실의 딸이 확인해 주었다. 왕후는 수차 목숨을 구걸했으나 적의 칼날이 마구 내리쳤다. 시신은 검은 처네로 싸서 석유를 끼얹고 녹산鹿山(경복궁 내의 동북 편에 있던 산)의 숲속에서 불태우고는 몇 조각 잔해를 수습해 즉시 태운 자리에다 파묻었다.

왕후는 기민하고 권모술수가 많았는데 정치에 간여한 20년 동안 점차 망국에 이르게 하더니 마침내는 천고에 없던 변을 당하게 된 것이다.

태양력 채용

'삼통三通(하·은·주 삼대의 정삭正朔을 가리킴)으로 바꾸어 썼던 것은 때에 따라 마땅함을 얻기 위한 것이었다. 이제 역법을 개정하여 태양력을 채용할 것이니, 금년 을미 11월 17일(갑인)은 505년 1월 1일이 된다.'는 조칙을 내렸다.

삼포오루 소환

10월, 일본국은 자국의 공사 삼포오루를 소환하였다. 저들의 재판 결정서에 의거하면, 삼포오루 등은 죄를 범한 증거가 별로 없으므로 모두 방면한다고 하였고, 또 저들의 각 보장報章에서는 대원군이 입궐하여 변란을 주도하니, 삼포오루는 왕명을 받들고 들어가 그들을 구제하였으며 시해 사건에는 간여한 바 없다고 떠들었다. 대개 삼포오루를 비호하기 위한 술책이었다.

의병봉기 불러온 단발령

단발령을 시행하자, 이에 반대하여 일어난 의병봉기의 내용도 기술하였다.

단발령

11월 15일(신해), 임금이 먼저 두발을 깎고 중앙과 지방의 신민에게 명하여 일체 두발하도록 하였다. 두루마기 착용을 선포한 이후 단발하도록 한다는 말이 점차 퍼졌는데, 이해 10월에 와서 일본공사가 임금에게 빨리 단발하도록 위협하였으나 임금은 인사因山 뒤로 미루었던 것이다.

이때 이르러 유길준과 조희연 등이 왜인들을 인도하여 궁성 주위에 대포를 설치하고 단발을 하지 않는 사람은 모두 죽이겠다고 선언했다. 임금이 탄식하며 정병하를 돌아보고 "네가 내 머리를 깎아라." 하니 정병하는 가위를 들고 임금의 두발을 깎았으며, 유길준은 태자의 머리를 깎았다.

단발령이 내리자, 곡성이 진동하고 사람마다 분노가 치밀어 억장이 무너졌으며 형세가 금방 변란이라도 일어날 것 같았다. 왜인들은 군대를 엄히 단속하며 대기하고 있었다.

경무사 허진은 순검들을 거느리고 칼을 차고서 길을 막고 있다가 만나는 사람마다 단발을 실시했다. 그리고 집집마다 들어가 빠짐없이 색출해 내니, 깊이 숨어 있는 사람이 아니면 면할 수가 없었다.

서울에 올라와 있던 사람들은 외출하였다가 상투를 잘리게 되니 그런 일을 당하면 떨어진 상투를 주머니에 챙겨넣고 통곡을 하며 도성을 나갔다. 두발이 깎인 자들은 모두 깨끗이 잘리지 않아서 상투만 잘리고 긴 머리털은 늘어져 그 모습이 장발승과 같았다. 부인과 아이들에 대해서는 두발을 자르지 않았다.

단발령에 반대하는 의병

체두관剃頭官을 각부에 파견하여 날자를 정하여 머리 깎기를 독촉하였다. 백년 이래로 우리나라 사람들은 처음으로 백회百會(인체의 정수리 부분에 있는 경혈의 이름, 상투를 틀 때 정수리 부분의 머리를 깎아서 상투를 틀기에 편하게 했다) 부분을 깎는 풍속이 시작되었는데, 이를 '제두풍除頭風'이라고 불렀다. 대개 단발로 바뀌는 기운이 먼저 조짐을 보였던 셈이다.

이때 이르러 수령 가운데 더러 백회 부분을 깎아서 넓게 보이도록 하고 남은 머리털을 땋아서 머리통에 감았다. 더러는 완전히 깎아서 시세를 좇기도 했지만, 아전과 백성들은 저항하여 단발령을 따르지 않았고, 누차 기한을 늦추어 혹시라도 변화가 있기를 기대했다.

공주 관찰사 이종원은 금강 나루를 가로막고서 여행자들을 강제로 삭발하여, 길에 왕래하는 사람이 거의 끊겼다. 이때부터 온 나라가 물 끓듯 하고, 의병이 사방에서 봉기했다.

서상열은 강원도에서 일어나고, 유인석은 경기도에서 일어나고, 주용규는 충청도에서 일어나고, 권세연은 안동에서 일어나고, 노응규·정한용 등은 진주에서 일어나니, 원근에서 호응하였다. 유길준 등은 경군을 파견하여 격퇴시켰다.

유인석은 고지평 유중교의 종질이요, 이항로의 문인이라, 유학으로 이름이 있었으며, 강개하여 의기가 있었다. 낙동강 좌우에 있는 수십 고을이 봉기하여 권세연에게 호응하니, 수령으로 두발을 깎았던 자들은 많이 살해당하였다.

대구 관찰사 이중하는 관내를 잘 보살펴 평소 민심을 얻었던 터요, 이때에 강제로 삭발하지 않아서 백성들이 너그럽게 보아주어, 성문을 걸어 닫고 굳게 지키며 경군京軍의 구원을 기다렸다.

청당·왜당·아당

이범진 등의 거사는 충의를 위해서가 아니요, 아국我國(러시아)을 후대하고 왜국倭國을 박대하려는 것도 아니요, 단지 권력을 노린 것이다. 세상에서 김윤식·어윤중은 '청당淸黨'이라 일컫고, 김홍집·유길준은 '왜당倭黨'이라 일컫고, 이범진·이윤용은 '아당俄黨'이라 일컬었다.

세 당이 교대로 진출하여 나라 꼴이 더욱 말이 아니었다. 갑오년(1894)·을미년(1895) 사이에는 왜인이 나라의 운명을 쥐었다가 이때 이르러 아국인에게 빼앗겼는데, 곧 이어 입인년(1902)에 전쟁이 벌어진 뒤로 왜인이 다시 뜻을 펴게 되었다.

10장

'오하기문'에 나타난
매천의 역사의식

오동나무 밑에서 쓴 당대사

조선후기의 유학자 김창흡(1653~1722)은 자질도 영특한 데다 영의정의 아들로 태어났으나 벼슬길을 마다하고 명산대천을 찾고 학문에만 열중한 대단한 선비였다. 그는 인품人品을 6등급으로 나누어 성인·대현·군자·선인善人·속인俗人·소인小人으로 구분하였다.

특히 선비의 복심 즉 선비는 '가슴에 다섯 가지 종자'를 키우고 있다고 제시한다.

> 첫째, 이익을 탐하는 마음利心으로 허위에 빠져 벼슬이나 하려는 사람.
>
> 둘째, 명예를 탐하는 마음名心으로 허장성세로 남의 우두머리가 되려는 사람.
>
> 셋째, 남을 이기려는 마음勝心으로 남을 무시하고 저만 잘난 채 하는 사람.
>
> 넷째, 잔 꾀를 부리는 마음伶俐으로 막힘없이 분석하는 능력만을 가진 사람.
>
> 다섯째, 고요함을 좋아하는 마음恬雅 욕심없이 책이나 즐기

는 사람.[1]

이 같은 구분에 따르면 매천은 군자君子이고, "고요함을 좋아하는 마음으로 욕심 없이 책이나 즐기는 사람."에 속한다. 여기 첨가해야 할 부분이 있다면 사심이 없는 '우국지심'이었다. 그는 비록 한적한 시골구석에 박힌 선비이지만 위정척사파적인 국가 개혁에 대한 열정 그리고 외세의 침탈과 기울어가는 국가의 명운命運을 우려하면서 식자로서의 역할을 찾았다.

매천은 1894년 동학농민혁명을 지켜보면서 동학농민군을 '동비'라 규정하면서도 동학농민혁명의 발생 원인과 전개 과정을 비교적 자세히 기술하는 『오하기문梧下紀聞』을 지었다. '오하기문'이라는 제목은 매천이 거처하는 구안실에 오동나무가 있었는데, 그 아래에서 이 글을 기술하였다는 데에서 유래한다. 조선 말기의 사회상을 살필 수 있다.

매천은 1894년에 『매천야록』과 『동비기략』을 쓰기 시작하고, 1895년부터 『오하기문』을 썼다. 『오하기문』은 『매천야록』과 내용이 중복되는 경우도 적지 않다. 여기서는 매천의 역사관을 살필 수 있는 서설 부문에서 몇 대목을 소개한다. (제목은 필자가 정한 것임을 밝힌다)

노론이 나라 망쳐

아, 화변禍變이 도래한 것이 어찌 우연이랴! 치세와 난세는 시운에 달려 있고, 혼란과 태평이 서로 이어, 시운과 기화氣化로 바꾸어질 수 없는 숙명이 있는 듯 하지만, 또한 사람들이 도모하는 것의 잘잘못이 원인이 되니, 대개 오래 쌓인 형세의 결과

요, 일조일석이 그렇게 된 것은 아니다.

우리나라는 개국한 지 오백 년이 넘는데, 유술儒術을 숭상하여 문치가 습속을 이루었다. 처음에는 유현儒賢들이 찬란히 배출되어 상국上國의 기풍이 있었다. 이윽고 유림들이 분열되어 당파에 따라 문호를 세우는 형국이 이루어지니, 당쟁의 국면이 번복됨에 따라 조정의 성쇠가 여기 매이게 되었는데, 서로 간의 기복은 이루 다 따질 수 없다.

정조正祖 이후로 노론老論이 드디어 국명國命을 장악하여 국시國是가 겨우 정해졌다. 그러나 이른바 국시가 정해졌다는 것은 여러 사람들의 입에 재갈이 물린 데 불과할 뿐이며, 온 세상의 공론이 아니었다. 이 뒤로 사색당파가 각각 자신의 옛 진리를 지키며, 억지로 조약을 맺고 휴전한 것과 다름없었다.

노론은 대대로 왕실과 혼인관계를 맺고 권위와 복록이 자기들 속에서 나가게 되니, 패권을 잡은 것으로 자처하며 삼색당파를 마음대로 부려 부용국附庸國처럼 여겼다. 화직華職이나 요로에 이르러는 노론이 아니면 얻을 수 없었고, 얻었다 하더라도 오래 휴지할 수 없었다. 이에 또 자기 당파 중 초야에서 독서하는 선비를 가려서 가장 명망이 높은 사람을 뽑아 은일의 명목으로 천거하면서, 초선鈔選의 명칭을 덧붙여, 경영관으로 초치하며 왕사王師로 대우하였다. 그런 연후에 통칭하여 '산림山林'이라 일컬었고, 이렇게 되어야 유자儒者로서의 능사能事가 끝나는 것처럼 여겼다.

근래에 산림이 된 자는 노론뿐이었으며, 노론 중에서 산림 노릇을 대대로 한 자들은 은진 송씨宋氏 뿐이었다. 비유하자면, 노론의 국혼은 원元 나라의 색목인色目人(원나라 때 중국 서북과 서역 각 종족을 지칭, 이들은 지위가 몽고인 다음이었다)과 같은 점이 있고, 송씨가 산림을 독점한 것은 '용호산龍虎山의 천사天師의 가문'(중국 원나라 때 황제의 총애를 받은 세습가문)과 비슷했다.

아! 희한하구나! 유자가 소중하게 여겨지는 까닭은 격물치지格物致知와 성의정심誠意正心을 통해 시국평천하를 실현할 수 있는 데 있다. 그 뜻은 한 사람이라도 은택을 입지 못하면 자신이 큰 거리에서 매를 맞는 듯 부끄럽게 여겨야 하며, 그 예절은 임금의 부름을 받으면 수레를 대령하는 것을 기다릴 사이도 없이 출발해야 하며, 그 의리는 임금의 면전에서 과감히 잠번을 하여 과오를 바로잡아, 백미伯夷와 같이 완악한 사람을 청렴하게 만들고, 나약한 사람이 뜻을 세우도록 하는 풍모가 있어야 할 것이다.[2]

걸출한 선비없어 나라 망조

노론 이외의 다른 당파에 대해서는 은일로 부르는 경우, 대관臺官으로 제수하되 지평持平과 장령掌令부터 참판까지로 한정하였다. 이를 남대南臺라 일컫는데, 품위가 산림보다 훨씬 떨어졌으며, 벼슬하기 전에는 모두 통칭해서 '학자學者'라 하였다. 그런데 사색당파 가운데 북인北人이 가장 미약하고 고단하였던 까닭에 북인으로서는 수백 년 동안 한 사람도 '학자'가 없었다. 소론小論과 남인南人은 간혹 있기는 하였으나 남대를 넘지 못하였고, 오직 노론만이 산림이 되었다.

또 습속이 문벌을 숭상하여 경기와 호서지방을 상국으로 여겼으며, 영호남을 주변부로 취급하였다. 그래서 아무리 노론 학자라도 산림의 경우에는 기호 출신 뿐이었다. 그러니 소위 학자란 은일로 충원되기 위한 가탁假託에 지나지 않았고, 이른바 산림이란 음사蔭仕로 부르는 하나의 방도에 불과하게 되었으니, 어찌 바라고 부러워할 것이 있겠는가? 이런 까닭에 조정의 은례는 전과 같지만 자신의 영예는 더 해질 것이 없게 되었다.

이에 문벌은 좋은데 재주가 부족한 자들이 달려들고, 재주가 있는데 문벌이 없는 자들도 달려들고, 심지어는 용렬하고 어리석고 괴팍스런 무리들이 의관을 점잖게 차리고 나가서 이기설理氣說을 읽어매고 예론禮論을 꾸며대는 것이다. 그러니 문하에 폐백을 들고 몰려드는 자들은 천이고 백이고 이런 사람들로, 각기 낭대와 산림을 가슴 속에 품고, 빌붙기를 풀에 의지하고 나무에 기대듯 하여, 대臺를 쌓고 깃발을 세우고 있다.

오늘날 유학의 성세는 극도에 다달았다 하겠으나 참다운 실학實學이 있는 사람은 침체되고 말라빠져서 드디어 온 세상에 단 한 명의 참학자도 없게 되었다. 오늘날의 소위 산림은 한낱 국가에 아무런 이익이 없을 뿐만 아니라, 향리에서도 본보기가 되기에 부족하여, 퇴계와 율곡 같은 현인들은 말할 것도 없고, 정인홍과 이현일의 초년의 문망聞望과 견줄 자를 구해도 얻을 수 없다. 슬프다! 국조國朝 유림전儒林傳에 심히 부끄러움을 끼치고 있지 않은가!

유림에 그 사람이 없음으로서 천하의 도는 궤멸되었다. 그래서 마침내 천주학이 들어와서 동국의 땅을 온통 물들였다. 괴상하고 황탄지만 모두 스스로 학學으로 자처하고 있는데, 이른바 걸출한 학자와 원로 선비들도 물끄러미 바라만 보고 감히 세상을 구하지 못하고 있다. 참도학이 없어진 결과가 이와 같은 것이다.

그런 즉 사설邪說이 성행하게 된 것을 유학이 쇠퇴하게 된 게 빌미가 되었으며, 유학의 쇠퇴는 당파싸움 때문이고, 당파의 형국이 정해지면서 더욱 고질화되었다. 우리나라 붕당의 화가 극심하였는데도 망국에까지 이르지 않은 것을 이상하게 생각하는 사람들이 많다. 그런데 말기적 징후로 붕괴되는 데 이르러 수습할 수 없게 되었으니, 아! 참으로 두렵도다! 혹자는 말하기를 "그대가 말한 '사학邪學의 화禍는 근원이 붕당에 있다'고 한 것은 그럴 듯 하지만, 생민生民이 곤궁하고 피폐하게 된 것이 어찌 붕당에 원인이 있다고 하겠는가?" 하는데, 이 무슨 말인가?

예로부터 당화黨禍의 극단은 반드시 망국에 이르고 말았다. 망국의 백성들이 곤궁하고 피폐하게 되는 것은 당연한 이치이다. 또한 옛날의 붕당은 한 세대에 그쳤으나 오늘의 붕당은 300년을 지속하고 있다. 게다가 문벌을 따지는 누습이 더해졌으며, 옛날의 붕당은 신하들 사이에서만 있었는데, 지금의 붕당은 임금까지 참여하여 국혼國婚의 편중으로 귀결되었다.

이에 노론은 대대로 척족의 지위를 누렸다. 권력의 중심이 혹시 옮겨져서 당파의 형국이 동요될까 두려워, 드디어 노론의 여자가 아니면 나라의 후사를 양육할 수 없다고 선언하고, 임금으로 하여금 편파적으로 자신들의 말만을 듣게 하여, 세자빈을 간택하거나 공주를 하가下嫁시킬 때 다른 당파와는 하지 못하게 하는 데 이르렀다.

처음에는 광성光成이나 청성淸城 같은 현명한 분들이 보좌하여 사직이 힘 입은 바 있었지만, 다음 시대인 영조 이후부터는 홍봉한·김귀주·홍국영 등이 권세를 탐내고 좋아해 번갈아 흥했다 망했다 하였다. 이렇게 되니, 사류士類의 국척國戚이 끝내 노론의 사당으로 변질되었다. 그 형세가 여러 번 바뀌었으니, 대개 하루 이틀에 이루어진 일이 아니었다.

그러나 전에는 임금이 영명해서 만기를 몸소 총괄하셨고, 권세를 잡은 척족이라도 전대의 훌륭한 분들을 사모하고 여론을 꺼려해서 제멋대로 악행을 저지르지는 못했다.

그런데 순조 대에 이르러서는 왕위에 오른 지 오래 되어도 팔짱을 끼고 앉아 김조순에게 정사를 맡기셨다. 김조순은 자못 신중하고 관대하였기 때문에 당색이 다른 사람들을 끌어들여 과오와 실정을 이용하였으므로 오늘에 이르도록 칭찬하는 사람이 있다.

하지만 시파時派·벽파僻派의 명목으로 거슬리는 자들을 마구 제기하여 사나운 권간權奸의 기미를 보였으며, 그 아들인 유근과 좌근, 손자인 병기에 이르기까지 뒤를 이어 권력을 잡았다.

'나라 망친 것은 장동 김씨다'

순정황후가 몇 대에 걸쳐 수렴청정을 하면서 자신의 친정을 부당하게 비호한 까닭에 김씨가 번성한 것이 조씨 보다 몇 배나 되었다. 김씨들은 북쪽의 장동壯洞에 살았고 조씨들은 전동磚洞에 살았으므로, 세상에서 장동 김씨, 전동 조씨라고 하였다.

김씨가 국정을 잡은 것이 오래되어 철종 말년에 이르러는 대개 60년이 되어 고려 때 최충헌과 비슷하다. 김씨의 그 문생고리門生故吏(권문세가의 집에 몰려드는 무리)가 나라의 반을 점유하고 있어 사람들이 장동 김씨가 있는 줄은 알고 국가가 있는 것은 모르는 지경이 되었다. 오늘날 어리석은 자들이 문득 떠벌려 말하기를 "장동 김씨에 인물이 많다.""장동 김씨는 국가의 주석이다."라 한다.

안타깝다! 이 어찌 억울하지 않은가? 우리나라를 망친 것은 장동 김씨이다. 어째서 공공연히 행해지고 탐학을 뿌려도 징치를 하지 않은 데다가, 더욱이 백성을 수탈하는 근원이 되었다. 구학溝壑에 빠져 아우성치는 백성들이 호소할 곳이 없구나! 이런 까닭에 누적된 병폐가 극에 다다라 저절로 무너지게 된 것이다.

경진년(1880) 봄에 김홍집이 수신사로 일본에 갔다가 가을에 귀국하였다. 일본은 예로부터 '왜놈'이라 불렸는데 저들이 몹시 싫어했던 까닭에 병자년(1876) 수호조약을 맺은 이후로 언어와 문자에서 모두 일인日人·일본으로 청하였다.

김홍집이 다녀온 이후로 일본과의 화친은 더욱 굳건해졌다. 한편으로 그는 일본에 머물러 있던 중국 사람 황준헌黃遵憲이 지은 『이언易言』 두 책을 가지고 돌아와서, 임금에게 읽어보게 하고 조정에 널리 퍼뜨렸다.

이 책에서 서양 사람들의 학문과 기술을 대단하게 평가하며, 필히 지구상의 모든 국가들이 교류해야 하며, 서양인의 장기를 배워서 익힌 뒤에 합종체교合從締交해야 아라사(러시아)를 막을 수 있다고 주장하였다.

이에 조야가 떠들썩하여, 김홍집이 천주학을 배워서 임금을 오도하여 미혹시키고 장차 온 나라가 그것을 따를 것이라 하며, 사람들이 온통 놀라고 분개하였다. 그럼에도 대소 관헌들은 한 사람도 말하는 자가 없었는데, 영남 유생이 처음에 복합하여 상소하자는 논의를 앞장서 이끌자, 여러 도에서 호응하여 연달아 상소를 올려 김홍집을 공박하였다.

  어윤중은 지난 해 봄 유람단의 일행으로 일본을 거쳐 바로 천진으로 가 영선사 김윤식과 함께 있다가, 이때 이르러 전보로 본국의 정황(대원군의 재집정)을 알게 되었다. 이에 크게 놀라 북양총독 이홍장에게 역적을 처벌하되 법대로 처리하게 해달라고 눈물을 흘리며 사정하였다.

  이홍장은 평소 조선이 이랬다 저랬다 하는 처사를 못마땅하게 여겨, 한 번 징계하여 버릇을 고쳐야겠다고 마음 먹고 있던 터라, 미참내 자신이 거느리고 있는 병선을 동원하여 마건충·황사림에게 빨리 동쪽으로 출발하도록 하였고, 시랑侍郞 오장경에게 이를 통솔케 하였나.

  이들은 수원에 배를 대고 곧바로 서울로 들어와 이하응을 찾아가 만나서 은근히 노고를 치하하였다. 며칠 지나 이하응이 답례하러 올 때를 기다렸다가 그를 결박하여 부인들이 타는 가마에 넣어 수원으로 보냈다가 남양 마산포를 거쳐 신속히 북쪽으로 끌고 가서 보정부保定府(중국 하북성에 있는 도시)에 가두었다. 이때가 바로 7월 22일이었다. (1882년) 일이 갑작스럽게 일어나 미처 방해할 수 없었고, 또한 그 위세에 대적할 수도 없었을 것이라고 한다.

  이홍장이 이하응을 사로잡아 북으로 끌고 간 뒤, 오장경을 남겨 두어 조선을 진압하고, 군문을 설치하여 조선의 군정軍政과 통상의 일을 관장하도록 하였다. 얼마 안 있어 일본인들이 다시 와서 아무 까닭도 없이 사달을 벌여 많은 이들이 죽었다는 것(임오군병)을 핑계삼아, 은으로 배상하지 않는다면 군대를 동원해 보복하겠다고 하였다.

조정에서는 어쩔수 없이 은 10만냥을 지급해 배상하니, 물력이 더욱 곤궁해졌다. 일본은 전보다 더 거리낌이 없었고, 마침내는 남산 아래까지 들어와 공관을 설치하고 시장을 열었다. 영국·독일·미국 등 서양의 여러나라 공사들도 일본을 따라 들어와 정동에 크고 작은 공관을 설치하였고, 청인들은 종로의 큰 길을 점거하였다.

이에 성안이 온통 이색인異色人들로 넘쳐났으며, 도성 사람들은 두려워하며 요란을 떠니, 분위기가 스산하여 난을 피해 사방으로 떠나는 이들이 많았다.

갑신년(1893) 봄에 민영익·홍영식·서광범 등이 미국에서 조정으로 돌아왔다. 민영익은 천하를 두루 유람하여 우리 나라가 악착같이 옛 제도를 고수하면 끝내 부강하게 될 가망이 없다고 생각하여, 개연히 무령왕武寧王(전국시대 조나라의 임금, 국방력을 증대시키기 위해 전통 복장을 버리고 북방 오랑캐의 복장을 채택하여 실효를 거두었다)의 일을 사모하여 밤낮으로 임금에게 복제를 양복으로 바꿀 것을 권하였다.

임금도 지지하여, 여름이 되자 절목節目을 반포하여 넓은 소매와 허리띠를 드리우는 제도를 모두 버리고, 다만 두루마기만 입도록하여, 관리들은 전복戰服을 덧입게 하였다. 왕명이 내려 시행되자, 안으로는 대신부터 대간은 물론 밖으로는 산림까지 모두 상소를 올려 극력 간언하였으며, 김병덕이 특히 강경하였는데, 모두 받아들여지지 않았고 김병덕은 결국 서울을 떠났다.

'나라의 역적은 모두 노론'

병자년(1876) 이래로 화의를 주장한 것은 노론이었고, 갑신년(갑신정변)의 여러 역적들도 역시 노론이었으므로, 노론은 나라를 그르치고 팔아먹은 죄명을 면치 못할 것이다. 길거리에서 하는 아이들도 으레 "우리나라를 망치는 놈은 노론이다." 하였다. 아! 붕당의 화가 참혹하고 격심하지 않은가!

슬프다! 유림이 쇠퇴함에 사학邪學이 일어났고 척신이 대대로 권력을 잡으매 민란이 일어났는데, 그 근원을 따지면 모두 당화에 있다. 슬프다! 지금 사학과 난민을 가지고 유림의 당화에서 시작되었다고 허물을 돌리면 말이 지나친 듯 하다. 그렇지만 큰 강도 한 잔 물에서 기원하여 시리를 밟으면 견고한 얼음이 얼 때가 이른다 하지 않았던가?

치세治世는 진실로 점진적으로 이루어지고 난세 또한 까닭이 있는 것이다. 기화氣和의 변천과 풍속의 추이는 빼어난 식견과 원대한 안목이 없으면 헤아릴 수 없는 법이다.

명나라 가정嘉靖(1522~1566) 연간에 해서海西(명나라 세종이 오랫동안 조회를 하지 않았는데도 신하들이 아무도 간언하지 않아 해서가 관을 미리 사두고 극력 간언하였다)가 황제에게 봉사封事를 올렸는데, 그 말이 매우 과격하여 거의 모욕하는 데 이르렀다.

그럼에도 세종世宗 황제는 마음속으로 가상하게 여기며, "대신이 말하지 않는 것을 소신이 말하고, 중국의 사람이 말하지 않은 것을 변방 사람이 말하니, 충성스럽구나! 충성스럽구나!" 하고 탄식하였다. 마침내 장기간 구속되어 있다가 사면을 받앞다.

지금의 군자는 자기 임금을 세종황제처럼 대하지 않고 있다. 맹자가 말씀하기를, "우리 임금은 할 수 없다고 한계를 두는 태도를 적賊이라 이른다."고 하였다. 안타깝구나! 누가 충신이고 누가 적인가!

여러 민씨들 중에 '세 도둑'으로 지목되는 자가 있었다. 서울의 도둑은 민영주요, 관동의 도둑은 민두호요, 영남의 도둑은 민형식이다. 민두호는 영준의 아비이고, 민영주는 영준과 종형제간이며, 민형식은 영위의 얼자孽子이다.

대개 민씨 성치고 탐학하지 않은 자가 없어 팔도의 큰 고을은 대체로 민씨가 수령을 하였으며, 평안도 감사나 통제사에 이르는 민씨가 아니고는 하지 못한 것이 이미 10년이 되었다. 민형식 같은 자는 고금에 유래가 없어 백성들이 그를 '악귀' 혹은 '미친 호랑이'라고 일컬었으니 그가 능히 사람을 생으로 씹어 먹었기 때문이다.

호남은 나라의 남쪽에 자리잡아 산천이 맑고 수려하며 물산이 풍요로워 나라를 통틀어 의식생활을 이롭게 하는 원천은 태반을 호남에 의존하였다. 이 지방 사람들은 재주 있고 민첩하며 통달하고 숙련된 자들이 많아 예로부터 호방하고 재주와 지략을 겸비한 인물들이 왕왕 나왔던 까닭에 백제는 이들의 힘으로 신라·고구려와 팽팽히 대치하고, 견훤은 이들을 이용해 고려와 항쟁하였다.

우리 조선 중엽에는 김덕령과 정충신이 모두 당대의 용맹한 신하였고, 김천일·고경명이 나라의 빛이 되어 사람들의 이목을 비추었으므로, 세상에서는 호남은 인재가 많고 절의를 숭상한다고 하는 말이 참으로 거짓이 아니었다.

근세에 탐욕과 더러움이 날로 늘었다. 호남의 재물은 풍성하여 계곡을 가득 채울 정도이니, 이곳의 모든 벼슬아치들은 백성 보기를 양과 돼지처럼 하여 그들을 발라 먹었으며, 평생 백성을 종과 북 두드리듯 하여 그 주변에서 모든 걸 마련하였다. 그러므로 서울에서는 '아들을 낳아 호남에 벼슬시키리라'라는 노래가 있을 정도였다.

대원군 이하응은 일찍이 "우리나라에 세 가지 큰 폐단이 있는 데 충청 지방의 사부士大와 평안 지방의 기생과 전라 지방의 아전이다."라 하였다. 아! 악을 미워하면서도 제거하지 않았으니, 이는 곽공郭公이 나라를 망친 까닭이 아니겠는가? 백성과 아전은 서로 미워하고 백성은 이를 갈며 와신상담하여 백세 후에라도 반드시 복수할 듯이 하였다.

얼마 후 민영준은 동학이 크게 번지는 것은 풍속이 퇴폐한 데 원인이 있다 하여 호남과 영남에 관문을 내려 보내 호남에서는 향약법鄕約法을 행하고 영남에서는 향음주례鄕飮酒禮를 행하도록 하였다. 나이가 많은 노인들에게 쌀과 고기를 내려주고 수직壽職(고령자를 우대하여 내린 벼슬) 당상첩을 주도록 하였다.
각 고을의 수령들은 이에 바람을 좇듯 추종하여 더욱 여름에 향약법을 행한다. 향음주례를 실시한다 하여 농사일에만 방해가 되니 백성들은 도리어 불편하게 여겼다. 고령자로서 수작을 받는 자에 이르러는 당상첩 하나에 명전名錢 30민緡을 억지로 징수하여 나이 많은 빈민들은 남에게 빚을 내서 그 돈을 바치게 되니, 백성들은 '노인 난리'라고 일컬었다. 아! 간척지무干戚之舞가 어찌 평성平城의 위기를 풀 수 있으며, 왕망王莽의 『주관周官』(주례라고도 한다)에도 이따위 양로법은 없었던 것이다.

11장

국정개혁안
아홉 가지 제시하다

위정척사파와 개화파의 길

조선 말기, 정확한 표현으로는 대한제국시대 선비들의 행로는 크게 두 갈래로 나뉘었다. 첫 갈래는 위정척사파 계열의 제1, 2차에 걸친 의병전쟁이었다. 제1차 의병은 명성황후 시해사건과 단발령을 계기로 1895년에 발발하였다.

주로 위정척사파 계열이 주도한 의병전쟁은 1896년 1월 유생 이소응이 춘천에서, 강릉에서 민용호, 제천에서 유인석·이춘영·안승우, 홍주에서 김복한·이설, 남한산성과 안성에서 김하락, 문경에서 이강년, 안동에서 권세연·김도화, 영양에서 김도현, 진주에서 노응규, 금산에서 이은찬·허위, 장성에서 기우만 등이 중심이 되어 봉기하였다.

의병이 주로 중남부지방에서 일어난 사실은, 이 지방이 유생의 본고장인 삼남지방이라는 점도 있지만, 또 1894년의 동학혁명운동의 경우와 지역적으로 일치하고 있어 양자의 밀접한 관계를 말하고 있으며, 뒤에 황해·평안·함경 등 북한 일대로 번져간 것도 비슷한 현상이었다. 제1차 의병전쟁에서 특기할만한 사실은 의병의 공격목표가 서울·부산·원산 등 일본인이 많이 진출한 도시였다는 점이다.[1]

제2차 의병전쟁은 1907년 군대해산을 계기로 유생과 대한제국 군인, 농민들이 중심이 되어 봉기하였다. 원주의 원용팔, 죽산·안성의 박석여, 양근·여주의 이범주, 경상도의 이유인·이하현·정환직·정용기·최성집·진돌석·김현규, 전라도의 기우만·백낙구·양한규·고광순·김동신, 충청도의 노병대·민종식·최익현·정환직 등이 중심인물이다. 이들도 대부분 위정척사파 계열의 고명한 유림들이었다.

1908년에서 1909년까지, 즉 의병운동이 전국적으로 파급하여 최고조에 달했던 때의 의병장 및 부장(副將 또는 部將)의 구성을 알아보는데 참고가 되는 통계이다.

이것을 계층별로 재정리하면, 의병장 255명 중 유생출신 의병장은 유생·양반 63명과 군수·면장 9명이고, 또 직업으로서는 유생·양반 지방유력자·부농이라 병기 되어 있는 것을 볼 때 그 대부분이 농업이었다고 볼 수 있다. 여기에 속하는 층은 위정척사론자라고 보아도 좋을 것이며, 이 층이 절대다수를 차지하고 있다.[2]

두 번째 갈래는 개화파의 노선이다. 한말 국가위난기에 의병이나 국권회복운동에 사대부士大夫들이 대거 참여하였다. 사대부란 문관 관료를 의미하는데, 일반적으로 문관 5품五品이하를 사士, 4품 이상을 대부大夫라 한데서 비롯된 용어이다. 사대부 중에서 훈구파 계열은 매국·친일로 전향하고, 개화파 중에서는 사대주의파들이 같은 길을 걸었다.

개화사상은 1853~1860년대에 오경석·박규수·유홍기 등에 의해 형성되어 1870년경부터는 서울의 양반자제들 중에서 김옥균·박영효·김윤식·유길준·서광범 등이 독립협회를 구성하고 이들은 갑신정변을 일으켜 입헌군주제를 통해 근대국민국가를 만들고자 하였다.

후기 개화세력은 1906년 4월에 창립된 대한자강회의 장지연·심의성·윤효정·임진수·김상범 등을 중심으로 시작되고, 1907년 2월 안창호·이동휘·이승훈·이회영·안태국·이갑·양기택·김구·신채호 등으로 구성된 신민회의 창립으로 이어졌다. 신민회는 공화주의와 자유민권사상, 신교육과 언론기관 등의 설립으로 국권회복운동과 개화사상을 이끌었다.

위정척사 계열이 조선왕조체제를 회복하기 위한 복벽復辟운동이었다면 개화파 계열은 입헌군주제에서, 신민회에 이르러서는 서구 근대적 공화주의라는 혁명적인 진보성을 보였다. 이들 중 상당수가 상하이의 대한민국임시정부 수립으로 발전하였다.

매천은 위정척사파 계열의 유림으로서, 낙향한 선비로서, '사림의 길'을 걸었다. 그렇지만 일반 선비들이 즐겼던 시·서·화에만 집착하기보다 현실 문제에 많은 관심을 보였다. 조선 중기부터 조선사회를 움직인 것은 사림들의 여론이었다. 시골에 은거하여 살면서도 국정 현안에 끊임없이 발언하고 여론을 일으켰다. '음풍농월'이나 일삼는 문객이 아니었다.

조선 중기의 정치는 이들 사림의 여론정치였다. 따라서 정국을 주도하는 것은 사림의 여론을 주도하는 주론자主論者들이었다. 주론자들은 반드시 관직이 높을 필요는 없었다. 과거에 꼭 합격할 필요도 없었다. 사림이 여론주도의 핵심이었고 이들은 대간臺諫·정조政曹·의정議政·경연經筵·서연書筵 등의 청요직淸要職에 불차탁용不次擢用될 수 있었다. 국왕의 부름을 받고도 이들은 잘 오지 않거나, 오더라도 뜻대로 안 될 경우 걸핏하면 돌

아가겠다고 주장하였다.[3]

매천은 45세이던 1899년 「국사國事에 대해 논한 상소」를 썼다. '언사소言事疏'라고 불리는 이 상소문은 남을 대신하여 써준 것이지만, 그의 시대인식과 시국관이 오롯이 드러나 있다.

한 연구가(김소영, 「매천 황현의 신문에 관한 연구」, 박사학위 논문)는 매천의 '언사소'를 크게 세 가지 방향으로 요약한다.

> 첫째는, 민심 수습과 통합 방안인데, 언로를 열고 실정의 책임자를 문책할 것,
> 둘째는, 사회를 안정시키고 재정을 안정적으로 확보하는 것인데, 법질서를 강화하고 인사제도를 확립하며 재정을 절약하고 토지제도를 정비하라는 제안이며,
> 셋째는, 군기 확립과 국가의 부위를 역설하는 내용이다.[4]

망해가는 나라에 처방을 제시

매천의 '언사소'는 번역과 주석으로만 27쪽에 이르는 방대한 내용으로 아홉 가지 조목을 들어 국정의 문제점과 개혁 과제를 논하고 있다. 그가 단순히 시·문에만 열중하는 문사가 아니라 경세가였음을 보여준다. 고종이 1897년 광무개혁을 단행한 직후에 쓴 글이다. 여기서는 아홉 가지 조목의 본문을 소개한다. 제목은 필자가 달았음을 밝힌다.

> 삼가 엎드려 살펴보건대, 갑오년 이래로 시국이 날로 변화하

고 온갖 법도가 경장되면서 찬연히 중흥하여 만세까지 뻗어 나갈 터전이 세워지고 있습니다. 보고 들을 때마다 대단하다고 여기지 않는 것은 아닙니다만, 그 실상을 고찰해 보면 화난과 위망의 조짐이 도리어 경장 이전보다 더 심한 측면이 있습니다.

이는 어째서 그렇겠습니까? 한갓 개화의 지엽만 탐하고 그 근본을 추구하지 않기 때문입니다. 천하의 일에는 작든 크든 모두 근본이 있고 지엽이 있으니, 어찌 유독 개화에만 그것이 없겠습니까. 개화라는 것은 별다른 게 아니라 문물이 바뀌고 사람이 교화되는 것을 말하는데, 문물이 바뀌고 사람이 교화되는 데에 근본이 없이 이루어질 수 있겠습니까.

훌륭한 이를 가까이하고 간사한 사람을 멀리하며 백성을 사랑하고 재정을 절약하며 상벌을 엄격하게 집행하는 따위가 바로 이른바 근본이며, 군대를 훈련시키고 기계를 활용하며 통상을 잘하는 따위가 바로 이른바 지엽입니다. 서양 사람들의 법이 비록 중국과 차이가 있기는 하지만, 지금 저들의 이른바 만국사를 살펴보면, 그들의 흥성 또한 근본을 바로 세운 데에서 비롯되었습니다.

실로 그 근본이 없으면 아무리 강해도 반드시 피폐해지는 법이니, 이는 흥망의 자취를 통해 종종 상고할 수 있습니다. 이런 관점에서 살펴보면 개화라는 말은 비록 처음 접하는 말이지만 사실 중국의 치도와 별 차이가 없는 것입니다.

나라를 다스리는 방도로 볼 때, 밖으로 강한 이웃 나라가 없고 안으로 난신적자가 없어 평화스럽고 안정된 국면에 놓여 있더라도, 백배 더 정신을 가다듬고 분발하지 않으면 쇠퇴하는 형세를 만회할 길이 없습니다. 더구나 오늘날에 와서는 다시 헤이해지고 안일에 젖어, 단지 바깥으로만 눈을 돌려 서양기술을 빌리고 서양 기계를 구입하고 있습니다.

그리하여 그것으로 전등을 켜고 기차를 타면서 득의양양하게 천하에 호령하기를, "나 역시 나라를 중흥시킨 천자天子이다."라고 말한다면, 거듭 외국 사람들의 웃음거리가 되지 않겠습니까. 그들이 만약 비웃는 데에서 그치지 않고 승냥이와 이리같이 잔인한 침략의 야욕을 드러낸다면, 비록 쇠퇴한 오늘날의 국면이나마 영구히 보존하려 한들 가능하겠습니까. 어리석은 신은 죽을죄를 지었습니다.

열성조의 임금들이 대업을 일으켜서 후대에까지 계승해주었으나, 성상의 당대에 이르러서는 한 자의 땅과 한 사람의 백성도 구태의연한 옛 모습을 바꾸지 않은 관계로, 지금 점점 더 망국의 형세로 치닫고 있습니다. 어찌 두려운 마음으로 분발하면서 하늘에 빌어 국운을 유지할 방도를 생각지 않을 수 있겠습니까.

예로부터 혼란스럽거나 망해 가는 시대에도 그 증상을 치료할 처방이 없었던 적은 없습니다. 문제는 임금이 그 독한 약을 복용하려 하지 않는 데 있었습니다. 성상께서 영명하고 당당한 자세로 혼란을 다스릴 운세에 순응하여 크게 한번 생각을 전환하신다면, 왕도를 행하려 할 경우 왕도가 이루어지고 패도를 행하려 할 경우 패도가 이루어져, 은殷 나라 고종高宗이나 주周 나라 선왕宣王 같은 훌륭한 명성에 필적할 수 있을 것입니다. 성상께서는 무엇이 아까워 행하지 않으신단 말입니까.

신은 대대로 벼슬한 세가世家의 후예로서 실로 나라와 고락을 함께 해야 할 의리가 있으니, 이를 생각하면 한밤중에 손목을 불끈 쥐고 저도 모르게 절로 가슴을 치며 탄식하게 됩니다. 이에 지위에서 벗어난 말씀을 올려 망녕되이 시무를 언급하는 바이니, 어리석은 신은 죽을죄를 지었습니다.

그러나 만일 한가하신 때에 유의하고 살펴보시어 신의 우매함을 용서하고 신의 충심을 헤아려 주신다면, 이것이 개화의 근본에 만분의 일이나마 도움이 없지는 않을 것입니다.

첫째, 언로_{言路}를 열라

첫째, 언로를 열어 나라의 명맥을 소통시키는 일입니다. 아아, 나라에 있어서 언로는 사람이 호흡을 하는 것과 같은데, 호흡이 막히고 죽지 않을 사람이 누가 있겠습니까. 우리 국조_{國朝}에서는 인척들이 정권을 잡은 지 100여 년이 지나다 보니, 정신을 전하고 법을 수호할 때 그 당여_{黨與}가 서로 얽혀 당대 선비들을 구속하므로 다들 그들의 사사로운 사람이 되어 버렸습니다.

그 결과 대각_{臺閣}에서는 입을 다물고 숨죽이는 게 하나의 풍조가 되었습니다. 게다가 갑오년(1894, 고종 31)의 변란 때에는 목에 칼을 들이대는 상황이라, 권신_{權臣}이 혼란을 초래했다고 말하는 사람이 하나도 없었으니, 생각하면 답답하여 절로 탄식을 금할 수 없습니다.

지금은 대간_{臺諫}제도가 없어지고 백성이 국사를 말하는 것을 들어주는 제도가 생겼으니, 사람들이 다 자기의 소회를 말하게 되었다고 할 수 있습니다. 하지만 고지식한 유자들과 천한 백성이 대체_{人體}를 모른 채, 어지러이 글을 올려 시끄럽게 떠들어 대고 있습니다. 근일에 비답을 내리신 것을 삼가 보니, 이에 대해 성상께서 싫어하고 무시하는 마음이 있으신 듯합니다.

만약 천리 밖에서 이 사실을 알게 된다면 간언을 받아들이지 않으려는 태도에 대해 어찌 걱정하지 않겠습니까. 이렇게 되면 간언을 접수한다는 명분은 있어도 간언을 받아들여 행하는 실제는 없으니, 날마다 천 통의 상소를 받은들 그것이 끝내 무슨 보탬이 되겠습니까.

어리석은 신의 생각으로는, 국사를 말하는 사람들의 의견 중에서 채택할 만한 게 있으면 채택하도록 하시고, 꼭 맞는 의견이 아니더라도 온화한 비답으로 면려하시어 과감하게 말하는 기풍이 진작될 수 있도록 해야 한다고 봅니다.

그리고 간관諫官 몇 사람을 특별히 두는 것이 좋겠습니다. 그 작질爵秩과 명망을 높여 주고 문벌에 구애받지 않도록 하되, 독서하여 의리를 아는 당대의 선비를 신중히 선발하여 충원해야 합니다. 그들 앞에서는 얼굴빛을 부드럽게 하여 말할 수 있도록 유도하고 상을 주어 총언을 권장하도록 하며, 성상의 뜻에 순종하는 자는 배척하고 성상의 뜻을 거스르는 자를 우대한다면, 초야의 질박하고 올곧은 의론들이 거의 날마다 성상에게 들려오게 되어, 위로 올라가는 언로가 막히는 걱정은 없을 것입니다.

그렇게 되면 글을 올리기를 머뭇거리던 분위기가 바뀌어 선왕조의 유백증兪伯曾이나 이명준李命俊 같은 무리가 계속해서 나오지 않으리라 어찌 장담할 수 있겠습니까. 봉륜封倫과 배구裴矩가 수隨 나라에는 아첨을 하였으나 당唐 나라에는 충성을 다하였으니, 이는 오직 임금이 좋아하고 따르는 것의 여하에 달려 있다 하겠습니다.

둘째, 법령을 공정하게 집행하라

둘째, 법령을 신뢰할 수 있게 하여 사람들의 마음을 안정시키는 일입니다. 아아, 모두 똑같이 다 사람인데 '군신'이라 하고 '상하'라고 말합니다. 그게 분명하게 한번 정해지면 범할 수 없는 것은, 바로 법령이 있어서 질서가 유지되기 때문입니다. 그렇다면 법령이란 것은 임금이 세상을 다스리는 도구이며, 하루도 불신을 받아서는 안 되는 것입니다.

법령을 이미 입법하여 시행하고 있는 상황에서, 다시 혼란스럽게 마구 고치거나 너무 신축적으로 운용하여 백성으로 하여금 법은 따를 것이 못 된다고 여기게 한다면, 아래에서는 위를 무시하고 법을 형식적인 것으로 보게 될 것이므로 결국에는 상을 주어 권장해도 권선勸善이 되지 않고 아무리 형벌을 가해도 악행이 징계되지 않을 것입니다.

그리되면 성상께서는 다급하여 사방을 돌아보게 되고 낙담하여 스스로 의기가 저상되실 것입니다. 이는 세상을 다스리는 도구를 스스로 파괴한 채 쓸쓸히 만백성의 윗자리를 앉아 있게 되는 것이니, 어찌 위태롭지 않겠습니까.

그래서 옛날에 나라를 위해 계획하기를 잘했던 사람들은 차라리 법이 없으면 몰라도 있으면 반드시 신뢰하게 만들어, 물 흐르듯이 법을 집행하고 금석처럼 확고하게 지켰던 것입니다. 패도와 형명학形名學이긴 하지만 관중管仲이 내정을 행할 때 썼던 정책이나 상앙商鞅이 천백阡陌을 개간했던 정책들이 분명 일시적 효과를 거둘 수 있었던 이유도 단 하나, 그 법령이 신뢰를 받았기 때문에 가능했던 것입니다.

갑오년의 경장 이후로 날마다 번다하게 법이 갖추어졌는데,

그 처음의 의도를 따져 보면 모두 백성을 위하는 뜻에서 나온 것입니다만, 계속해서 법을 만들었다가 바꾸는 모순이 되풀이되어 왔습니다. 이는 모두 충분히 대책을 강구하지 못하고 폐해가 생기는 대로 고쳐 나가다 보니 그리된 것입니까? 그렇지 않습니다. 단지 사심에 이끌려서 법을 왜곡해 적용한 결과에 지나지 않습니다. 무엇을 근거로 그렇게 단정하는가 하면, 다음의 사례들이 이를 말해 줍니다.

조정에서는 일찍이 백성과 약정하기를, "세금은 겨울과 봄으로 나누어 납부하게 하겠다."라고 했는데 이제 와서는 겨울에 한 번 내는 것으로 마감磨勘하였고, 일찍이 수령들과 약정하기를, "임기 연한은 4년으로 하겠다."라고 했는데 이제 와서는 임기가 채 1년이 되지 않습니다.

공문이 아래로 내려갈 때에도 보면, 탁지부에서는 "견감蠲減하라."고 하는데 공부工部에서는 "다시 징수하라."고 하니, 공문이 너무 번다하여 보는 사람들이 눈이 어지러울 지경입니다. 한 가지 일을 미루어 나머지 일을 유추해 보면 어떤 일인들 다 그러하지 않겠습니까.

지금부터는 법령 가운데 고치지 않을 수 없는 것들은 시정 방침을 하달하고 지휘하되 백성의 의견을 수렴하여 새롭게 고침으로써 서로 신뢰할 수 있게 해야지, 서로의 이해와 주장을 고집하고 버팀으로서 백성을 속인다는 비방을 초래하는 일이 있어서는 안 됩니다. 공자도 말하기를, "자고로 사람은 누구나 죽기 마련이지만, 백성이 신뢰하지 않으면 나라가 존립하지 못한다."라고 하였습니다. 차라리 죽을지언정 신뢰가 없어서는 안 된다는 말입니다. 성인이 어찌 괜히 그렇게 말하였겠습니까.

셋째, 법의 기강을 바로 잡으라

셋째, 형벌을 엄격하게 적용하여 법의 기강을 진작시키는 일입니다. 아아, 느슨해졌을 때에는 엄격하게 하여 조이고 너무 엄격해졌을 때에는 관대하게 하여 숨통을 틔워 주는 법입니다. 관대함과 엄격함으로 서로 보완해 가는 것은 성인도 그렇게 하였는데, 더구나 말세에 거짓이 판치는 때에 한결같이 관대하게만 할 수 있겠습니까.

우리 국조는 정사에서 인후함을 숭상해 온 지 수백 년이 되다 보니 맡은 직무를 게을리하는 것이 습속이 되었고, 그 결과 오늘날에 와서는 관대함이 너무 지나쳐서 해이해지는 지경에까지 이르렀습니다. 법을 엄중하게 집행하지 않는다면 어떻게 혼란한 나라를 다스릴 수 있겠습니까.

그런데 저번에는 도리어 옛 법을 적용하여 일체 가볍게 처벌하다 보니, 크나큰 죄악을 저지른 역적이 당사자만 주벌되는 데에서 그치고, 유배의 형벌을 받은 자도 곧바로 용서를 받는 일이 벌어졌습니다. 결국 징벌을 받는 경우가 적고 요행히 모면하는 경우가 많아져서 위아래가 법을 무시하고 태연히 범법을 저지르는 지경에 이르렀습니다. 이렇게 되면 법을 어기는 경우가 날로 늘어날 것이니, 국가의 권위가 날로 추락하는 것도 괴이하게 여길 일이 아닙니다.

어윤중은 대신이고 조인승은 관찰사입니다. 그들의 죄가 죽음에 해당하면 왕법으로 처리하면 되는데, 불행하게도 그들은 강도에게 죽음을 당하고 말았습니다. 문제는 강도를 체포한 뒤에 도리어 관대하게 용서해 주어 평소에 분노를 꾹 참고 있다가 난민의 손을 빌려 죽이는 듯한 형국이 되었다는 점입니다.

아, 일반 백성이 살인을 했어도 목숨으로 죗값을 받게 하는데, 더구나 나라에서 중용한 신하의 경우에야 말해 무엇 하겠습니까. 성상께서 근신近臣을 이렇게 대우하시니, 그들에게 죽을힘을 다해 일하라고 요구할 수 있겠습니까.

신은 우선 큰 것을 가지고 말했을 뿐, 그 밖의 형벌이 공정성을 잃은 사례는 일일이 다 열거할 수 없을 정도입니다. 진실로 바라건대, 지금부터는 조금씩 엄중한 법을 적용하여 크나큰 죄를 지은 사람들이 두려워할 줄을 알게 해 주소서.

오늘날의 의논하는 자들은 서양의 법이 관대한 것을 핑계 대고 있습니다. 그러나 이는 풍토가 다르면 풍속 역시 다르다는 것을 잘 모르고 하는 말입니다. 월越 나라에서 단발을 하고 문신을 하는 풍속을 제齊 나라나 노魯 나라에 강요할 수 있겠습니까.

서양이 문명을 개척한 것이 멀리는 아직 2천 년이 안 되었고 가까이로는 4, 5백 년을 넘지 않았지만, 그들의 풍기가 순후하여 중국에서의 복희씨伏羲氏나 신농씨神農氏 시대와 차이가 없었기에, 자연히 형벌을 간단하게 하여 다스릴 수 있었습니다.

하지만 그들의 법제를 기어이 우리나라에 시행하려 한다면, 이른바 '방패와 도끼를 들고 추는 춤'으로 평성平城의 포위를 풀 수 있다고 여기는 격이니 어찌 사리에 통달한 논리라 할 수 있겠습니까.

넷째, 국가 재정이 새지 않도록

넷째, 절검을 숭상하여 재원을 넉넉하게 하는 일입니다. 아아, 3년의 비축이 없으면 옛날에는 나라가 나라답지 못하다고 하였는데, 우리나라는 근일에 1년 치라도 비축을 하였던 적이 있었습니까. 당당한 제국帝國의 부세賦稅지만 경상비가 부족하여 외국에서 빚을 끌어다 쓰는 지경에 이르렀습니다.

이렇게 된 것은 다름이 아니라 수입은 한계가 있는데 지출이 절제가 없었기 때문입니다. 나라에 일이 많은 때에는, 사대교린이나 기민飢民을 구제하고 전사戰士들에게 상을 주는 등의 꼭 써야 할 비용은 어쩔 수 없다 하더라도, 번다한 토목공사, 사치스런 일상 경비, 자주행하는 기도, 되풀이되는 연회, 인척에게 과다하게 베푸는 은사나 총애하는 근신들에게 주는 후사 등의 경우에는 그만둘 수 있는 것이 아니겠습니까.

재물이 한번 새기 시작하면 재정이 날로 바닥이 나게 되므로, 과거科擧를 팔고 관직을 팔고 옥사를 팔아도 오히려 부족할까 염려하게 되고, 그래서 심지어는 먼 시골의 하찮은 백성까지 수천 금을 바치기만 하면 곧바로 관직 제수除授의 어찰御札을 받아 나오게 되는 것입니다.

아아, 백성이 곤궁하고 재정이 고갈되는 것은 실로 논할 것도 없다 하겠습니다. 구중궁궐이 하늘과 같고 군왕이 상체와 같은데, 호적에 등재된 백성은 손꼽아 헤아릴 수 있을 정도이니, 이것이 이른바 이웃 나라에 알려지게 해서는 안 되는 일이라 하겠습니다.

최근의 일로 말씀드리면, 경복궁과 창덕궁이 장엄하고 화려하기 그지 없는데, 어째서 굳이 궁궐을 수리하여 새롭게 조성하는 역사役事를 행하셨단 말입니까. 흑자는 "두 궁궐이 외국 공관에서 다소 멀리 떨어져 있어 의외의 변란이 발생할까 두렵다. 그러니 새로운 궁궐을 짓지 않을 수 없다."라고 하기도 합니다.

그런데 정말로 변란이 일어난다면 새로운 궁궐만 어찌 천상天上에 있을 수 있겠습니까. 오직 일 처리를 합당하게 하여 평온한 방법으로 진정시켜야 우환이 싹트기 전에 없앨 수 있을 것입니다.

그리고 홍릉을 조성하는 역사는 거액의 경비가 소요되는 우리나라 산릉 제도에 처음 있는 일입니다. 그런데도 성상의 마음은 여전히 만족하지 않으시어 산릉 조성을 감독하는 신하가 종종 죄를 받고 있습니다.

성상께서는 당 태종이 소릉紹陵에 대해 물었을 때 위징魏徵이 대답한 말을 듣지 못하셨습니까. 그리고 고려 시대 영전影殿의 사례가 천고에 분명한 교훈으로 남아 있지 않습니까.

고로古老가 전하는 말에, "영조께서 궁궐에서 고령으로 조섭하실 때에도 목면으로 만든 이불을 덮으셨고 한 치의 종이를 잘라서 구멍 난 창문에 붙이셨다."라고 하였습니다.

그분의 검소함이 이 정도였기 때문에 그 당시 가뭄과 황충蝗蟲의 피해가 계속되는 상황에서도 백성이 죽음이나 질병을 면할 수 있었으며, 말년에는 창고가 가득 차고 넘쳐서 이른바 '3년의 비축'을 이룰 수 있었던 것입니다. 옛사람이 말하기를, "요순을 본받으려면 조종祖宗을 본받아야 한다."라고 하였으니, 성상께서는 더욱 힘쓰시기 바랍니다.

다섯째, 외척 척결 인사를 공정하게

다섯째, 외척을 내침으로써 공분을 풀어 주는 일입니다. 아아, 천하가 넓고 백성이 많으니, 임금이 어찌 일일이 가가호호에 위엄을 보이고 경책할 수 있겠습니까. 요는 신상필벌을 분명히 하여 백성이 절로 심복하게 하는 길뿐입니다. 공이 있을 때 상을 주고 죄를 지었을 때 벌을 주지 않는다면 아무리 요순이라도 어떻게 다스릴 수 있겠습니까.

성상께서는 한번 생각해 보시기 바랍니다. 지금 이른바 외척인 민씨 일족은 공이 있습니까. 죄가 있습니까. 20여 년 동안 번갈아 권력을 승계하면서 갈수록 더욱 기이한 계책을 내놓고 임금의 뜻에 영합하여 멋대로 악행을 저지름으로써 거의 나라가 망할 지경에 이르게 하였습니다.

하루아침에 사변이 일어나면 그들은 응당 궐하에서 죽어 만분의 일이나마 속죄를 하는 것이 마땅합니다. 그런데 지난 갑오년에 이들 중에 한 사람도 혜소嵇紹의 의리를 지킨 자가 있었다는 얘기는 듣지 못하였습니다. 거개가 초야에서 머리를 조아리거나 쥐처럼 놀라 숨어서 임금의 위급한 상황을 마친 진秦나라 사람이 마른 월越 나라 사람 보듯이 무관심하였으니, 아아, 너무나 통탄할 일입니다.

이는 진실로 개나 돼지보다 못한 짓이라 하겠습니다. 화란이 조금 평정된 뒤에도 성상께서 지극히 인자하시어 즉시 주벌을 내리지는 않았지만, 저들에게 만약 사람의 마음이 있다면 문을 닫고 죄를 기다리면서 버려지는 것을 달게 여기고 영원히 신료 대열에 끼지 않아야 마땅합니다.

그런데 지금 은총과 복록을 그대로 지닌 채 예전처럼 기세를 부리고 있으니, 관료들은 맥이 빠지고 백성들은 한심하게 여깁니다. 아아, 오늘날의 형정을 볼 때 성상께서 큰일을 할 수 없음은 굳이 식자가 아니어도 분명히 알 수 있으니, 어리석은 신은 죽을죄를 지었습니다.

민영익의 경우는, 아비의 상제도 지키지 않고 국상에도 달려오지 않은 채, 아비와 임금을 무시하고 해외로 돌아다녀 이미 당세의 지탄을 받았습니다만, 사람이 없어도 계속 관직을 제수하여 지위가 이미 최고의 관품官品에 이르렀습니다. 고관대작을 가지고 아비와 임금을 무시한 자를 장려한다면 그 나라가 몹시 위태로운 것이 아니겠습니까.

심순택의 경우는, 이른바 모든 사람들이 쳐다보는 태사太師 윤씨와 같은 인물입니다. 성상께서 쓸 만한 인재인지 시험해 본 적이 많았는데 그 효과가 끝내 어떠하였습니까.

그 사람이 아무리 변론을 잘하더라도 나라를 그르친 죄를 변명할 수 없다면 유배를 보내거나 물리치는 것이 옳은 일입니다. 그런데도 지금 다시 의정부의 의정議政 자리에 두고서 아직 다하지 못한 실패를 끝까지 다하도록 하고 있으니, 이는 무슨 이유란 말입니까.

천하의 일은 다시 그르쳐서는 안 되니, 삼가 바라건대, 성상께서는 분명하게 결단을 내리시어 민씨 이하 화란을 빚어냈던 신하들을 차례로 다스리소서. 그리 하신다면 그것이 이른바 일벌백계가 될 것이니, 화란을 다스리고 정도로 돌아가는 근본이 실로 여기에 달려 있다 하겠습니다.

여섯째, 유능한 인재를 등용할 것

여섯째, 인재를 보증하여 천거하는 제도를 엄격하게 하여 능력과 덕을 갖춘 인재를 등용하는 일입니다. 아아, 임금의 직분은 하루에 온갖 정사를 다 주재하니, 모든 부서의 업무를 한 사람의 총명으로 두루 관리할 수는 없습니다. 따라서 반드시 뛰어난 인재를 두루 초빙하여 임금의 직분을 돕게 한 연후에야 모든 일이 제대로 거행되는 공적을 이룰 수 있습니다.

그러나 인재를 천거하여 나오게 하는 자가 있지 않으면, 누가 능력을 지니고 덕을 지녔는지 파악하여 선발할 수가 없습니다. 따라서 반드시 위에서는 누가 그 자리에 적당하냐고 부지런히 묻고 아래에서는 인재들이 함께 나오는 아름다운 일이 있어야 비로소 적임자를 얻어 관직을 비워 두지 않을 수 있습니다.

그러나 사람의 현부賢否에 따라 정치의 치란治亂이 달려 있으니, 발탁하고 등용할 때 신중히 하지 않아서야 되겠습니까.

만약 현자를 천거하여 나오게 한 사람에게 상이 없고 현자를 막아 못 나오게 한 사람에게 벌이 없다면, 천거하는 것은 단지 사심일 뿐이니, 누가 현자를 찾는 일에 노력을 기울이려고 하겠습니까.

양한兩漢의 치세가 옛날의 성세에 가장 가까워 후대에서 따라올 수 없을 만큼 인재가 많았던 것은, 실로 인재를 보증하여 천거하는 법이 엄격하여 아래에서 속임수를 쓸 수 없었기 때문입니다. 지금은 과거 제도가 폐지되면서 인재 등용의 길이 매우 넓어졌습니다. 공부公府에서 불러내어 임관시키거나 중론에 따라 가려 뽑기도 하니, 요행으로 벼슬에 나올 길은 막히고 공정한 문이 열렸다고 할 수 있을 듯 합니다.

그러나 실제로는 임용 명단이 발표되기도 전에 이름을 점칠 수 있는 실정입니다. 이렇듯 사정私情을 따르는 풍조가 없어지지 않고 인재 발탁의 효과가 들리지 않는 것은, 대체로 권선징악의 법이 천거한 자에게 행해지지 않아서이며, 뜻이 강개한 선비와 자존심이 강한 인사들이 보통의 인재와 뒤섞여 나와 자신의 뜻을 펼치는 걸 부끄럽게 여겨서입니다.

만약 현자를 천거하여 나오게 한 일로 받는 상賞이 사사로이 그 보답으로 뇌물을 받는 것보다 더 낮고, 현자를 막아 나오지 못하게 한 벌罰이 올곧은 사람을 미워하여 비방을 받는 것보다 엄격하다면, 풍병風病을 앓거나 실성한 경우가 아니고서야 그 누가 능력 있는 인재를 버리고 탐욕스러운 사람을 취하려 하겠습니까.

진실로 오늘부터 결단하여 비록 주사나 위원같은 작은 자리 하나라도 보증하여 천거하는 경우가 아니면 등용하지 말고, 한 번 시험해 본 뒤에 반드시 먼저 천거한 자에게 상벌을 내린다면, 벼슬길이 다소 맑아지게 될 것이므로 세상에는 인재가 없다는 탄식이 거의 없게 될 깃입니다.

일곱째, 관리 재임기간 보장하고 책임지도록

일곱째, 관직 재임 기간을 길게 하여 다스림의 성과를 책임 지우는 일입니다. 아아, 세 번 고과考課하여 내치거나 승진시킨 것은 요순堯舜의 정사였고 창倉이나 '고庫'와 같은 씨氏를 내린 것은 문경文景의 치세였습니다. 아무리 관직에 적임자를 앉히 더라도 재임 기간이 길지 않으면 자신이 지닌 포부를 펼쳐 끝내 성과를 거두기를 기대할 수 없습니다.

그러므로 예로부터 정치의 요점을 논할 경우, 왕도와 패도의 차이가 있긴 하지만, 관직을 위해서 적합한 사람을 잘 택하고 재임 기간을 길게 하여 결과를 책임 지우는 것이 최상책이라고 말하는 것입니다. 그런데 지금은 그렇지 않습니다. 대신의 관서 도 아침에 차임差任되었다가 저녁에 개차改差되고, 수령의 부임

행차도 봄에 맞았는데 가을에 전송하는 일이 다반사입니다.

이래서는 이윤伊尹과 주공周公이 갈마들고 공수龔遂와 황패黃霸가 잇달아 맡는다 하더라도 어찌 한 가지 일이라도 이룰 수 있겠습니까. 더구나 현자가 한 명이고 능력이 없는 자가 백 명이라면 한 사람이 일을 이루기엔 역부족이어도 백 명이 일을 망치는 것은 잠깐일 것입니다.

아무리 뛰어난 인재가 그 사이에 섞여 있더라도, 한 치의 아교를 천 길의 흐린 강물에 던지는 것과 무엇이 다르겠습니까.

국조의 융성기에 김종직은 30년 동안 문형文衡을 맡았고, 황희黃喜와 허주許稠는 의정부에 수십 년간 몸담았으며, 심열沈悅은 재물을 잘 다루었기에 10년간 호조 판서로 있었으니, 이런 점은 더욱이 오늘날 본받아야 할 일입니다. 그리고 비롯 현자라도 분야마다 잘하고 잘하지 못하는 일이 있습니다. 그래서 순 임금 같은 성인의 시대에도 아홉 관직을 임명할 때 기棄에게는 곡식을 파종하는 일을 맡기고 산택山澤은 맡기지 않았으며, 기夔에게는 전악典樂을 맡기고 사구司寇는 맡기지 않았던 것입니다.

그런데 오늘날의 신료들은 어쩌면 그렇게도 많은 재주에 능통하여 아침에 군부軍部를 사직하고 나면 저녁에 탁지度支를 관할하여, 인끈을 마치 술 취했거나 미친 사람처럼 드리우고는 휘젓고 다닌단 말입니까. 아아, 위에서 사람을 등용하는 방도가 잘못된 것은 말할 것도 없거니와, 저 태연히 적임을 맡는 자들은 어찌하여 반성하고 부끄러워하지 않는단 말입니까.

지금부터는 보증하여 천거하는 제도를 엄격하게 행하고 그 재임 기간을 길게 보장해 줌으로써, 신하들은 각각 공명을 추구할 기회를 얻게 하고 조정에서는 간성과 심복心腹이 될 만한 인재를 수용할 수 있게 해야 할 것입니다.

여덟째, 군제를 바꾸어 정병육성을

여덟째, 군제를 바꾸어 화란의 싹을 없애는 일입니다. 아아, 병농兵農이 나누어진 지가 오래되었습니다. 군사를 양성하고 조련하는 일은 실로 오늘날 천하에서 공통점으로 행하는 가장 시급한 일입니다. 군사의 양성과 조련은 숫자를 채우거나 대단하게 보이기 위한 것이 아니라 폭동과 혼란을 막는 데에 실제로 쓰기 위해서입니다.

거칠고 무뢰한 이들에게 흉기를 주고 사지로 몰아넣으면서 통제를 엄격하게 하지 않는다면 단 하루도 그들을 제어할 수 없을 것입니다. 그래서 옛날 유명한 장수 중에는 남의 삿갓을 취했다고 즉시 참수하여 조리를 돌린 경우도 있었고, 부대원 한 사람이 달아나면 전 부대원을 다 죽이는 경우도 있었습니다.

저들이 승냥이나 호랑이가 아닌데 어찌 기꺼이 살육을 저질렀겠습니까. 실로 통제라는 수단으로 기강을 세우지 않으면 비록 맹수처럼 용감한 군사가 100만 명이라도 쓸 수가 없기 때문입니다.

조정에서는 임오년(1882, 고종 19) 이후로 군제를 바꾼 것이 헤아릴 수 없을 정도인데 대오를 편성하고 기예를 연마하여 날마다 더욱 정예로워졌다고 일컫고 있습니다. 그렇다면 의당 쓸 만한 실제가 있어야 합니다만, 매번 배불리 먹고 따스한 옷을 입은 채 무사하게 지내다 보니, 그들의 분수를 넘고 법을 어기는 짓을 감히 누구도 제어하지 못하게 되었습니다.

아마도 변고가 발생하면 창을 반대로 겨누고 못된 짓을 하면서 앞다투어 대궐을 범하려 들 것입니다. 아아, 오랫동안 양성해 놓고도 위엄과 형벌이 엄격하지 못한 나머지, 마치 버릇없는 자식을 길들이기 어려운 것과 같은 지경에 이르고 말았습니다.

그러나 나라에는 군대가 없어서는 안 되고 군대는 조련하지 않아서는 안 되니, 오늘날을 위한 대책으로는, 교만한 군대를 걱정할 게 아니라 통제하여 기강을 세우지 못하는 것을 걱정해야 합니다.

지금부터 서울에서는 여러 연대聯隊를 군부에 소속시키고 지방에서는 지방대地方隊를 관찰사에 소속시켜 그에 걸맞은 적절한 권한을 주되, 대대장 이하 중에 명령에 복종하지 않는 자를 한결같이 군법으로 다스리게 하소서. 그리되면 그 조칙詔勅 한 장이 엄청난 위력을 발휘하여 탐욕스러운 자는 청렴해지고 겁쟁이는 용맹스럽게 될 것이니, 폭동과 혼란을 막는 데 써야 하는 군대의 용도에 매우 걸맞게 될 것입니다.

그러나 인습에서 벗어나지 못한 채 기존에 해 오던 대로 위엄을 세우지 못한다면, 이는 군대를 양성하는 것이 아니라 도적을 양성하는 셈이니, 차라리 군대가 없는 편이 더 나을 것입니다.

아홉째, 토지제도를 개선할 것

아홉째, 토지대장을 조사하여 나라의 재정을 넉넉하게 하는 일입니다. 아아, 십수 년 이래로 조정의 행정 실무자들이 부지런히 강구했던 일 중에서 열에 일고여덟은 재정을 다루는 일이었습니다. 광산을 개발하고 항구에 과세함에 있어 뚫을 만한 구멍은 남김없이 다 뚫었다고 할 수 있으니, 나라를 부유하게 하는 방도가 오늘날에는 더 이상 남은 대책이 없다 하겠습니다.

그러나 모두 이익을 내는 데에 골몰하느라 그 근원을 파헤치지 않았으니, 부지런히 강구하면 할수록 거두는 효과가 적어지는 것은 당연합니다.

그렇다면 이른바 근원이란 무엇입니까? 바로 토지입니다. 국조의 토지제도는 전분육등田分六等과 연분구등年分九等이었고, 20년 마다 한 번 양안量案을 고쳐서 부세附稅징수의 근간으로 삼았습니다. 그런데 태평 시대가 오래 지속되면서 온갖 제도가 무너지다 보니, 영조 이후로 드디어 폐해져서 행하지 않은 지 100여 년이 지났습니다. 열성조가 국력을 기른 결과 인구가 날로 증가하여 오늘날에는 개간되지 않은 토지가 거의 없는데, 이에 비해 전결田結—'결結'이라는 글자는 신라 때 만든 것으로 1결은 바로 옛날의 경境이다.—이 날로 새어나가는 것은 어째서입니까? 진전陳田과 기전起田이 일정하지 않아 그것이 모두 진결陳結로 귀속되기 때문입니다.

그래서 국가에서는 으레 견감해 주거나 탕감해 주고 관리들은 부당하게 이를 취하여 은결隱結이라는 명목으로 뒤섞어 징세함으로써 제 주머니만 살찌우고 있습니다. 이 때문에 민생은 날로 피폐해지고 국가 재정은 날로 줄어드니, 속담의 이른바 "꼬챙이는 타고 고기는 설익었다."라는 말이 있는 것입니다.

갑오년의 경장 이후로 조사원을 나누어 파견하여 계속 조사를 해 왔는데, 그중에 공정한 사람들은 사무에 어둡고 탐오한 사람들은 뇌물을 받은 나머지, 그저 형식적으로 장부를 조사한 뒤에 서둘러 마감磨勘하는 식이었습니다. 그러니 이러한 무리가 날마다 열 명이 온다 하더라도 어떻게 한 부_負의 은결이나마 단속할 수 있겠습니까. 아아, 오늘날의 수령들은 걸핏하면 자신이 사대부라 칭합니다만, 이들은 나라에 해를 끼치고 백성을 병들게 하면서까지 제 주머니를 채우는 것을 자신이 원래 받는 봉급처럼 여기고 있습니다.

한 사람도 먼저 은결을 대장에 등재하는 일을 주도했다는 말은 들어본적이 없으니, 오늘날의 이른바 사대부의 수준을 역시 알 만합니다. 조정에서는 이미 이런 사정을 파악하여 그간에 양지아문量地衙門을 만들어 양안量案을 고칠 예정이었는데, 그 일이 다시 잠잠해지고 더 이상 진전이 없는 것은 어째서입니까?

지금 은결이 있는 곳이 큰 군郡은 수천 결結이고 작은 군도 수백 결을 밑돌지 않습니다. 만약 이것까지 아울러 조세 대장에 올린다면 한 해 세입이 어찌 수만 금에 그치겠습니까.

신은 경서를 읽은 우활한 유생이라 이익에 관련된 말은 굳이 할 필요도 없고 할 능력도 없습니다만, 국가의 재정이 날로 파탄 나고 민생이 날로 곤궁해지는 상황에서 수령들이 자기 일신과 집안만 신경 쓰는 현실이 통탄스럽습니다.

그래서 명철하신 성상을 위해 주요 사안을 하나하나 전달한 것입니다. 구체적으로 이를 개혁하는 방안이나 조사하여 처리하는 규정들은 담당 관원에게 맡기시면 될 것입니다.

아아, 지금의 형세는, 비유하자면 병이 누적되어 다 죽어 가는 사람과 같습니다. 오장육부에 덩어리가 생기고 수족이 마비되는 입은 벌리지도 못하고 눈은 멍하게 뜬 채, 침상에 누워 있으면서 목구멍으로 실날같은 숨만 쉬고 있는 셈이니, 유부兪跗

와 편작扁鵲의 솜씨가 아니면 절로 기사회생시킬 수가 없습니다. 그러나 저 유부와 편작도 어찌 또한 의서醫書에 없는 약을 쓰겠습니까. 그들도 의원들이 모두 아는 약재를 선별하여 증상에 따라 적절하게 투약할 뿐입니다. 그러나 일반 의원들이 그런 약재를 쓰면 죽는데 유부와 편작이 쓰면 살아나는 것은 어째서이겠습니까.

열이 나면 초석硝石과 대황大黃으로 구제하고 한기가 나면 계피와 부자로 구제하는 등, 병에 걸린 원인을 제대로 알아 처방하기 때문에 즉시 효과를 거둘 수 있는 것입니다. 비록 그렇지만 세상에는 유부와 편작이 없었던 적이 없고 초석, 대황, 부자, 계피 등도 구하기 어려운 약재가 아닌데, 병자가 불신하여 이것저것 뒤섞어 쓰거나 잘못 복용하기도 하며, 병을 숨기고 의원을 꺼려서 망녕된 말을 한다고 생각하는 경우도 있습니다. 이런 경우를 일러 치료할 수 없다고 하니, 어찌 애석한 일이 아니겠습니까.

신이 아뢴 아홉 조목은 신의 말이 아니라 이 시대의 공론입니다. 그리고 이 시대의 공론일 뿐만 아니라 예로부터 지금까지 누차 시험하였던 말들입니다. 비록 진부한 것을 주워 모으다 보니 신기하거나 기뻐할 만한 말은 없습니다만.

삼가 생각건대, 나라를 다스리는 일은 실로 다른 방도가 있는 것이 아니라 단지 일의 선후를 놓치지 않는 것뿐입니다. 벼리가 되는 것을 바로 세우면 세세한 조목들은 저절로 마련되니, 이는 마치 유부와 편작의 처방이 병을 잘 알아 투약한 결과, 위胃와 장腸이 조화를 이루어 모든 사기邪氣가 절로 물러나는 것과 같다 하였습니다.

12장

매천이
40대에 쓴 시문

서정성 넘치는 전원시

매천의 40대는 1894년(고종 31년)부터 1903년(고종 40년)까지를 의미한다. 당시 조선은 동학혁명, 갑오개혁, 홍범 14조, 명성황후 시해, 단발령, 을미의병, 아관파천, 독립신문 발행, 독립협회 활동, 대한제국 국제수립, 흥선대원군 사망, 열강의 이권침탈, 황국협회 활동, 만민공동회, 영학당·활빈당 활동, 용암포사건 등 격변과 격동의 시대였다.

이 시기에 매천은 참여시, 우국시, 저항시, 전원시 등 장르를 가리지 않고 많은 시를 썼다. 참여시의 경우는 그 자신이 농사를 짓는 형편이어서 농촌의 있는 모습을, 우국시는 국난기의 국가실정과 의열사들의 실상을, 저항시는 일제의 침략과 이에 대한 우국지사들의 처절한 저항을, 전원시는 그런 속에서도 타고난 시심詩心으로 서정을 담았다. 40대에 쓴 시문 중에서 전원시부터 일반이 이해하기 쉬운 것을 차례로 골랐다. (분류가 쉽지 않은 것은 임의적으로 배치하였음을 밝힌다)

산딸기를 따다
한 골짜기 맑은 시내에 흰 구름은 높직한데

이슬 드리운 등라 넝쿨 하 푸르기도 하여라
코를 찌르는 달콤한 향이 온통 산딸기로세.

밤에 앉아서
사람 소리 끊기자마자 달은 마을을 비추고
계곡물 소리 높은 곳에 하늘 밖은 어두운데
풀벌레는 갠 하늘에 연하여 줄줄이 날고
정원사는 나무뿌리를 베고 한데서 자누나
산밭 김매고 나면 품삯을 준비해야 하지만
사주는 가져와서 아직 동이에 남아 있네
뽕 삼 얘기만 하는 것 또한 흥미가 없으니
앞으로는 서로 만나 다른 얘기 좀 들었으면.

중추월 (4수)
동쪽 봉우리 나지막하고 나무는 띠풀 같아라
넓고 아득한 내 회포는 달이 떠오른 때로다
인간과 천상의 가을 기운을 몽땅 거머쥐고
차고 맑디맑은 모습으로 천천히 나오는구나

높은 성은 흰빛 띠고 먼 강은 누런빛 띠어라
온 대지의 산하가 차례차례로 빛나는구나
가득 둥근 모습에서 자별함을 볼 수 있거니
십분 천천히 굴러서 중앙에 이른 때말일세.

두꺼비도 토끼도 아니요 희고 둥근 모습이

억지로 이름하자면 옥탁반이라 해야 하리
계수나무는 원래 높이가 얼마나 되는지 원
오늘 밤에 문득 난간 높이만 함을 깨달았네.

신선의 부귀는 온통 저 달에 맡겼다마는
한결같이 밝은 빛이 하늘에 가득하구나
다만 끝내 인간엔 비길 만한 것이 없어라
상상컨대 요순 시대에 비겨 보면 어떠할꼬.

토동의 도중에서 免洞道中
강 마을 서쪽 비탈진 밭엔 수수를 심었는데
열 길 강물이 휩쓴 흔적은 백 이랑 진펄일세
언덕 덮은 가을꽃엔 석양 나비 쌍쌍이 날고
사람 피한 물새는 한 돛대에 나직하구나
부들 뿌리 밑 비단 돌은 새 늪에 동그랗고
나무 끝에 걸린 뗏목은 옛 오솔길에 닿았네
어디나 백성이 있으면 버릴 땅이 없고말고
들밭에서는 눈송이 같은 목화를 따는구나.

수덕촌에서 비에 갇히다
길가에 서너 가호가 있으니
그래 봐도 백 년 된 시골집일세
소 숨 쉬는 소리는 연기 속에 크게 들리고
닭울음 소리는 빗속에 길게 들리네
아이들 이름은 강아지 송아지가 많고

아낙들 직업은 고기잡이가 절반일세
이틀 묵으며 기이한 얘기 많이 들으니
작은 전쟁을 막 겪은 고장이로다.

선암사를 찾아가다

어느 곳이 선암사 남쪽 바위이던고
누런 띠풀이 멀리 황혼 빛을 띠었네
산골 농사는 바위 위에서 익어 가고
절 가는 길은 나무뿌리에서 나뉘네
날은 따뜻하니 아마 비가 올 듯한데
푸른 산봉은 구름 끊어 논 게 좋구려
호표의 소굴 뚫고 감도 걱정 없어라
범패 소리 점차 가까이 들려오거니.

대곡을 출발하다

푸른 산을 차마 잊을 수가 없어
즉시 소를 거꾸로 타고만 싶어라
말은 강 마을 어귀에서 풀을 뜯고
스님은 시장 머리에서 쉬는구나
풍진 속에 두 귀밑털은 세어 가고
천지는 한 지팡이 끝에 가을이로다
쓸쓸한 나머지 시를 읊노라니
오히려 훌륭한 풍류를 지을 만하네.

촌 서당에서 화전을 부치다

온갖 꽃향기 풍겨라 낮 바람 살살 불어올 제
만 갈래 노란 실버들은 비를 띠고 살랑대네
조그만 초가집 촌 서당은 시냇가에 있는데
주인은 꿈을 꾸느라 산 나가는 때 드물구려
꾀꼬리는 세상 속여 생황의 혀를 잘 놀리고
나비는 봄을 슬퍼해 분장한 옷을 벗었구나
서쪽 이웃서 술 보내 준 정성에 감사하고
산에 올라 창출 캐서 황혼 때에 돌아오네.

오산 아래서 동쪽을 바라보며 읊다

가랑비는 이미 봄기운 띠었는데
들매화는 세속 정태를 초탈했네
작은 시내 굽이에 물소리는 졸졸
나뭇길은 천 겹이나 얽히었어라
머리 들고 대숲을 바라보노라니
때때로 푸른 연기가 피어오르네
천 년 된 마을이 있는 줄은 알건만
그 마을 이름은 알 수가 없네그려.

춘설

바람 자고 산 다습고 눈이 한창 오는 때라
문창이 희고 훤하여 사람 얼굴을 비추누나
괴이해라 골짝 가득 찬 기운은 약하거니와
공중의 큰 눈송이는 더디 내리거나 말거나

석양의 처마 모퉁이엔 새소리가 이어지고
봄이 깃든 화초 뿌리는 젖은 줄을 모르겠네
어느 곳의 명홍이 발자국을 남기고 떠났나
강호의 한적한 생각만 기발함을 더하누나.

월출령을 넘다

숲 바람이 비를 물리쳐 한낮은 막 서늘한데
계곡 가로질러 층층이 돌다리가 놓여 있네
오만 봉우리 골짝마다 철쭉꽃 하 붉어라
행인들의 신과 버선이 온통 봄 풍광일세.

강촌에서 밤에 먼 데를 바라보다

고기잡이불 멀어져 가고 잔물결 소리 울려라
고깃배 옮겨 다른 여울로 향하는 걸 알겠네
두어 마장 대숲엔 강 달빛이 어둠침침한데
새벽바람 이슬에 풀벌레 소리를 차갑구나.

우연히 이루다

솔 아래 사립짝은 서로 마주해 열려 있고
가을볕은 온종일 푸른 이끼를 비추는데
초가을 매미는 시든 잎새 안고 울어대고
외론 새는 빈 뜰에 와서 먹이를 콕콕 쪼네
분말 달콤한 칡의 순은 씹어서 붓을 만들고
씨 곱게 익은 석류는 쪼개서 술잔을 만드네
붉은 감나무 천 그루 이웃집은 부자로다

애당초 감나무 심지 않은 게 후회스럽네.

현실의 실상을 지은 참여시

현실을 있는 대로 그려낸 매천의 참여시이다.

반곡 이씨의 유거에서
산속에서 살아온 지 삼십 년 동안
덕만 심고 나무는 심지 않았는데
감나무 밤나무가 저절로 자라나서
늦가을 익은 과일이 주렁주렁하구나.

숲은 얕아서 집을 가리지 못하고
밭은 묵어서 농사도 짓지 못하네
예로부터 비어 있는 땅이라서
오로지 은거의 정만 있을 뿐이네.

연자루 2수燕子樓 二首
칠분의 밝은 달에 화려했던 옛 서주에도
푸른 패옥 쟁글쟁글하던 연자루가 있었지
숭양 한 진사의 세상에 뛰어난 시구는
백년 세월을 해산 가을에 쇠퇴해졌네.

서풍에 제비는 가고 물만 공연히 흐르는데

고금인이 이 누각에 올라 먼 데를 조망했네
미인인들 어찌 머리가 희어지지 않으랴
당시의 장일은 잘못 공연한 시름을 한 걸세.

모 심는 것을 구경하다

진흙논 깊이 보습 질러 갈 것 없네
깊이 갈다간 생땅이 헤쳐질 테니
써레질은 농탁하게 하지 말게나
농탁하면 지면이 거칠어진다 하네
곁에서 농부의 말을 들어 보니
다 옛 농서의 제도와는 반대로구려
어젯밤 은하가 기운 듯 큰비가 내려
문득 시냇가 나무가 반쯤 잠기더니
마침내 골목 안엔 사람 하나 없고
들 밖에 늘어선 삿갓을 세 볼 만하네
못자리가 하지를 지나고 나니
새 뿌리가 날로 견고함 더해져서
뿌리 뽑기를 머리털 뽑듯 하다 보니
팔뚝과 무릎으로 땅을 갈고 다니네
뽑는 건 참으로 부지런히 했거니와
옮겨 심는 건 또 얼마나 고되던가
물이 많으면 꽂은 게 이내 떠 버리고
물이 얕으면 구덩이가 쉬 드러나네
우스워라 하 바삐 손발 움직이며
종일토록 뒷걸음질만 하는 것이

주인어른은 논두렁 머리에 서서
크게 외치길 해는 저물어 가는데
도롱이를 벗어서는 안 되겠네
앞산에 또 비가 묻어온다 하누나.

석공을 불러서 맷돌을 깎다

온 좌중이 꿈쩍 않고 꼿꼿이 앉아
모든 눈이 석공의 손만 주시하네
어지러운 손길은 분간할 수 없고
눈을 깜빡이는지 않는지 살펴보니
눈을 깜빡인 듯 안는 듯한 가운데
두 눈초리가 엄숙히 돌을 응시하네
깎는 일을 잊은 듯 마음은 여유롭고
뾰족한 정은 언제 사용했나 싶은데
쇠끝의 예리함을 믿기 어려워라
혹 단단치 못한 썩은 돌이 아닌가
돌가루 어지러이 사방으로 날아서
창 사이에 콩가루처럼 쏟아지네
갈수록 조심스럽게 매만지면서
꼼짝 않고 앉아 고개도 안 돌리더니
잠깐 새에 손바닥 털고 일어나서는
당당한 자세로 하늘을 바라보누나
비로소 알겠네 인공이 극에 달하면
묘한 솜씨가 자연과 부합되는 걸
애석해라 손 트지 않게 하는 약이

잘못 세탁소 주인의 밑천 된 것이
너에게 활쏘기를 배우게 했다면
단번에 화살 깃이 돌에 묻혔으리니
큰 소리 외치며 천랑성을 쏘았다면
이광을 어찌 세 줄 것이 있겠는가.

둥근 부채

고려의 산선은 천하에 이름이 높았거니와
접거나 폄에 어찌 그리 정교하고 아담한고
중국 사람은 배워도 끝내 미치지 못하여
제품이 둔해서 서늘한 기운 적음을 어찌하랴
마침내 압록강 동쪽 조선인으로 하여금
한 줌 접부채로 첩첩 산봉을 흔들게 하였네
넓은 소매 긴 적삼이 용이하게 변화하여
의복 제도가 하나같이 다 새롭고 산뜻한데
산선은 지금 몸에 간직할 곳이 없다 하여,
어찌 둥근 부채만 손에 쥐고 부친단 말인가
서글피 바라보니 천추에 한 많은 반 첩여는
상자 속에 버려진 심정이 과연 어떠했던가
둥근 부채가 버려진 것도 참 애석하거늘
산선을 어찌 차마 영원히 버린단 말인가.

한식일 도중에서 읊다

또다시 금년에도 한식 명절이 찾아오니
고향 산 송백을 향해 머리 거듭 돌아가네

난세에 게을리 유람하며 꽃 피는 걸 보고
봄바람에 애써 웃으며 술잔을 들이켜노라
이슬비는 다만 사람 얼굴을 향해 떨어지고
강 빛은 밝아 나그네 회포를 문득 틔워 주네
숨어만 지내는 서생을 끝내 어디에 쓸고
어젯밤엔 서주에서 급한 경보가 있었거늘.

눈 온 뒤에 매령을 넘다

짚신 신고 눈길 걷는 소리는 뽀드득뽀드득
띠 뿌리는 울툭불툭 오솔길은 뚝뚝 끊겼네
나무에 날아 앉은 주린 까막은 소리도 없고
마을 어귀엔 한 미리 개 발자국만 희미하네
매화 꺾어 가는 사람은 다 속되지 않건만
먼 봉우리가 감춘 것은 너무도 무정하구려
석양이라 점점 내 오두막은 가까워지는데
산 주막에서 다정히 서로 술잔을 기울이네.

송암의 도중에서

쉴 새 없이 가다가 마을을 만나니
촌락들은 모두 맑은 시내 가이로세
소는 약해 잠바리 끄는 걸 멈춰 섰고
장닭은 지붕 위에서 울어 대누나
산길을 애써 물어물어 가노라니
가을 해는 몹시도 빨리 기울어 가네
여행길 지루함을 깨닫지 못한 건

친구가 서령 서쪽에 있기 때문일세.

송광사를 찾아가다
향봉 곁을 돌아서 지나다 보니
가을 풍광이 또 한층 더하여라
먼 햇볕은 벼 기장에 환히 비추고
맑은 시내는 단풍 솔을 비추누나
암자는 황폐하여 신선의 보호를 입고
산은 웅장하여 나라의 봉함 힘입었네
숲 골짝에 시원한 메아리 울려 퍼져라
구름 밖에서 몇 번이나 종을 울리는지.

서암에서 중양절을 지내다
가을을 슬퍼함은 나 또한 초인의 마음인데
옛 절에는 노란 국화도 찾을 수가 없네그려
세상 깔보는 흰 구름 속엔 설록이 졸고
하늘에 비친 단풍 숲엔 상금이 내려앉네
번천이 술병 들어라 석양이 막 지는 때요
가도의 문 두드려라 산은 다시 깊숙하네
해내가 쓸쓸해라 형제들이 다 흩어졌으니
몇 군데나 높은 산 올라 시를 읊조리는 고.

금년에는 중양절 좋은 때를 만나서
스님과 함께 산수 속에 노니는데
또한 항아리 술도 있으니

참으로 가을 정취를 저버리지 않았네
탁 트인 누각엔 시를 두루 쓰기 어렵고
영한 샘물 길은 이리저리 다 통하누나
시름에 잠겨 해 저문 줄도 몰랐더니
새들이 벌써 둥지를 찾누나.

택촌으로 안춘정 종학을 방문하다

콩은 사람 키보다 더 높이 자랐고
마을은 들 한쪽 깊이 자리했는데
이름난 동산엔 대나무가 빛나고
황혼녘 사립엔 저녁놀이 어리었네
은거할 만도 해라 산은 깊숙하고
농사할 만하니 사는 절로 훌륭하네
빈객이 드문 것을 정히 알겠구려
붉은 과일이 빈 뜰에 오른 걸 보니.

첨산에 오르다

거센 바람이 불어와 옥부용을 거둬 올린 듯
칼날처럼 찌를 듯한 핍박을 하늘도 걱정하리
공중에 파랗게 외로이 빼어난 기상 우뚝해라
가을 풍광이 길이 최고봉에 머물러 있구나
인간의 흰 귀밑털은 삼천 길이나 되는데
해상의 봉래산은 일만 겹이나 되는 구려
객지에서 평소의 뜻 이룸이 스스로 기이해라
일찍이 십 년 내내 석두성만 바라보았는데

아침 일찍 악양을 지나다

큰 강 한가운데 갑자기 웅덩이가 생겨

돌아 흐른 물결이 파란 언덕을 이루네

산봉우리 틈새로 아침 햇살 비추고

수증기는 노을 졌다 막 흩어지누나

강길 따라 아침 나무꾼 붐비어라

배는 무겁고 돛대는 반쯤 가려졌네

바람 소리 우수수 갈대밭 대숲 사이엔

오리 거위가 시끄러이 울고 쪼고 하네

길 가는 나는 아침 풍경을 좋아해

때때로 지팡이 짚고 바라보노라

평생에 묘호를 상상만 하다 보니

정신은 가 있고 글은 책상에 있는데

이 경계가 응당 그곳과 같으련만

모자란 건 삼고와 짝할 만한 이로세

삽암의 그림자 우뚝하기도 해라

동정호 가에 푸른빛이 떨어졌네

강가에서 이슬 젖은 국화를 따서

삼가 한유한에게 받들어 올리노라.

정 노인 운귀에 대한 만사 2수

태평성대에 생장하여 머리털이 다 셌는데

죽을 때 당해서 문득 불안한 시국에 놀랐네

인간 세상만사는 오늘이 마지막이거니

좋이 보내오니 잘 가서 신선이 되시구려.

포구 사람들 시장 문 닫고 노래도 안 부르고
분서한 명정 내걸고 운산에 장사 지내누나
성명은 이미 《기구전》에 들어갔거니와
강호엔 소미성을 다시 보지 못하겠네.

표충사에서
성조에선 부처를 섬기지 않았건만
불도 중에 전에 없던 인물을 얻었네
한 사당의 스승과 제자 삼인은
참으로 불가의 대장부였구려
바람 부는 처마엔 흰 박쥐가 날고
비 스친 벽 위엔 괴송이 말랐구나
가을 산 밖에서 눈물을 뿌리노니
흐리멍덩한 썩은 선비가 부끄러워라.

역사의 사실을 읊다
삼통이 서로 갈음하여 일어난 뒤로
문교의 풍속이 날로 피폐해지더니
하늘이 크나큰 살기를 발하여
주한의 사이에 윤월을 두었는지라
옛 성인의 도를 제거해 버리고
하나의 왕제를 강제로 만들었으니
거센 흐름을 능히 막을 수 없어
흡사 강물이 말아가는 듯한 형세였네
백성들은 모두 어육이 되었고

진 시황 종자도 따라서 죽었지만
사나워라 호랑이 이리 같은 진나라
그 악명은 만세에 영원히 전해졌네
어찌하여 후세 사람은
이름과 실상이 서로 어긋나는 고
진나라를 들어 그 나라에 비교하면
듣는 자가 몹시 듣기 싫어하는데
그가 스스로 한 짓을 관찰해 보면
그 또한 다시 진나라를 이었었네
겉으론 배척하고 속으론 끌어들여
미봉책으로 부국강병만 이루고
상나라 주나라 시대의 정이는
천추에 묻혀 버리도록 내버려 두었네
여덟 글자 남전의 옥은
끝내 목을 매어 죽었도다
보배로운 건 사모할 바 아니거니
근심스러라 참으로 잘못된 계책일세.

석주관성의 옛 칠의사를 조상하다
목릉 때는 인물이 성하던 시대라
조정에도 훌륭한 장상이 있었지만
때가 위급하면 뛰어난 인물이 나와
이따금 초야에서 떨쳐 일어났으니
지금까지도 고조곽에 대해서는
언급만 되면 정신이 문득 왕성해지네

같은 시대에 호남 영남 사이에선
의병 깃발 창도한 이도 많았었지
슬픈 것은 인물이 혹 미천한 경우엔
일이 오래도록 세상에 알려지지 않아
몸을 죽였지만 공신록에서 빠지고
이름을 바랐지만 야사마저 빠뜨리니
전사한 해골만 절로 향기로울 뿐
천추만고에 애통하기 그지없구려
가련도 하여라 석주관성에는
시름겨운 구름이 첩첩 산에 잠기었네
한 고을에서 일곱 의사가 순절하여
기를 토한 절의가 전에 없던 일이기니
어찌 성패만 가지고 논하리오
이 일만으로도 이미 장하다마다
남아가 생명을 버리는 날에는
강개한 제 맘에 보답할 뿐이고말고
누가 뜨거운 물불에 즐겨 뛰어들어
후세의 추앙을 받으려고 하겠는가.

벽파진에서, 여기가 바로 이 충무공이 왜병을 모조리 무찔러 죽인 곳이다.
정유년 왜적 재침 때 일이 가장 위태했으니
벽파정 앞바다가 온통 왜적의 깃발이었지
역사는 악의가 참소 입은 날을 가련해했고
하늘은 분양이 재기용되도록 돌봐 주었네

만번 죽은들 어찌 전공을 바란 적 있었던가
이 마음을 모름지기 무신들이 알아야 하리
지금 여기가 왜놈 배들이 지나갔던 곳이라
손가락 깨물며 명량대첩비를 가리켜 보네.

무정의 유배소를 방문하다
머나먼 곳에 또 이런 별천지 산수가 있어
다시 옛 절 길을 따라서 복사를 찾아왔네
섬 풍속에 잘 적응한다는 말은 들었거니와
초췌한 낯에 서울 말씨 변함은 듣기 놀랍네
모기가 낮에도 득실댐은 마을이 습해서인데
경악도 가을이라 억세어 바다가 흐려지누나
일부 은돈한 시의 정취가 예스럽기도 해라
나는 그대〈백두음〉안 지은 걸 존경한다네.

박 장흥 헌양을 애도하다
잠깐 사이에 총칼을 맞고
고통 없이 대번에 죽었네
예로부터 이런 사리를 다 알지만
어려움 당해선 끝내 착오를 빚더라
박 부사는 옷도 감당치 못할 만큼
외양은 퍽이나 유약해 보였지만
가슴속엔 한 치의 철석간장이 있어
백번 부서져도 죽음을 달게 받았네
그 또한 이웃 고을처럼 도망친다면

몸 숨길 곳 얻을 수 있음을 알았지만

온 고을에 사람 없음을 개탄하여

힘써 호서 같은 놈들을 경각시켰네

남장대는 하 우뚝하고요

푸른 단풍 물가는 하 엄숙하여라

가려다가 다시 주저하노니

이곳이 부사가 목숨 바친 곳일세.

국망지추의 우국시

국난기의 국가실정과 의열사들의 실상이 주된 내용인 우국시
이다.

눈물을 닦다

천랑이 으르렁대고 무녀가 떨어지고 나니

구중궁궐은 침침한데 범이 문을 지키누나

무양이 내려와서 천손의 넋을 불러오자

육정이 가호하여 하늘로 올라가 버렸네

한양의 아녀자들은 흰 비녀를 꽂았는데

벚꽃은 다 떨어져 날려라 춘풍도 사납구려

건문의 궁중에선 귀신이 낮에 통곡커니와

김이의 함 속엔 넋이 그 어이 의탁할쏜가

주유 옥갑도 믿음직한 것이 될 수 없어

광중이 벽옥으로 화하고 돌로 외곽 이뤘네

만년 의탁할 능을 삼 년 동안 경영한 끝에
경기 지방 푸른 산 간 곳마다 뚫어 제쳤지
듣건대 소길이 성인을 속였다고 하니
이 무리들은 모두 눈을 빼 버리게 해야 하리
꿈속에 모란꽃은 백옥 난간을 덮었으니
어느 때나 학은 요양 성곽에 돌아올런고
그대는 듣지 못했나 선정 두 능에 겁회가
백세에 원통함 분함이 어제처럼 생생하네
보옥을 도굴하는 게 심상한 일이었거니
그래도 도굴범을 법정에 잡아들일 수 있나.

봉주 왕 선생을 곡하다
푸르른 명산 우뚝한 봉성의 동쪽에
왕씨의 청상이 대대로 풍도가 있었네
양한의 큰 유자들은 교수를 많이 했거니와
삼당의 시 배운 이들 절반은 궁하여 공했지
거나한 뒤에는 천추가 눈 안에 쏙 들오고
낡은 집에 살아도 호기는 구름 같았거니
후일 호남 지방의《기구전》을 지을 적에는
우리 고향 이 노인을 결코 안 빠뜨리겠지.

나는 어릴 때부터 함장이라 불렀으니
사우 간의 세의가 우리만한 이 없고 말고
남악의 연기 노을 속 한 걸상에 기거하면서
눈 온 날 지팡이 나란히 짚고 서울도 갔었지

만사는 하늘도 차가운 청파의 눈물이요
세상은 해 저문〈망천도〉에서 하직했구려
육순토록 곤궁한 시름 벗어나지 못한 채
남긴 시 점검하느라 눈이 마를 지경이었네.

여러 해를 얕은 흙에 묻혀 쑥만 더부룩터니
어느 날 큰 힘 안 들이고 우면지를 얻었네
높은 시명 실은 걸 알괘라 널도 한결 무겁고
오골에 맞춰 봉 지으니 부당도 높직하구려
무슨 맘으로 저승에선 재귀를 내쫓아서
공산에서 우리를 사사로이 콩곡케 하는고
파릇파릇한 강남 봄풀 아스라이 바라보며
애오라지〈이소〉를 이어서 초혼을 하고파라.

고운의 취적대에 느낌이 있어 읊다
국운 말기라 재상 재목을 용납지 못했으니
계림 황엽이 족히 비애를 일으킬 만하구나
선인이 국가의 흥망과 무슨 상관이 있길래
애써 새 조정을 향해 예언을 바쳤단 말인가.

일두의 유허에서 2수
누가 불우한 유학자의 시라 말할 수 있으랴
절구 한 수에서도 호걸의 면모를 보겠는걸
세간에 앵무처럼 잘 읊조린 자는 하 많건만
풍포 한 절구만큼 고상한 기가 과연 있던가.

한두의 오묘한 말들이 전혀 안 전해지니
당시 분분했던 문묘 종사 의논이 느꺼워라
폐조에선 만사를 흠집 찾기에 급급했지만
대담하기가 오현에 미칠 사람 없고말고.

**단발령이 내렸다는 말을 듣고 소천을 심방하여 밤에 이야기
를 나누다**

무색참담한 산천 그리고 희미한 태양 아래
깊은 겨울 풍광이 연달아 시름 일으키네
백발에 음력 양력을 섞어 보는 게 두려워
눈 오는 날에 이 칠실로 내가 찾아왔다오
조정을 생각하면 두 눈물만 흘릴 뿐이지만
육혼의 운명은 백 년 전부터 시작되었지
마음속엔 아무 일도 없는 듯 방관만 하면서
자리 가득 솔바람에 무릎 안고 앉아 조누나.

13장

을사늑약이
강제 '조인' 되던 날

망국, 운명의 시간은 다가오고

인간 세상에는 아픈 일도 많고 슬픈 일도 수 없이 많지만 나라 잃은 아픔과 슬픔보다 더한 비극은 없을 것이다. '망국'은 모든 아픔, 모든 슬픔의 처음이고 끝이고, 부분이고 전체이다. 한민족이 통일된 민족국가를 건설한 지 1,000여 년 만에 국권을 잃은 것은 1905년 11월 17일의 을사늑약으로 외교권을 빼앗긴 것이 최초, 최후의 일이다.

1910년 한일병탄은 허울만 남은 나라를 잃은 것이고 실제로 국권을 상실한 것은 1905년 을사늑약이다. 이날을 기해 조선은 '국제강도'인 일본제국주의에게 2천만 생령과 3천리 강토를 빼앗기고 주권과 역사와 외교권을 모두 강탈당하였다.

일찍이 중국의 시성 두보杜甫는 망국의 한을 오언 절구에 실어 천고千古의 아픔으로 남겼다.

> 나라는 다 깨지고 뫼와 물만 깊었구나
> 성에 봄이 드니 나무 숲만 깊어간다
> 꽃을 보아도 눈물만 흐르고
> 갈라진 아픈 맘엔 새소리도 놀라난다.

國破山河在
城春草木深
感時花濺淚
恨別鳥驚心

'국파國破'의 날, 1905년 11월 17일이 밝았다. 그날따라 하늘도 땅도 을씨년스럽기 그지없는 그런 날씨였다. 하늘인들 어찌 4천 년 사직이 무너지는 날에 청명할 수 있었을까. 일본군 보병 1개 대대, 포병중대, 기병연대가 왕궁 앞과 서울의 번화가인 종로에서 훈련이라 칭하며 시위를 벌이고, 일본 병사들은 민심이 소란하다고 해서 시가지를 순회하면서 시민들을 위협하였다.[1]

이날 오전에 주한 일본 공사 하야시 곤스케가 조선정부 대신들을 서울 남산 북쪽 기슭에 자리 잡은 일본공사관에 초치하여 '예비교섭'을 벌인데 이어 "군신君臣 간에 최후의 결정을 내리기 위한" 어전회의 개최를 요구했다.

'예비교섭'에서는 11월 16일 하야시가 외부대신 박제순에게 수교한 바 있는 을사늑약의 문안을 가지고 본격토의를 하자고 제안하였다. 그러나 한국 측 대신들은 그 전날에 있었던 이토의 설명으로 그 취지는 이해할 수 있다고 하면서도 누구도 조인을 승낙하는 발언을 하지 않고 눈치만 살피고 있었다. 더욱이 참정대신 한규설은 책임의 중대함을 느껴 묵묵히 침묵을 지키고 있었다.

한규설이 침묵으로 일관하는 것을 지켜 본 하야시는 이대로는 공사관에서 아무런 결론이 나지 않을 것으로 판단하였다. 그리하여 점심을 마친 다음, 중대한 일인 만큼 대신들만으로는

결론을 내기 힘드니 궁중에 들어가 황제와 상의하는 것이 좋겠다고 주장하면서 입궐하기로 결정하였다.[2]

궁중에 들어간 하야시는 광무황제[3]의 알현을 요청하였다. 그러나 광무황제가 환후를 이유로 하야시의 요구를 거절하면서 정부대신들과 별도로 어전회의를 갖고 조약의 문제를 숙의하였다. 장시간의 논의 끝에 대신들은 일본 측의 요구를 거절하기로 의견을 모았다. 오후 3시부터 7시까지 계속된 어전회의에서 참정대신 한규설은 조약체결을 완강히 반대하였다. 외부대신 박제순도 이에 동조하였다.

전날에 지지하였던 박제순의 반대 발언은 의외였다. 두 사람이 반대하는 바람에 당일 오전까지 조약체결을 지지하며 이토에게 굴종했던 이완용과 이하영 등도 이들에게 맞설 분위기가 되지 못하였다. 그러나 정부 대신들은 일본 측의 요구를 거절하기로 의견을 모았지만 고종은 이를 재가하지 않고 각료들이 하야시 공사와 좀 더 협상할 것을 분부하였다.

어전회의를 마치고 나온 한규설은 하야시에게 어전회의 전말을 알려주었다. 정부각료들이 일본 측의 요구를 거절키로 합의했다는 사실과, 그러나 황제가 이를 재가하지 않고 협상을 더 계속하도록 지시하였으므로 2, 3일 말미를 달라고 하였다. 그러나 이를 전해들은 하야시는 분기탱천하여 한규설에게 대들었다. "어째서 낮에 일본공사관에서 있었던 회동 결과와 다른가."라고 따져 물었다. "당신들이 이렇게 나온다면 일본 측으로서는 부득불 황제의 판단에 따라서 결정할 수밖에 없다."고 협박을 서슴지 않았다.

비운의 장소 덕수궁 중명전

광무황제와 대신들이 나라 운명을 판가름 하는 군신회의가 열린 곳은 덕수궁 수옥헌漱玉軒이었다. 이토가 중신들을 강요하여 을사늑약을 조인케 한 장소도 수옥헌이다. 수옥헌은 그 뒤 중명전重明殿으로 이름이 바뀌었다.

서울시 문화재 제53호인 중명전은 1900년 러시아 건축가가 덕수궁의 별채로 지은, 궁궐 내 최초의 서양식 벽돌 건물이다. 경운궁에 딸린 접견소 겸 연회장으로 지어진 이 건물은 단순한 2층 벽돌집이지만 1층의 아치형 창과 2층의 서쪽 베란다가 꾸며져 있는 것이 특이했다.

중명진의 지하 1층은 광무황제 때 러시아 공사관으로 이어지는 지하터널이 시작된 곳이고, 을사늑약이 이곳에서 조인되면서 비운의 장소로 알려졌다. 1906년 황태자(순종)와 윤비의 가례가 여기에서 거행되기도 하였다. 일제 합병 이후 조선총독부가 덕수궁을 축소시키면서 1915년 이 건물은 외국인에게 임대되어 정동구락부가 되어 외국 사람들의 사교장으로 사용되었다.

다시 1905년 11월 17일의 현장으로 돌아가 보자. 중명전에서 열린 군신회의에서 일단 을사늑약 인준이 거부당한 것을 안 하야시는 즉각 이토에게 이 사실을 전달, 학부고문 시데하라를 보내 이토가 바로 중명전으로 오도록 하였다. 이미 사전에 마련된 시나리오 대로였다.

이보다 앞서 광무황제는 궁내부대신 이재극李載克을 이토의 숙소로 보내 조약 인준의 문제를 2, 3일 연기해 달라고 요청하였다. 그러나 이토는 이미 궁중에 박아 둔 첩자를 통해 사건의 전말을 자세히 보고 받고 있었기 때문에, 오히려 이재극에게 황제의 알현을 통보하였다. 한편 오후 8시 경까지 조약 체결이 거부되는 사태를 별실에 대기하면서 지켜 본 하야시는 이토를 입궐토록 하는 등 저간의 상황을 자신의 회고록에서 다음과 같이 기록하였다.

> 그때 국왕은 환후라 하여 나오지 않았다. 그 문제에 대하여 여하튼 국왕 없이 또 이야기하였으나 조선의 각료 중에는 역시 대세에 어두워 무작정 경골硬骨한 사람도 있고 친러파도 있었다. (그래서) 어찌하여도 매듭을 지을 수 없었다. (중략) 나는 미리 이러한 회의 중에도 국왕이 대내大內 쪽에서 어떤 모의를 하고 있는가를 시시각각 알 필요가 있으므로 이미 사람을 배치시켜 두었다. 그 밀사가 해진 거리의 마魔의 시각에 이와 같은 보고를 가져왔다. 지금 국왕이 궁내대신을 이토 공의 숙소에 특사로 보내려고 분부하고 있다. 그 목적은 지금 왕성 안에서 협의하고 있는 문제를 2~3일 연기하여 달라는 국왕의 희망을 이토 공에게 전하려는 것처럼 보인다. 그러므로 원컨대 지금 이 시기가 결심하고 곧 시데하라 군을 불러 이토 공 처소에 그 준비를 바란다는 것을 보고하였다. 이토 씨는 미리 약속한 바 있으므로 곧 왕궁 내의 협의회의 자리에 도착하였다.[4]

일본 측의 준비가 얼마나 치밀하게 전개되고, 을사늑약이 조인되기까지에는 '을사오적' 뿐만 아니라 궁중에서 일제의 첩자 노릇을 한 매국노들이 있었음을 알게 한다. 하야시의 보고를 받고 즉각 궁중에 들어온 이토는 다시 이재극을 통해 광무황제

에게 다음과 같이 전달할 것을 요구하였다.[5]

> 어제 알현 시에는 칙명을 내려 대신들에게 빨리 타협을 짓도록 하겠다는 말씀이 있었으므로 결과만 기다리고 있었습니다. 그러나 방금 들은 하야시 공사의 보고는 그렇지 않습니다. 한번 말씀드리려고 급히 달려왔으니 옥체 편치 않으시더라도 침대 앞에서라도 꼭 뵙고자 합니다.

이재극의 전달을 받은 광무황제는 다음과 같이 비답하였다. "짐은 당장이라도 대사를 인견해야 하겠지만 후두부에 종기가 생겨 말하는데 몹시 고통을 느끼므로 여의치 못하니 유감스럽소. 협약안에 대해서는 짐이 정부내신으로 하여금 상의·타협토록 할 생각이오. 바라건대 당신이 중간에 서서 주선하여 타협의 방도를 강구해 줄 것을 바라오."

하야시의 전갈을 받은 이토는 하세가와 사령관과 그의 부관, 헌병사령관을 대동하고 입궐하였다. 일본 군인들은 군복에 군도를 차고 이토를 호위하여 궁내로 들어왔다. 이들이 입궐할 때는 이미 완전무장한 일본군이 궁궐 안팎을 몇 겹으로 포위하고 있었다. 또 일본군은 일본공사관 앞, 그 외 서울 시내 전역을 철통같이 경계하였으며 특히 시내의 각 성문에는 야포, 기관총까지 갖춘 중무장 부대를 배치해놓고 있었다.

다른 별동부대도 착검을 한 채로 시가지를 시위행진하였고, 본회의장인 궁내에도 착검한 헌병경찰들이 다수 침입하여 삼엄한 경계를 펴고 있었다. 중명전 안에도 무장한 일본 경찰헌병이 가득 차 있었다. "총칼이 늘어서 철통과 같고 내정부 및 궁중에도 일부 병사가 배치되어 그 공갈의 기세는 말로 형용하기 어려웠다."[6]

일제는 무력으로 궁궐을 포위하고 대신들을 겁박하면서 을사늑약을 강제 인준하고자 그 마각을 드러내기에 이르렀다.

중무장한 공포분위기 속의 겁박

이토가 중명전에 도착한 것은 저녁 8시가 조금 못 되어서이다. "일의 지연은 좋지 않다"고 본 이토와 하야시는 이날 밤 안으로 을사늑약을 처리하기로 합의한 대로 즉각 결행에 들어갔다. 이토는 퇴궐하는 대신들을 붙잡아 어전회의의 재개를 강요하였다. 중명전을 빠져나가려던 대신들을 일본 경찰헌병대가 막아서면서 회의장 안으로 밀어 넣었다. 회의장 주변은 살벌한 공포분위기가 돌고 비장감이 서렸다.

대신들이 각기 자리에 앉았다. 이토와 하야시도 무장 군인들의 호위를 받으며 회의장에 들어섰다. 왕궁에서 열리는 중신들의 회의장에 총검의 호위를 받은 타국 대사와 공사가 신발도 벗지 않은 채 들어온 것은 세계역사상 흔치 않는 일이다. 이들에게는 국제관례도 인방에 대한 예의도, 최소한 인간적인 배려조차도 없는 폭도이고 야만의 행동, 그것이었다.

이토는 참정대신 한규설에게 다그쳤다. "대신들의 의견을 말해달라. 만약 찬성하지 않는 대신이 있다면 그 이유를 말하라"고 의협을 하였다. 다음은 미요시 도오루의 『사전 이토 히로부미』의 관련 부분을 정리한 내용이다.

한규설이 먼저 박재순 외부대신을 지명하였다.

박재순: 결코 동의할 수 없다. 나는 외교 담판 절충에 나섰으나 일부러 타협하지 않는 것이다. 그러나 명령이라면 도리가 없다.

이　토: 그 명령이란 어떤 의미인가? 폐하의 명령이라면 따른다는 뜻인가? (박 외무부대신 침묵)그런 일이라면 귀하가 이 협약에 반대한다고는 볼 수 없다. 폐하의 명령이 있다면 찬성한다는 뜻으로 받아들이겠다.

두 번째로 탁지부 대신 민영기가 지목되었다.

민영기: 나는 이 협약을 부인한다.

이　토: 절대 반대인가?

민영기: 그렇다. 절대 반대한다.

다음은 법무대신 이하영의 차례였다.

이하영: 의정서도 있고 협약(제1차)도 있어서 외교상 긴요한 것은 일본의 의견을 듣기로 되어있다. 다시 새로운 협약을 만들 필요가 있는가?

이　토: 어제는 신협약이 타당하다고 하지 않았는가?

이하영: 이미 외교에 관한 협약이 있지만 대한제국이 최근 이를 위반한 실태가 있었다. 일본에 이런 제안을 하게 하는 결과가 되어 유감이지만 대한제국에도 책임이

있으니 그 누구도 탓하지 않는다.

이　토: 그렇다면 동의한 것으로 간주하겠다.

학부대신 이완용은 '당연히 찬성론'을 주장하였고 군부대신 이근택과 내부대신 이지용은 이완용과 같은 의견이라 말하였다. 농상공부대신 권중현에게 발언의 기회가 주어졌다.

권중현: 신협약은 명실공히 독립을 상실하게 된다. 과거 청국
　　　의 속국이었던 시절보다도 심하다. 그러나 일부 내용
　　　을 수정한다면 동의하겠다.

마지막으로 참정대신 한규설의 차례가 되었다.

한규설: 양국 관계가 내용면에서는 어떻게 규정되는지 묻지
　　　않겠으나 단 형식면에서는 여지를 남겨 달라. 대한
　　　제국의 현재 상황을 빈사상태와도 같으나 그래도 한
　　　가닥 여명이 붙어 있는 것은 외교 관계에서 자주성
　　　을 갖고 있기 때문이다. 그조차 일본에 넘겨준다면
　　　명맥이 단절되며 비경悲境에 빠지고 만다.

이　토: 일본의 제안에 절대 부동의不同意를 표시한 것은 당
　　　신과 민 대신 두 사람 뿐이다. 이제 다수결로 결정할
　　　수밖에 없다. 황제의 재가를 신청해 조인을 실행하
　　　는 것이 참정대신의 임무이다. 당신은 이 안건을 거
　　　부하고 일본과 단교하려는 것인가? 나는 목숨을 걸
　　　고 이 임무를 맡은 이상 당신이 나를 우롱하는 것을

결코 용납지 않겠다.

한규설: 부결시켜 일본과 단교하려는 생각은 없다. 대한제국의 독립이 일본의 힘에 의지하고 있고, 일본을 제외시키고 독립을 보전할 길이 없다는 것을 인정한다. 그러나 이 협약에 관한 반대 의사를 바꿀 수는 없다. 필부의 뜻을 박탈해서는 안 된다는 말이 있다. 그것이 만약 폐하의 뜻에 어긋나고, 다른 대신들과 일치하지 않는 것이라면 진퇴를 결정할 큰 벌이 내리길 기다리는 수밖에 없다.

한규설 참정내신 실신하다

한규설 참정대신은 끝까지 을사늑약 조인을 거부하였다. 발언을 마친 한규설은 조약인준을 결연히 반대하면서 자리에서 벌떡 일어났다. 자신의 뜻을 광무황제에게 직소하여 받아들여지지 않을 경우 사직을 할 각오였다. 총리대신이 공석이 되면 다수결에 의한 결정이 불가능해진다고 판단했던 것이다. 여기서 다시 하야시의 증언을 들어보자.

한국 측의 주석인 총리 한규설의 거동이 특히 심상치 않았다. 상당히 격앙되어 있다고 보고 있는 중이었는데 갑자기 박차고 일어섰다. 그리고 발걸음도 요란스럽게 황제가 계신 어실 쪽을 향해 옆은 회의장을 나가버렸다. 어떻게 해서든지 이 회의의 결정을 막으려는 기백이 분명하였다. 그런데 어실 방향에서 궁녀들이 황급히 떠드는 소리와 더불어 시끄러운 발자국 소리가 들려왔다. 무슨 일이 일어났는가 해서 한국 측 사람들은 겁에 질려 있었다.

그것은 임금님께 가려고 나간 총리가 어지간해서 흥분해 있던 탓인지 잘못해서 왕비인 엄비의 방을 난입한 것이었다. 아이고, 잘못 들어왔구나, 하고 정신이 들었을 때는 이미 늦었다. 정말 어처구니없는 실수였다. 급히 나오기는 나왔지만 이미 임금님이 계신 곳에 갈 기력도 없고 실신한 사람처럼 다시 회의실 앞에 까지 돌아와 그냥 졸도하고 말았다.

이 소동의 전말을 내가 있는 자리에서 보았기 때문에, 나는 물을 머리에 끼얹어서 차게 해주면 된다고 말해 주었다. 그래서 총리대신을 빼놓고 협상을 추진시켜 끝내는 어느 정도까지 의논이 매듭지어졌다.[7]

총리인 참정대신이 쓰러져 실신 상태에 놓인 것을 찬물을 끼얹어 가면서 회의는 진행되었다. 이런 상황에서 이토는 일방적으로 다섯 대신이 찬성하였으므로 조약은 인준된 것으로 인정하겠다고 선포하였다. 이 무렵(저녁 8시가 지난 시각)에 궁내 대신 이재극이 황급히 회의장으로 이토를 찾아왔다. 황제께서 조인을 2, 3일만 연기하여 달라고 한 것이었다. 그러나 이토는 이미 가결되었다고 하면서 이를 거부하였다.

마지막으로 대신들이 협약문에 "일본 정부는 대한제국 황실의 안녕과 존엄유지를 보증한다"는 1개조를 추가해 줄 것을 요망하였다. 이토는 이를 즉각 수락하여, 직접 붓을 들어 이 같은 내용을 협약문에 적었다. 이것이 협약문(을사늑약) 제5조항이다.

이때 다시 황제의 마지막 희망이 전달되었다. 다시 이재극이 달려왔다. 황제는 대한제국이 부강해지고, 독립할 실력을 갖췄을 때는 이 협약을 철회한다는 내용을 추가해달라는 것이었다. 사태의 악화를 우려한 이토는 이를 수용하여 전문前文에 "대한제국이 부강해졌음을 인정할 때까지"라는 문구를 추가하였다.

조약문에서 '영구적'이라는 대목은 사라졌지만, "대한제국이 부강해졌음을 인정할 때까지"의 '인정'을 일본이 인정하지 않는 한 협약 철회는 불가능하므로 이 문구는 사실상 사족蛇足에 불과했다.

이토와 하야시는 그 다음날 새벽 12시 30분 경까지 대신들에게 공포 분위기를 조성하면서 늑약의 체결을 강박하였다. 이렇게 해서 마침내 '을사오적'의 찬성을 받아낸 이토와 하야시는 광무황제의 윤허도 받지 않고 그들 스스로 외부인外部印을 탈취하여 조약문에 날인하였던 것이다.[8]

엉터리로 '조인'된 늑약은 명칭도 붙이지 못한 채 1905년 11월 18일 새벽 2시에 한국 측 외부대신 박재순과 일본 측 하야시 공사 사이에 '체결' 되었다. 그러나 조인 날은 17일자로 하였다. 광무황제의 윤허와 조약의 명칭도 없이, 탈취한 '외부인'을 찍어서 '조인' 되었다고 하는 이른바 을사조약 또는 일한협약, 한일협약조약 등 제멋대로 불리는 문건의 내용과 국제법상의 적법성 여부 그리고 광무황제의 대응과 한국조야의 봉기를 차례로 살펴보기로 한다.

살얼음판 같은 공포분위기 속에서도 매국문서에 끝까지 '불가'를 주장한 애국자와 이를 지지한 매국노의 명단을 확인하고 넘어가자. 참정대신 한규설과 탁지부대신 민영기·법무대신 이하영은 애국의 편에, 학부대신 이완용을 비롯하여 군부대신 이근택·내부대신 이지용·외부대신 박제순·농상공부대신 권중현은 매국의 편에 섰다. '을사오적'들은 책임을 광무황제에게 미루면서 매국문서에 찬성하였다.

매천이 본 을사늑약 전후

매천은 을사늑약 체결과정을 어떻게 기록했는가를 살펴보자.

이등박문의 내한

10월 13일(1905년-저자), 일본 대사 이등박문이 우리나라에 왔다. 아국과 일본이 강화를 맺을 때에 아국은 동삼성東三省의 철도를 일본에 할양하여 관할하도록 허용했는데, 원세개는 주장하기를 "마관조약馬關條約에서 일본은 제일 먼저 조선의 독립을 보증하였는데 지금 보호국으로 만들고자 하니, 이는 맹약을 무시하는 처사이다. 조선은 우리의 속방이 된 지 300년에 이르는데 하루아침에 일본에 귀속되는 것보다는 응당 옛날과 같이 청국에 의지해야 할 것이다. 또한 동삼성은 우리나라가 발원한 소중한 땅인데, 어찌 아국이 마음대로 허용할 수 있단 말인가?"라고 하였다.

이에 일본은 우리나라에 이등박문을 보내어 압력을 넣어 국권을 빼앗아 영구히 청국의 소망을 끊어버리려 한 것이다. 한편으로는 청국에 소촌수태랑小村壽太郎을 보내 원세개와 담판을 짓도록 하여, 이 둘이 동시에 출발하였다.[9]

을사조약 체결의 경위

10월 21일(경신), 밤에 일본인들이 대궐을 침범하여 새 조약을 강제로 체결하고, 참정 한규설을 면직, 유배 보냈다. 이등박문이 도착하자 서울 성안의 민심이 흉흉하여 변란이 일어날까 우려되었다. 내부대신 이지용, 외부대신 박제순, 군부대신 이근택, 학부대신 이완용, 농부대신 권중현 등이, 혹은 두려워 입을 다물고 관망했거나 몰래 서로 결탁한 것이라고 도성 사람들이 지목하였다.

이날 밤이 되자 구완희·박용화 등이 일본군을 인도하여 궁궐 담장 둘레로 대포를 설치했다. 이등박문은 임권조林權助·장곡천長谷川 등과 함께 곧바로 임금 앞으로 가서 5개조의 새 조약을 꺼내 임금에게 도장을 찍도록 하였다. 임금이 응하지 않자 구완희가 겁을 주어 "이러면 벽력이 떨어집니다." 하자, 임금은 벌벌 떨면서 결단을 내리지 못하였다.

이때 이지용 등이 함께 입시해 있었는데, 참정 한규설이 분개하여 말하기를, "나라가 망할지언정 이 조약을 허용할 수 없다." 하였다. 이등박문이 만단으로 위협하고 달래자, 임금은 "이는 외부의 일이니, 대신에게 물어야 할 것이다." 하였다. 박제순이 주사主事를 불러 외부의 도장을 가져오도록 하여, 도장이 들어오자 곧 날인을 하였다.

대개 임금은 끝내 도장을 찍지 않았고 한규설 또한 날인하지 않았으며, 날인한 자는 오직 외부대신 이하 각부 대신들뿐이었다. 한규설은 조약이 강제로 맺어진 것을 보고서 줄곧 분개하여 부르짖으니, 이등박문이 왕명이라고 속여서 3년 귀양을 보냈다.

이때부터 온 도성 안은 기가 땅에 떨어졌고, 방방곡곡에서는 수백 수천 명이 무리를 지어 "나라가 이미 망했으니 우리들이 어떻게 살아간단 말인가!" 하고 부르짖었다. 미친 듯 취하여 비통해 부르짖고 몸 둘 곳이 없는 듯 움츠려들었으며, 밥 짓는 연기가 오르지 않아 그 정명의 참담함은 바로 전쟁을 치른 듯 하였다.

일본인들이 군사를 파견, 순찰을 돌며 비상의 사태에 대비하였으나, 수군수군 비방하는 말은 끝내 금지할 수 없었다. 이런 분위기가 한달 남짓 계속되었다.

이지용은 사람들에게 말하기를 "나는 오늘 최지천崔遲川(병자호란 때 청국과 강화를 주장한 최명길)이 될 것이다. 국가의 대사를 우리들이 하지 않는다면 누가 하겠는가?" 하였다.

을사오적

이등박문이 군대를 파견하여 오적五賊의 집을 보호하였다. 그때 사람들이 이지용 등을 지목하여 오적이라 한 것이다.

이근택과 한규설의 여종

이근택의 아들이 한규설의 사위였다. 한규설의 딸이 시집올 때 여종 하나를 데리고 왔는데, 시속에서 '교전비轎前婢'라 부르는 것이다. 이때, 이근택은 대궐에서 들어오며 숨을 헐떡이면서 집안 식구들에게 강제조약이 체결된 일에 대해 말하고는 "나는 다행히 죽음을 면하였다."고 하였다.

그 여종이 부엌에 있다가 이 말을 듣고서 식칼을 들고 나와 부르짖기를, "이근택, 너는 대신의 몸으로 국은이 얼마나 되느냐? 나라가 위태로운데 죽지 못하고 도리어 '내가 다행히 죽음을 면하였다' 하니 너는 참으로 개돼지만도 못하구나. 나는 비록 천한 사람이지만, 어찌 개돼지의 종노릇을 하겠느냐! 나는 힘이 약해 너를 만 번 죽이지 못하는 것이 한이로다. 차라리 옛 주인에게 돌아가겠다." 하였다. 그리고는 드디어 한씨의 집으로 돌아갔다. 그 여종의 이름은 잊었다.

횡성신문사 폐간

횡성신문사가 폐간되었다. 일본이 아국과 개전한 이래, 패전할 경우 신문에서 사실대로 보도하여 대중을 동요시킬 것을 우려해서 사장 장지연을 협박, 매번 신문을 간행할 때에는 반드시 먼저 자기들 공관을 경유해서 허가를 받은 후에야 반포하도록 하였다.

이때에 이르러 장지연이 격분하여 강제조약을 맺은 시말을 보도하여 바로 인쇄하여 돌렸다. 이등박문은 대로하여 장지연을 잡아 가두고 신문사를 폐쇄한 것이다. (하략)

참정 한규설 해임

전라북도 관찰사 민영철을 참정대신에 임명하여 한규설을 대신하도록 하였다. 조서를 내려 "한규설은 임금을 지척에서 모시고 있으면서 행동거지가 합당함을 잃었으므로 우선 본직에서 해임하고 3년 유배형에 처한다."고 하였다.

홍만식 자결

전 참판 홍만식洪萬植이 변란의 소식을 듣고 자결하였다. 그는 당시 여주의 여막에 거처하면서 바야흐로 손님과 바둑을 두다가 강제조약의 소식을 들었는데 얼굴색 하나 변치 않고 바둑을 끝냈다.

바둑알을 통에 담고, "내가 일이 있으니 그대는 그만 가보게." 하고 손님을 물리치고는 곧바로 의관을 정제하고 집 뒤로 가서 부친의 묘소에 인사를 올리고 사당에 참배하였다. 그리고 독약을 타라고 명하고 마시려고 하자 그 아들 홍표가 울부짖으면서 약사발을 엎어버렸다.

홍만식은 꾸짖어 물리치며 말하기를 "네 행동은 부자의 정리로는 참으로 마땅한 일이다. 그렇지만 국세가 이 지경에 이르렀는데 죽지 않고 무엇을 하겠느냐? 갑오년(1894)에 우리 집안이 신원된 것은 곧 국가가 망할 징조였다. 국법의 기강이 이와 같은데 어찌 오늘과 같은 변란이 없을 수 있겠느냐? 내가 죽은 뒤에 백관白棺에 안치하고 처사處士라 쓸 것이며 선산에 장사지내지 말거라. 그리고 너 또한 평생 죄인으로 자처하며 숨어 지내나의 뜻을 저버리지 말거라." 하였다.

아들 홍표가 상소문을 한 통 올려 깨우쳐 마음을 바꿀 것을 기대하고 만약 받아들여지지 않으면 죽어도 늦지 않을 것이라고 하자, 홍만식이 탄식하며 "시사는 알 만 하니 충언이 소용없을 것이다. 시끄럽게 떠드는 것이 무슨 보탬이 있겠는가?" 하고는, 드디어 약을 마시고 목숨을 끊었다.

홍만식은 홍순록의 아들로 백부 홍순경에게 양자로 가서 홍영식과는 종형제 사이였다. 그는 홍영식이 역모에 참가한 것을 깊이 수치스럽게 여겨 전후 수십 년 동안 삼베옷을 입고 죄인으로 자처하며 숨어 지냈다. 이때 이르러 조용히 자결함 또한 이와 같았으니, 사람들이 더욱 어질게 여기고 슬퍼하였다.

이등박문의 뇌물

이등박문은 이번에 올 때 300만 원을 가지고 와서 정부에 두루 뇌물을 주어 조약을 성사시키고자 도모했다. 여러 적신 중 다소 약삭빠른 자는 그 돈으로 넓은 정원을 구입하고 귀향하여 편안하게 지냈으니 권중현 같은 이가 그러했다. 이근택과 박제순 또한 이 때문에 갑자기 거부가 되었다.

이등박문이 돌아갔으니 특사의 임무가 끝났기 때문이다. 이때 일본 공관에는 전보가 수없이 이르렀는바, 조약이 이루어진 것을 축하한 것이다. 일진회에서는 술잔치를 벌여 서로 축하하며 더욱 의기양양했다.

조병세, 일본군 헌병소에 수감

11월 1일, 일본인이 조병세趙秉世를 붙잡아 가두었다. 조병세는 상소를 다시 올린 뒤로 대안문大安門 밖에 거적을 깔고 앉아 윤허를 받지 못하면 물러가지 않으리라 맹세했다. 일본은 병사를 파견해 그를 잡아다가 정동 헌병소에 가두었다.

매천은 자신의 책에서 을사늑약 강제조인 이후에 자결하거나 음독한 민영환·조병세·김봉학·이상철·무명의 인력거꾼·박기양 등의 순국 사례를 낱낱이 적었다. (저자)

14장

을사늑약,
'오애시' 지어
의열사 추모

을사늑약 소식듣고 '변고 3수' 짓다

을사늑약은 매국노·친일파들에게는 '새로운 주인'의 탄생일 뿐이지만, 국민과 올곧은 선비들에게는 하늘이 무너지고 땅이 꺼지는 참변이었다. 누대에 걸쳐 국가의 녹봉을 많이 받은 자들일수록 국가 위난 시에는 매국에 앞장서거나 동족을 배신하는 데 헌신적이었다.

매천이 일찍이 예견하였던 대로 '미친 놈들의 정부'는 을사늑약을 맺고도 천하태평이었다. 을사늑약은 형식상으로 '외교권의 이양'이었지만 실질적으로는 통감부의 설치 등 국권을 빼앗기는 매국조약이었다.

포식동물이 사냥을 할 때면 어김없이 사냥감을 무리로부터 떼어내고 목줄을 사나운 이빨로 끊듯이, 일제는 대한제국의 외교권을 박탈함으로써 조선을 고립무원의 상태로 만들었다. 고종 정부는 1882년 3월 일본의 조선 진출을 막으려는 청나라 북양대신 이홍장李鴻章의 알선으로 미국의 슈벨트 제독을 상대로 전문 14조의 「조·미수호통상조약」을 맺었다.

조약의 주요 내용은 "조선이 제3국으로부터 부당한 침략을 받을 경우에 조약국인 미국은 즉각 이에 개입, 거중 조정을 행사함으로써 조선의 안보를 보장한다. 미국은 조선을 독립국의 한 개체로 인정하고 공사급 외교관을 상호 교환한다."라는 등 이다.

또 러시아와는 1884년 「한·로수호통상조약」을 맺고 최혜국 대우, 치외법권 인정, 선박왕래와 관세에 관한 규정 등을 명시 하였다. 그런데 미국은 조선과 통상우호조약을 맺고도 1905년 10월, 그러니까 을사늑약 체결 직전에 「가츠라·태프트 밀약」을 통해, "일본이 한국에 대한 보호권을 확립하는 것이 러·일 전쟁 의 논리적 귀결이며, 극동의 평화에 직접 공헌할 것으로 인정한 다."라는 황당한 뒷거래를 하였다. '조·미조약'을 체결한 지 17 년 만의 일이다. 미국은 조선을 철저하게 배반한 것이다.

일제가 조선을 침략하면서 외교권부터 박탈한 것은 우선 얼 룩말을 무리에서 떼어내고 공격하는 수법 그대로였다. 그리고 을사늑약으로 목줄을 끊었다.

을사늑약 소식이 알려지면서 조약체결에 대한 반대운동과 반일항쟁이 전국에서 일어나고 순절자들이 속출하였다. 시종 무관장 민영환을 비롯하여 특진관 조병세, 법부주사 송병찬·전 참정 홍만식, 참찬 이상상, 주영공사 이한응, 학부주사 이상철, 병정兵丁 김봉학·윤두병·송병선 등이 자결 순국하였다.

때를 같이 하여 충청도에서는 전참판 민종식, 전라도에서는 전참찬 최익현, 경상도에서는 신돌석, 강원도에서는 유인석이 각각 의병을 일으켰다. 그리고 을사오적인 내부대신 이지용, 군 부대신 이근택, 학부대신 이완용, 농상공부대신 권중현, 외부 대신 박제순 등을 척살하려는 운동이 몇 갈래로 전개되었다.

매천은 을사늑약의 소식을 듣고 「변고 3수三首」를 지었다.

'변고'란 을사늑약의 참변을 말한다.

유란헌幽蘭軒(금나라 황제 애종이 자결한 곳)이 불탄 일도 기이
하지만
만세정萬歲亭(한무제가 숭산에 올라가 하늘에 제사를 지낼 때 만
세 소리가 세 번이나 들렸으므로 그곳에 만세정을 지었다)이 꺾이니
우주가 슬퍼했네
천추의 만국사를 손꼽아 보더라도
마음에 흡족한 이 그 몇이나 되려나.

묘당에서 먹 갈며 날마다 맹약하더니
하룻밤 세 하늘 무니지니 칠묘七廟(임금의 송묘)가 놀라네
저 제산齊山의 늙은 송백松栢을 보라
유민들 소리 죽여 노래하고 곡하였네.

열수列水(한강의 이칭)도 소리 죽이고 백악산도 찡그리는데
홍진 속 여전히 잠신들 널렸구나
역대의 간신전을 한 번 보게나
순국한 매국노는 원래 없었나니.[1]

'오애시'의 첫 대상 민영환

매천은 을사변고의 소식을 듣고 「오애시五哀詩」를 지었다. 매
천은 이 시를 짓게 된 사연을 적었다.

을사년(1905, 광무 9) 10월의 변고에 조상趙相(조병세) 이하 삼공이 죽었다. 내가 듣고서 감모하여, 고인의 시 「팔애八哀」(당나라의 시인 두보의 '팔애시'를 말한다)를 모방하여 시를 짓는다.

최면암(최익현)에 대해 범범하게 언급한 것은 그러기를 바라는 것이고, 이영재(이건창)를 언급한 것은 오늘날 인물이 아주 적기에 추억해 본 것이다.

보국 민영환閔輔國泳煥
외척이라 해서 무시할 건 아니니
민씨 성 중에는 이런 분도 있었다네
우레처럼 동방을 진동시키고
자연스레 여곽 대신 속죄하였네
젊은 나이에 생쥐가 심하게 되니
어긋난 행실 없으란 법도 없었네
그래도 큰 허물을 면할 수 있었으니
군계일학임을 이미 알 수 있었네
유신이 있은 이후로부터는
일념으로 나라 쇠함을 걱정하였네
사명을 받고서는 현로賢勞를 다하였고
보궐로 있을 때는 부지런히 납약納約했네
한밤중에 홀로 비 오듯 눈물 흘리니
두려움에 몸 둘 바를 알지 못했네
아아, 시월 어느 날 밤에
궁중의 빗장은 벼락 맞듯 부서졌네
조약에 서명한 많고 많은 문서들

츤박櫬縛(항복하여 포로가 됨)의 신세와 얼마나 다를 건가

들리려 하면 귀를 막으면 될 것이고

보이려 하면 눈을 감으면 될 것이네

마르고 깨끗한 죽을 자리 찾으려고

하늘을 올려 보고 땅을 굽어 보았네

통쾌하도다, 한 순간에 결단을 내려

한바탕 웃음 웃고 저승길을 택했구나

찬 하늘에 별이 돌아오는 날이 되면

이 연꽃 봉오리를 비추어 주리

듣기로 지난날 용사의 난리(임진왜란) 때는

동래부가 제일 먼저 노략질을 당했었지

송공宋公(동래부사 송상현)이 그곳에서 선사하고 나자

적인들은 서로 돌아보며 놀랐지

평양의 승첩을 기다리지 않고도

중흥의 조짐은 이미 드러났었다네

당시에 동쪽으로 원병 왔던 군사들

모발이 송연하여 독실히 논하였지

감개해 하던 민 참정이여

어찌 그가 옛사람만 못하다 하리

사직을 조금이나마 연장할 수 있으려나

이분 통해 나라 운명 점칠 수 있겠네.

매천이 「오애시」의 첫 장에 쓴 민영환(1861~1905)은 대과에 장원급제하고 21세에 성균관 대사성이 되었으며, 1896년 특명 전권공사로 러시아 황제 니콜라이 2세의 대관식에 참석한 것을

시발로 서구 선진국의 외교관으로 활동하였다.

1896년 독립협회를 적극 후원하다가 파직되고, 친일파와 대결하다가 한직으로 밀려나기도 하였다. 고종의 시종무관장으로 있을 때 을사늑약이 체결되자 11월 30일 자결하였다. 민씨 척족의 부패 세도가 중에는 민영환과 같은 충신도 있었다.

판서 홍만식과 정승 조병세의 순국

판서 홍만식

훌륭해라, 저 홍 사람이여

이름난 가문은 세상에 짝할 이 없네

역적의 형(개화당의 중진이었던 형 홍영식을 일컬음)이라고 스스로 자책하여 늙도록 문을 걸고 나서지 않았네

하루 아침에 금앵 金罃(독극물)을 안으니

인간 만사 뜻과 바람 끝이 났네

우리 역대 임금들을 보필하니

천상의 벼슬길 거침이 없네

더러운 물구덩이 내려다보니

개구리들 서로 물고 뜯고 하네

한강물 어찌 그리 도도하느뇨

남산은 여전히 가파르기만 하네

돌아와 밝게 영험함을 말하는 건가

바람과 우뢰가 질타를 가하네.

홍만식洪萬植(1842~1905)은 별시 문과에 급제하여 동부승지를 거쳐 여주 목사를 지냈다. 아버지가 조정의 의복제도의 개정을 반대하다가 삭탈관직을 당하자 관직을 사직했다가 복직되어 동부중추부사가 되었다. 명성황후가 시해당하자 통분함을 못 이겨 음독자결을 기도했으나 뜻을 이루지 못하고, 을사늑약이 강제되자 음독 자결하였다. 사후 승정대부 참정대신에 증직되었다.

정승 조병세

대신이 국난에 죽음을 택한 것은
뭇 관료의 순국과는 또 다르다네
우르르 쾅쾅 대지를 뒤흔드니
마치 산악이 무너지는 듯 하네
성조에서 원립爰立(재상으로 삼는다는 뜻) 한 일 많았으니
아래로는 심씨, 이씨, 윤씨가 있었다네
공께서 대원臺垣(감찰기능의 사헌부)에 처하셨을 때
명망이 그다지 높지는 않았더니
한 번 황각黃閣(영의정 이하의 정승)에 오른 뒤로는
강직하게 충언을 모두 토로하였네
대전에 올라서는 늠름한 풍채였고
악인을 처벌할 땐 서리와 '새매'(초목을 얼려죽이는 서릿발, 악인을 처벌하는 사헌부의 관헌)였지만
어찌할거나, 한 명의 송나라 설거주薛居州(훌륭한 선비)인걸
진괘의 세 번 낮에 접견함(임금이 하루 세 번 신하를 접견함)은 점차 뜸해졌네

양강楊江(경기고 가평 일대)의 구비에서 소요하면서

양쪽 귀밑머리 기우로 희어졌나니

흥인문 안으로 다시 들어왔을 때는

중서 성 벼슬에 연연해서가 아니라네

늙은 신하가 달리 무엇을 바라리오

종사의 맥 약하게나마 부지코자 했던 게지

가슴 치며 한 자의 상소를 올려 보지만

손가락만 깨물 뿐, 한 치의 칼도 없었네

마침내 아편을 떼서 삼키고

호연히 운명을 순리대로 받아들였네

세상에 혁혁한 충익공忠翼公의 후예로서

저승에서 뵙더라도 부끄럽지 않겠네

인생에서 중요한 건 말년의 범절이니

이룩한 것 지키기 참으로 어렵다네

장송이야 본래 울퉁불퉁하지만

관솔 향기는 천년토록 전한다네.

조병세趙秉世(1827~1905)는 중광 문과에 급제하고 대사헌·이조판서·좌의정 등을 지냈다. 동학혁명, 청일전쟁, 갑오개혁 등으로 나라가 혼란하고 일제의 침략이 가시화되자 관직에서 물러나 가평에서 은거하였다.

다시 왕의 부름을 받고 중추원 의장과 의정부 의장을 역임하고 특진관에 임명되어 1896년 '폐정개혁안'을 상소하였다. 을사늑약이 체결되자 백관과 함께 입궐하여 조약의 무효화와 을사오적의 처형 등을 주장하다가, 일본 헌병에 의해 강제로 고향으로 옮겨갔는데 도중에 음독, 12월 1일(음) 숨졌다.

살아 있는 최익현에 격려의 글

판서 최익현

그 옛날 왕염오 王炎五 (송나라의 절의지사) 라는 사람은

살아 있는 문신국 文信國 (송나라의 애국자 문천상)을 제사 지냈지

염오더러 맹랑한 사람이라 못할지니

사람을 아낀다면 참으로 덕을 권해야지

올곧기도 하여라, 저 최 상서여

일양 陽이 잠식되는 때(군자가 소인, 임금이 신하에게 핍박을 당

한 때)를 만나니

바른 언론은 대궐을 놀라게 하고

높은 명망은 팔도를 숙연케 했네

향리에 폐고 廢錮 됨도 불사하였고

먼 곳에 유배됨도 겁내지 않았네

견줄 데 없는 산두 山斗 (태산북두의 준말) 같은 의표여

이제 어느 길을 택하려 하는가

소식이 서쪽에서 들려왔는데

한 자의 상소가 곧기가 화살 같네

하지만 천백 통의 상소를 올려 본들

종이와 먹만 낭비하는 것일 뿐이라네

기다리는 바가 있어서라고 핑계해도

어긋나기 쉬울 뿐, 때를 얻기는 어려우리

주뇌周雷(명나라 말기의 충신 주표와 뇌연조)의 옥사를 보지 못
했는가

참소하는 무리가 교묘하게 얽었었지

송나라에는 강고심江古心(송나라의 학자·정치인)이 있었으니

나라가 망하도록 기다리지 않아

천년토록 그 안색이 늠름하였네

인물이 어쩌면 이리도 적은지

장대한 기상이 날마다 사그라드네

원컨대, 공께서는 어서 자애自愛(스스로의 명예를 실추시키지
말고 자결하라는 의미)하시어 소자의 의혹을 조금이라도 풀어주
소서.

면암 최익현(1833~1906)은 정시 문과에 급제하여 대원군의
실정을 상소하여 그의 실각에 결정적인 계기를 만들고, 정부가
일본과 통상조약을 체결하려하자 격렬한 반대 상소를 올렸으
며, 을사늑약이 체결되자 74세의 고령으로 태인·순창에서 의병
을 일으켰다.

매천은 최익현을 무척 존경하여 결사항전을 기대하며 「오애
시」에서 그를 기렸다.

평생의 지우 이건창을 기리다

참판 이건창

북두성은 참으로 밝기도 한데

모진 바람이 하늘을 뒤흔들었네

어두운 밤 저 하늘의 광한전에선

백신들이 계단 아래서 하직하였네

규성奎星(문장을 주관하는 별) 만은 홀로 떠나가지 않았으니

관과 패옥 어찌 그리 수려한지

인간 세상 굽어보며 조문하니

쭉정이들 뉘와 함께 쓸어버릴까

어려서부터 순국할 뜻을 지녔거늘

애석하다, 그런 때를 만나지 못하였네

늠름하게 거듭 슬퍼할 만 하네

공이 죽은 지 십 년도 안 되어

아아, 만사가 장난처럼 되었네

좁은 저택 호시탐탐 노리다가

파괴시켜 버린 것은 뭇 아이들 때문이네

조종 이래로 오백 년 역사 동안

훌륭한 교화가 뼛속까지 배었었지

몸을 바친 자들을 하나하나 살펴보면

대부분 평소에 기대 않던 이들이었네

이들조차 오히려 그렇게 하였거늘

하물며 빙상氷霜(어름과 서리) 같은 자질 지닌 공임에랴

절의와 문장으로 따지자면

마음에 가득 차서 찬란하게 빛났네

죽은 뒤에도 임금을 호위하여

위태할 때 거의 지탱할 듯 하였네

내 어찌 좋은 말로 아부하는 것이랴

공을 제대로 모를까 늘 두려웠네

조정에는 올바른 선비가 없으니

세도는 나날이 낮아만 가네

동경에 이두李杜(동경은 후한의 수도 낙양, 이두는 후한 때의 명신인 이응과 두밀)가 있었더라면

'구정九鼎을 선뜻 옮겨가지'(남의 나라를 침략, 국권을 빼앗음) 못했으리

저 강도江島(강화도)의 한강물 보노라면

어떻게 그립지 않을 수 있으랴.

앞 장에서 설명한 대로 이건창은 매천의 지우 중의 한 사람으로 1896년 해주 관찰사에 제수되었으나 극구 사양하다가 고군산도로 세 번째 유배되었다가 2개월 후 풀려났다. 그 뒤 향리인 강화도에 내려가서 서울과는 발길을 끊고 지내다가 1898년 47세로 세상을 떠났다. 그의 저서 『당의통략黨議通略』은 파당을 초월한 명저로 높이 평가된다.

무명의 군병을 기리다

매천은 「오애시」에서 다섯 명의 절사節士를 추모한데 이어 군병 김봉학金奉鶴이 자결한 일을 기록하였다. 평양진위대 출신인 김봉학은 군대가 해산되고 을사늑약이 체결되자 군인으로서 이를 막지 못한 것을 개탄하며 아편을 먹고 자결하였다. 김봉학金奉學과 동일인이다.

군병 김봉학 자결

묻노라, 오늘의 김봉학이

옛날 이사룡李士龍(조선 중기의 군인)에 비해 어떠한가

볼 것 없는 일개 군졸이면서

정기는 기자箕子의 나라에 가득하였네

이 나라 천지가 양구陽九(횡액을 만나는 것)에 들어

을사년 겨울(을사늑약 체결)에 운이 다했네

사대부가 순국함은 당연한 직분이지만

정작 난리 당하면 어수선한 법이지

그나마 두세 분이 있어서

강개하면서 미봉할 수 있었네

주인이나 물어 대는 그 나머지 무리들은

눈썹을 꿈틀꿈틀 아주 때를 만났다네

만약 전토를 내릴 수 있다면

온 조정 모두가 환공驩公(요 임금 때 대표적 악인인 환도와 공공)

의 신세 이리라

열사는 관서에서 징발되어 올라와

눈 맞으며 궁궐 담을 순찰하였지

한번 휘파람에 새와 짐승이 숨어 버리니

누가 그 기류의 종적 막을 수 있으랴

어쩌랴, 일신에 가득한 피가

노여움에 용솟음쳐 가슴을 채웠네

성에 부딪혀 그 투구가 깨지고

바위를 찍어 그 검의 이가 빠졌네

하늘의 조물주가 굽어보신다면

참담하여 낯빛이 말이 아니리라

전생에서 보자면 당위_{唐衛}(송나라 말기의 절사) 아무개요

후생에 보자면 시전_{施全}(송나라 때의 군사)이 그가 아니랴

영령께서 술을 드실 수 있다면

내 마땅히 천 잔의 술 바치오리다.

15장

망명 접고
의열사들 기려

김택영의 망명 동행 서한 받았으나

선비들에게 을사늑약 체결은 사실상 국권의 상실로 인식되었다. 이것은 매천도 다르지 않았다. 의병을 조직하거나 해외 망명을 결행하는 선비 지식인들이 적지 않았다. 매천이 마땅한 행로行路를 찾지 못한 채 번민하고 있던 1906년 늦은 봄, 창강 김택영으로부터 한 통의 편지를 받았다.

> 새해가 오니, 자못 만리 밖에 대한 그리움이 생깁니다. 만약 하늘의 영험함을 빌어 소주蘇州와 절강浙江의 사이에서 노년을 마칠 수 있다면, 그래도 섬나라 아이들의 노예가 되는 것보다는 낫지 않겠습니까.
> 노형께서 이 소식을 들으신다면 또한 의당 선선히 거행하실 것입니다. 다만 우리들은 모두 병약한 사람들이라, 이런 것을 준비하는 일이 어찌 쉽기만 하겠습니까?[1]

창강이 중국 망명을 준비하면서 매천과 동행할 의사를 묻는 내용이 매천의 글에 그대로 남아 있다. 창강은 1908년 중국으로 망명하여 양자강 하류 남통南通에서 중국 진보적 지식인들의 협조로 출판소의 일을 보면서 생계를 유지하였다.

중국에서 망명 생활을 시작한 창강은 중국의 대표적인 계몽 사상가 양계초梁啓超·장병린章炳麟 등과 교유하는 한편 『한국 소사韓國小史』·『한사경韓史綮』·『교정삼국사기校正 三國史記』 등을 저술하고, 망국의 한을 담은 「오호부嗚呼賦」를 짓기도 하였다.

창강의 망명 제의를 받은 매천은 당연히 함께할 뜻이었다. 하지만 주변 사정은 그를 국내에 주저 앉혔다.

> 나는 편지를 잡고 탄식하면서 마침내 집안사람들에게 고하지 않고 몰래 여비를 마련하여, 가을이 오면 북쪽으로 올라가 보려고 하였다. 그러다가 6월 초에 갑자기 종가의 종질이 죽었는데, 종질은 본래 혈혈단신으로 가까운 친족이 없었으므로, 그 자식과 과수가 나에게 생활을 의지할 수밖에 없었다. 그로 인해 떠나려던 계획은 절로 취소되었다.
>
> 그러나 창강이 실행할지에 대해서는 크게 믿지 못했었는데, 해가 장차 저물어 갈 즈음에 어떤 사람이 서울에서 와서 내게 말하기를, "만리 물결을 헤치는 것에도 운명이 있는가." 하였다. 그러나 창강이 실행할지에 대해서는 크게 믿지 못했었는데, 해가 장차 저물어 갈 즈음에 어떤 사람이 서울에서 와서 내게 말하기를, "창강과 더불어 왕래한 지가 거의 반년이 되어 가는데, 언젠가 열흘 정도 보이지 않아, 하루는 가 보았더니, 집주인이 바뀌어 있었습니다. 그에게 물어보았더니, 이미 온 가족이 상해로 떠났다고 하였습니다." 하였다.[2]

매천은 평생의 지우 창강의 망명 소식을 듣고, 뒤따르지 못한 자신의 처지를 '지렁이와 황곡黃鵠의 차이'라고 표현하였다. '황곡'이란 속세를 벗어나 은거하는 높은 재주를 가진 현사賢士에 비유하는 말이다. 매천은 자신을 좁은 땅에 처박힌 지렁이, 창강을 현사에 빗댄 것이다.

매천은 창강의 망명 사실을 확인하고는, "하루는 눈이 내려 수북하게 문을 덮은지라, 장가長歌 한 편을 엮어서 향을 사른 뒤 서쪽을 향해 읽음으로써, 만리 밖 정운停雲의 그리움을 나타내었다."고 썼다. 여기에 '정운'은 '뭉쳐서 흩어지지 않는 구름'을 뜻하여서, '정운의 그리움'은 멀리 있는 친한 벗을 생각할 때 쓰는 말이다.[3]

매천이 지은 '장가'의 제목은 「김창강이 이 나라를 떠났다는 소식을 듣고 짓다」이다.

어려서부터 중국을 꿈꾸었는데
백발에 항아리 속 초파리 신세일세
때때로 서책 속에 또렷하게 남았으니
오·초·진 언덕을 누워서 상상하네
흥이 일면 황곡 따라 가보려 해도
구름바다 망망하여 실행할 수 없네
창강의 몸 늙었어도 재주는 여전하니
필력 원천 호탕하여 강물처럼 일렁이네
해진 선관蟬冠(초선관-김택영이 조선에서 벼슬을 한 것을 비유)
에 작은 나귀를 타고
십년 세월 쓸쓸히 서국에서 봄직했네
한강물은 들끓고 남산은 무너지니

256

온 천하가 흙먼지 속에 좌임左衽(오랑캐로 전락한 것) 함이 아프네

 묘당의 벼슬아치들 모두 코뚜레가 꿰어

 끌채에 묶인 채 채찍에도 움직이지 않네

 안목 갖춘 그대만이 기미에 밝아

 죽으려도 길이 없고 살아도 소용없자

 홀연히 잘 드는 칼로 오송吳淞을 잘랐으니(오송은 상해와 소주 사이의 오송강, 여기서는 김택영이 오송강 지역으로는 망명한 것을 의미)

 옷도 못 가누는 몸이 큰 용기를 과시했네

 구름 돛배는 사라지며 두우斗牛(북방에 해당하는 별) 사이를 비추는데

 행색 갖춰 훌쩍 처와 딸과 함께했네

 진선眞仙 찾아 봉래도蓬萊島(신선이 산다는 전설상의 섬)로 간 것도 아니요

 세상 피해 도원동挑源洞(전설상의 낙원인 무릉도원)으로 간 것도 아니라네

 예순 살 먹어 고단한 신세

 구구하게 유종遺種(남은 종자, 망한 나라 유민)되길 바란 것도 아니라네

 살아서는 서대西臺(송나라 단종 때의 절사 사고의 유적지)의 가을을 통곡할 것이요

 죽어서는 요리총要離塚(춘추시대 오나라의 의기 높은 자객의 무덤)에 뼈를 묻을 것이라

 상해의 동남쪽 하늘 끝 머리지만

산천은 한·당·송과 다를 게 없을 테니

황포의 물 출렁일 때 안개 속 갈매기는 춤을 추며

현묘의 꽃 무더기에는 향기로운 눈이 덮였으리

조각에 짧은 노 저어 우공寓公(제후가 나라 잃고 타국에 기식함)
이 되긴 했지만

닿는 곳의 좋은 경치에 시인이 어깨 들썩였으리

강수와 한수 남쪽은 옛날 그대로일 터

신렵한 땅이라 영준한 인재 많겠지만

주흥에 붓을 놀려 강남을 읊을 때면

우리 동국의 봉황 같은 문장을 보게 되리라.[4]

10명의 절사 병풍에 그려놓고

매천은 해외 망명도 실행하지 못하고, 나라는 더욱 기울어져
가는 참담한 상황에서 울분을 새기며 세월을 보낼 수밖에 없었
다. 그리고 「제병화십절題幷畵十節」 10수를 지어 충절의 의지를
담았다. "오직 이런 난세에 처해서 깨끗하고 굳은 기개를 지켜
나가겠다는 자세를 내면적으로 가다듬는다. 1906년 57세 때에
도연명·고염무와 같은 인류역사상 고결한 인물들의 삶의 모습
을 그린 10면의 화폭에다 자작시로 제題하고 있는데, 이는 어지
러운 세상을 만나 옛사람들처럼 더욱 양심적으로 살아가겠다
는 결단을 보인 것이었다."[5]

매천이 선정한 절사 10명의 「병풍 그림에 제하다 절구 10수」
를 차례로 소개한다. 『매천집』 3권에서 인용하였다.

옥사신에서 약초를 캐다-매복

매복梅福은 한나라 때의 고사高士이다. 벼슬을 버리고 향리로 돌아갔다. 그뒤 왕망王莽이 한나라를 찬탈하자, 성명을 바꾸고 오나라 성城의 문을 지키는 병졸이 되었다.

포탁抱柝(지위가 낮은 관리)으로 세월을 보낸 것 슬프게 노래하니 묻노라, 명산의 약초는 캐서 무엇하려는가
창포에는 수명 연장 효과가 있으니
유종劉宗(유씨 성을 가진 한나라의 종통)이 재기함을 보려함인가.

요동에서 의자를 뚫다-관녕

관녕管寧은 삼국시대 위나라 사람으로 한나라 말기 황건적의 난 때에 요동으로 피난을 갔을 때, 따르는 자가 매우 많고 그의 덕화에 감화되어 송사하는 사람이 없었다. 난이 평정되어 본국으로 돌아갔는데 조정에서 누차 불렀으나 나아가지 않고 학문에만 열중하였다.

요동 서리에 백발 된 채 동경(낙양)으로 오니
광풍 부는 사해에서 홀로 깨끗했네
수선대受禪臺(위나라 왕 조비가 한나라 원제로부터 황제 자리를 물려받았던 곳) 앞에는 봄풀이 푸른데
천추토록 한나라 공경(관녕의 친구, 어릴 적부터 막역한 사이였으나, 함께 글을 읽다가 고관의 행차를 구경가는 것을 보고 절교)을 부끄럽게 하였네.

고향의 순챗국과 농어회-장한

장한張翰은 진晉 나라의 고사로서 대사마人司馬가 되어 조정에 있다가 가을이 되어 고향의 순챗국과 농어회가 그리워지자 "인생은 자기 뜻에 맞게 사는 것이 중요한데, 어찌 수천 리 밖에서 벼슬이나 하면서 명예와 작위를 구하겠는가." 하며, 벼슬을 버리고 고향으로 돌아갔다.

가시밭 속 구리 낙타(진나라 사람 색정은 선견지명이 있어서 장차 천하가 어지러워질 것을 알고 진나라의 서울인 낙양 궁궐 문 앞에 있는 구리로 만든 낙타를 보면서 말하기를 "네가 결국에는 가시밭 속에 있는 꼴을 보겠구나." 하였다고 한다). 서풍에 암담한데
    섬나라에 나는 기러기를 끝없이 바라보네
    달빛 아래 한 폭의 돛 천리를 가는데
    지금도 가을빛은 강동에 가득하리.

거친 샛길의 솔과 국화-도잠

도잠陶潛은 진晉 나라 때의 시인 도연명이다. 진나라가 망하고 송나라가 건국되었을 때 절의를 지켜 은거하면서 벼슬길을 포기하였다. 유독 국화를 좋아하여 '국화시인'으로도 불렸다.

    솔 한 그루, 버들 다섯 그루 한창 푸른데
    천고에 상심하여 술 노래를 불렀네
    묻노라, 당시의 왕사王謝(동진의 대표적인 귀족으로 승상을 지낸 왕도와 사안)의 무리여
    진나라 재상 자리 누가 대단하다더냐.

왕관곡에서 홀을 떨어뜨리다-사공도

사공도司空圖는 당나라의 시인으로 벼슬을 버리고 왕곡관에 은거하면서 조정에서 누차에 걸쳐 불렀으나 거부하다가 거듭 부르자 나오게 되었는데, 일부러 노쇠한 것처럼 보이기 위해 홀을 땅에 떨어뜨리니, 실망하여 그를 다시 돌려보냈다.

세 가지 의휴宜休(세 가지 마땅히 물러나야 할 이유)에 만사가
한가하니 시를 품평한 것은 당시에 회자되었지
  중년에 묘역 조성 어찌 그리 빨랐던고
  당가의 지상산地上山(상공도가 빨리 묘소를 준비한 것은 당나라가
망하기 전에 당나라 땅에 묻히고 싶어서였다)을 사랑해서 였다네.

형남의 물가에서 소를 타다-양진

양진梁震은 당나라 말기 5대五代 때 형남荊南의 재사였다. 진사에 급제하고, 후량後梁이 당나라를 대신한 뒤에는 주전충朱全忠을 도웁기를 원치 않아 고향으로 돌아갔다. 형남의 실권자 고계흥의 강압에 의해 그를 도왔으나 그가 주는 관직은 받지 않고 늘 자신을 '전前 진사'라고 불렀다.

망국에는 먼저 사대부를 망치는 법
양나라 조정에서 춤추는 이들 반이 최노崔盧(위진 시대부터
당대까지 세도를 누린 산동의 최씨와 노씨)
  형남의 진사는 머리가 눈처럼 희어
  느긋하게 봄강을 바라보며 감귤을 심었네.

하간의 교수(河間의 敎授)-가현옹

가현옹家鉉翁은 단경전학사를 지낼 때 원나라의 대군이 밀려들어오자 승상 오견과 가여경 등이 수령들에게 격문을 보내 항복하게 하였는데, 그는 끝내 항복문서에 서명하지 않았다. 얼마 후에 원나라에 사신으로 갔다가 억류되었으며, 그곳에서 고국이 망했다는 소식을 듣고 여러 날 동안 음식을 끊었다. 훗날 석방되어 고향으로 돌아와 제자들을 길렀다.

문산文山(문천상)은 돌아오지 못하고 첩산疊山(송나라 말엽의 문장가이자 우국지사)은 죽었으니

노인네, 무슨 마음으로 고향을 그리는가

해마다 민산 아미산 봄눈 녹은 물에

누가 신하의 눈물 보태 전단강에 이르게 하였는가.

서대에서 통곡하다-사고謝翱

바람 세찬 추운 강가 지는 낙엽 애달픔에

저녁이라 조각배를 자릉대에 정박하네

망망한 난세에는 사는 것이 고역이니

늙고 하늘 거친데(시간이 매우 오래 지났다는 뜻) 홀로 오고 가네.

정림이 책을 싣다-고염무

고염무顧炎武는 명나라 말기, 청나라 초기의 사상가로서 양명학이 공리공론을 일삼는 데 환멸을 느끼고 경세치용의 실학에 뜻을 두었다. 명나라가 망할 즈음 의용군에 참가하여 만주족에 저항하였으나 실패하고, 청나라가 건국한 뒤에는 죽을 때

까지 출사하지 않았다. 그리고 경학·사학·문학 각 분야에 걸쳐 방대한 저서를 남겼다.

　천 권의 도서를 한 수레에 싣고
　만리를 횡행하며 안주할 곳 찾았네
　유민은 늙도록 근심이 없었으니
　청인들 신복하여 법망이 느슨했네.

취미결사翠微結社 - 위희

위희魏禧는 명말 청초의 문장가로서, 명나라 말기 관리였으나, 명이 망하자 벼슬에 뜻을 접고 시골에 은거하면서 제자들을 가르쳤다.

　쇠줄 늘어진 무지개 기상일세
　역당의 제자들 무지개 기상일세
　비로소 알겠네, 빙숙冰叔(위희의 호)의 중후한 필력
　절의에 젖어서 단견된 것이란걸.

면암 최익현을 기리다

매천의 학문적인 스승은 연암 박지원과 다산 정약용, 화서 이항로 등이다. 다산에 대해서는 앞에서 인용했거니와, 연암의 경우 김택영이 편찬한『연암속집燕巖續集』에 발문을 쓸 정도였다.

김택영과 이건창·이건방 등이 사우 또는 벗의 관계였다면 면암 최익현(1833~1906)은 연령으로 22세 앞서는 스승 또는 외우畏友였다. 면암이 대원군을 탄핵하는 상소를 올릴 때부터 매천은 그를 사숙하게 되었다.

어느 해인가 정확한 기록은 없으나, 면암이 남쪽지방으로 유람할 때 매천의 거처를 찾아왔다고 한다. 그리고 문하생을 통해 매천을 불러 "심오하는 글로 격문을 짓도록 했는데 사용하지 않았다"고 한다.[6] 이 같은 사실은 「곡 면암선생」에도 언급되었다.

1905년 을사늑약이 체결되자 면암은 전북 태인에서 의병을 일으켜 관군·일본군과 싸웠으나 패전하고, 피체되어 쓰시마(대마도)에 유배되었다.

그곳에서 원수의 음식을 먹을 수 없다면서 단식을 결행하다가 1906년 11월 5일 76세를 일기로 그곳에서 순국하였다. 단식으로 쇠약해진 상태에서 병사한 것이다. 그달 21일 운구가 부산항에 도착하자 전국의 유림과 백성 수만 명이 찾아와 호곡하며 유해를 맞았다. 매천도 구례에서 부산까지 달려가 만사를 짓고 노애국지사의 충절을 기렸다.

면암 선생을 곡하다哭 勉菴 先生

어린 나이에 벽계(경기도 양평군 세종면에 있는 마을, 화서 이항로의 고향)의 문하에 들어

남의 집 불을 끄니 벼슬 홀연 높아졌네

정씨의 삼혼(程氏의 三魂)(정씨는 송나라 때의 유학자인 정이천·정이천, 삼혼은 이들의 제자 3인을 말함)은 조정趙鼎(남송의 문장가)을 높이치고 고정考亭(송나라 유학자 주희)의 일맥은 희원希元(송

264

나라 유학자 진덕수)에게 힘입었네

　문장은 경륜의 사업에서 벗어나지 않았고

　명절은 원래부터 도학의 근원을 따랐네

　재상으로나 유림으로나 대미에 해당함은

　해동땅 천추토록 변함없는 공론이니

　의병의 북소리 그치자 피비血雨가 영롱한데

　외로운 신하는 담소하며 운명을 결정짓네

　부심하며 만리 밖에서 남관南冠(초나라 문관으로 타국 감옥에 있는 사람)을 매시니

　십년을 손꼽으며 적석赤舄(정부의 고관)이 돌아오길 기다렸네

　바다 밖 세월은 찾아오는 기러기도 적고

　하늘가 소식은 자는 별이 차네

　초혼招魂하려 높은 곳에 올라 바라보지 마라

　대마도 푸른 산 지겹도록 보았다네

　홀연 해가 떨어지고 바다는 망망한데

　눈 속 움막(타국에 갇혀 있다는 의미)에서 만 길 무지개 뻗쳤네

　죽으면 응당 여귀厲鬼 되길 기약했으리니

　하늘은 어째서 영광靈光(한나라 때의 영광전)으로 남겨 두지 않았나

　동타가 땅에 쓰러지니 조각달이 서늘하네

　고국에 산 있어도 빈 그림자만 푸르니

　가련타 뼈 묻을 곳 어디뇨.[7] (3, 4장 생략)

또한 매천은 면암의 기일을 맞아 「면암 최 선생 제문」을 지어

높은 뜻을 기렸다. 장문의 제문에서 몇 대목을 뽑았다.

아아, 하늘이 군자에 대해서는 어찌 재앙을 한결 같이 내린
단 말입니까. 훌륭한 임금과 좋은 시대를 만나 부귀를 이루고
영화롭게 살면서 태평 안락의 홍복을 누린 사람은, 고금을 다
살펴보아도 몇 사람이 되지 않습니다.

반면에 나라와 정국이 혼란하고 불안한 시대에 처하여 간신
이나 적국이 좋아할만큼 온갖 고통과 좌절을 겪으면서도 종종
나라를 위해 기꺼이 목숨을 내던지는 사람은 계속 이어져 내려
왔습니다. 이로 볼 때 이른바 '선한 사람은 복 받고 악한 사람은
벌 받는다福善禍淫'라는 말은 어찌 거짓으로 만든 빈말에 불과
한 것이 아니겠습니까.

아아, 우리 선생은 대의大義를 바르게 펴고 정도正道를 밝히
는 학문으로, 몸을 돌보지 않고 나라를 위해 죽겠다는 뜻을 품
고서, 영해嶺海를 안방처럼 여기며 귀양을 갔고, 형벌을 받기를
마치 기갈이 들린 듯 기꺼워하였으니, 반세기 동안 단 하루도
조정에서 그 일신을 편안히 한 적이 없었습니다.

나라가 위기에 처하여 대의의 깃발을 내걸고 의병을 일으킬
때에는, 강한 적은 안중에도 없이 오직 임금만을 생각하였고,
생사는 돌보지 않은 채 오직 강상만을 생각하였습니다. 그러다
가 인仁을 이루고 의義를 취하자, 일찌감치 웃음을 머금고 무덤
으로 들어가셨습니다. 비록 그렇게 하셨지만 세상에는 다시 선
생이 안계시니, 나라는 폐허가 되려 하고 있고 백성은 사그라지
려 하고 있습니다. 하늘이 만약 선생을 시켜 천하를 바로 세우

려 한 것이 끝내 이 정도에서 그친다면 선생의 죽음이 어찌 슬프지 않겠습니까.

저는 우둔하고 비루하여 반평생을 사는 동안 선생을 스승으로 모시려던 바람을 이루지 못하였지만, 도중에 객사에서 만나 뵙기를 청했을 때 기꺼이 만나 주시는 영광을 얻었는데, 그 일을 아직도 기억하고 있습니다.

게다가 중간에 다시 졸렬한 솜씨나마 글을 올린 인연이 있어 유명幽明 간에 향香을 올려 흠앙의 마음을 표합니다만, 소자의 광간狂簡함은 영영 마름질을 받을 데가 없어지고 말았으니 안타까울 뿐입니다.

선생의 죽음은 천년의 공론公論('복선화음'의 뜻)을 상고해 볼 때 모든 이들이 뜨거운 눈물을 흘릴 것입니다. 아득한 고금의 일들을 생각하면서 한 잔 술을 올리는 바이니, 공께서는 부디 흠향하소서.[8]

16장

'매천야록'에
의병전쟁
소상히 기록

의병전쟁으로 병탄 10년 이상 지연돼

조선왕조의 멸망과정은 세계 어느 나라의 망국사에 비교하여 무능하고 비열하기 그지없다. 고종과 순종은 말할 것도 없거니와 왕족과 고관대작 중에 국권을 지키고 침략자들과 싸운 인물이 기의 없었다.

일부 학자 중에는 고종을 '개명군주'라 하여 치켜세우지만, 그는 40여 년간 집권하면서 국가안위와 국정개혁을 이끌지 못하고 결국 망국의 길을 튼 '망국군주'가 되었다. '양위' 또한 일본의 압력에 의한 것이었다. 1897년(고종 34)에 광무개혁을 단행했으나 황제칭호, 독자적인 연호사용 등 외양에 그치고 내부개혁은 크게 미치지 못했다.

고종은 일제의 을사늑약 강제에 죽을 각오로 맞서지 못하고 대신들에게 책임을 떠넘기는 비열한 모습을 보였다. 헤이그 특사 파견과 일부 의병장에게 밀지를 보내는 등 나름의 '왕권수호'에 역할을 하지 않는 바는 아니었지만, 국왕 → 황제의 권력과 위치에서 볼 때 아주 미흡하고 소극적이었다.

동학농민혁명과 만민공동회 등에서 보이듯이, 이미 사회구조의 하층에서부터 변혁과 국정개혁의 용트림이 일기 시작했고,

위정척사파와 개화파가 방법은 달랐으나 보국안민의 목표는 일치하여 고종에게 국정개혁을 압박했으나 그는 끝내 민중의 역량을 결집하지 못하고 '망국군주'가 되었다.

고종은 1882년 임오군란 때 청군을 불러들이고, 1894년 동학농민혁명 때 다시 청군을 불러들임으로써 일본군 출병의 명분을 주었다. 청·일전쟁에서 승리한 일본이 시모노세키(하관) 조약으로 맺은 조선반도 '공동출병' 등을 까맣게 몰랐던 것이다. 그래서 한나 아렌트의 말처럼 "무능한 지도자는 범죄자"이다.

고려 후기 최씨 무단정권은 사병으로 좌별초·우별초·신의군(삼별초)을 통해 항몽전투라도 수행했지만, 고종과 순종은 1907년 정미 7조약으로 일제가 한국군대를 해산시키는 일에 동의하여, 군대가 없는 허수아비 국가를 만들었다. 자고로 군사주권이 없거나 이를 행사하지 못하는 나라는 식민지일 뿐이다.

1894년 동학농민혁명 진압의 명분으로 들어온 일본군이 1910년 국치에 이르는 17년 동안 관군은 일본군을 도와 제 백성, 동학군과 의병 20~30만 명을 학살하는 데 역할을 했을 뿐 외적과 싸운 적은 한 번도 없었다. 군대해산 후 일부 군인들이 의병에 참가한 것은 관군이 아닌 의병이었다.

제1차 의병전쟁은 위정척사계열의 선비들이 주도하였지만, 제2차, 제3차 의병전쟁은 민중들이 중심이 되었다. 억압과 수탈의 대상이었던 백성들은 막상 나라가 위기에 처하자 죽창이라도 들고 나섰고, 고관대작 벼슬아치들은 왜적에 투항하거나, 줄 대기에 밤낮을 가리지 않았다. 병탄 후에는 왕족과 정부대신 72명이 일제의 훈작을 받고 각종 이권에 눈이 멀었다.

우리나라의 의병은 삼국시대로부터 외적과 싸운 오랜 역사

를 간직하고 있다. 박은식은 『한국독립운동지혈사』에서 의병이
란 바로 우리 민족국가의 정수精粹라고 표현하였다. 그에 따르
면 일제와 싸우다 희생된 우리 의병이 15만 명으로 추산된다고
하였다.

일본이 1894년 한국에 군대를 파병하고 1895년 명성황후를
시해하는 등 강도짓을 하면서 1910년까지 17년 동안 병탄이
늦어진 것은 전국 각지에서 봉기한 의병의 저항 때문이었다.

당시 일본은 해양세력인 영·일동맹으로 영국, 카츠라·태
프트 밀약으로 미국과 각각 동맹관계를 맺고, 대륙세력은
1894~1895년 청·일전쟁, 1904~1905년 러·일전쟁에서 각각
승리한 세계적인 군사강국이었다.

일본은 청·일전쟁에시 요동반도와 대만(타이완)·팽호섬을 할
양받고, 러·일전쟁으로 중국 여순의 조차와 남만주의 이권을
쟁취하였다. 그런 일본이 한국을 손쉽게 병탄하지 못한 것은
순전히 의병들의 저항 때문이었다.

일제는 정규 병력 2개사단 이상의 병력을 한국에 투입하면서
8년 간(군대해산 후) 한국에서 전쟁을 계속했다.

일본의 침략자들로서는 청·일전쟁이나 러·일전쟁보다 훨씬
더 지루하고 괴로운 의병과의 전쟁을 한국에서 치러야 했던 것
이다. 그들은 이 끝없는 한·일전쟁으로 한국 병합의 시기를 미
루지 않을 수 없었고, 또 무력으로 병합하고 무단으로 통치하
지 않을 수 없는 궁지에 몰렸던 것이다.

혹자는 의병전쟁이 승리로 끝나지 않았다는 결과를 가지고
낮게 평가하고 있는데, 이것은 큰 잘못이다. 의병 자신이 승패
를 가리지 않고, 즉 패배를 각오하고 싸움터로 나갔다고 해서만

그런 것이 아니다. 의병이야말로 반세기 독립운동의 도화선이 되었기 때문에 그렇다는 것이다.[1]

안중근이 대한의군 참모중장의 자격으로 한국 침략의 원흉 이토 히로부미를 처단한 것은 의병전쟁의 최대 성과였다. 또 일제가 호시탐탐 틈을 노리면서도 한국 병탄을 10년 이상 지체한 것은 전국 각지의 의병전쟁 때문이었다.

의병, 국권수호의 항쟁으로 인식

동학농민혁명에 비판적이었던 매천이 의병에 대해서는 지극히 호의적이었다. 그는 동학혁명은 반체제운동의 반역 행위로 인식한 데 비해 의병은 국권수호운동으로 받아들였다. 을사늑약으로 외교권이 강탈당하고 통감부가 설치되는 등 대한제국이 사실상 붕괴되어 가는 시점에서 의병투쟁을 유일한 구국항쟁으로 인식한 것이다.

매천은 1908년 이후에는 『매천야록』에 의병들의 전황을 상세히 보고하는 「의보義報」를 매월 따로 게재하고 있다. 1909년 이후에 와서는 『매천야록』은 민족반역자에 대한 비판과 일제의 침략과정 폭로, 의사들의 활동에 대한 기사를 제외하고는 거의 대부분의 지면을 의병투쟁에 할애하고 있어 의병운동사라 해도 과언이 아닐 정도이다.[2]

매천은 해외 망명이 좌절되고 그렇다고 직접 의병에 나서지는 않았다. 누구 못지않게 구국일념이 강했던 그가 의병을 일으키거나 참여하지 않은 것은 여전히 의문이다. 그는 1910년 자결을 하면서 쓴 『절명시』에서 "송나라 진동처럼 의병을 일으키지 못한 것이 부끄럽도다."라고 회한을 남겼다.

1906~1909년까지 호남지역의 의병투쟁이 격렬하게 전개되었다. 대부분 최익현 의병봉기의 영향이었지만, 그가 피체되어 대마도에 억류된 이후에도 기삼연의 장성 봉기를 비롯하여 광주·고창·영광·곡성·담양·임실·순창·함평·무안·나주 등 전남북 전 지역에서 크고 작은 의병운동이 전개되었다.

홍순권 교수의 『한말 호남지역 의병운동사연구』(서울대학교 출판부)의 부록 3의 「'남한대토벌' 기간 중 체포. 살육당했거나 자수한 의병 지도층 일람표」에 따르면 103명의 의병(대표자) 성명과 부하 수, 봉기지역 등이 구체적으로 적시되었다. 타 지역보다 월등히 많은 의병이 봉기한 것이다

매천이 이와 같은 사실을 모를 리 없었다. 호남지역의 의병봉기를 상세히 기술할 만큼 많은 정보를 갖고 있었다. 당시 그는 40대 중반이었다. 의열 남아였던 그는 죽창 대신 붓을 들고 의열사들의 행적을 기록으로 남겼다.

그는 '야록'의 집필을 통해 그가 산 시대사를 증언하는 작업에 골몰했다. 그의 날카로운 비판적 형안은 고뇌와 울분이 솟구칠 때마다 한층 광채를 더해갔다. 그는 1906년 이후 최익현·임병찬·신돌석·민긍호·이강년·기삼연·허위 등 의병장의 주도하에 전국 각처에서 의병운동이 치열하게 일어나자, 자신은 직접 이 역사적인 민족수호 항쟁에 뛰어들지는 못하나, '야록'을 통해 그 추이를 상세히 기록하는 것으로 자위했다.[3]

매천은 사가답게 의병 관련 기록에도 포폄을 정확히 하였다. 일부 의병들의 일탈된 행위에는 사정없이 비판하는 기록을 남겼다.

매천은 의병투쟁에 있어 그들의 한계성을 지적하고 있다. 즉 그는 1895년 을미의병에 대해 단발령에 의지하는 감정적인 차원에서 머무르고 이념이 없는 점을 비판하였고, 또 의병들이 본래의 정신에 어긋나게 오히려 민생을 피폐케 하고 관리를 협박하는 행동을 '적의모란자籍義謨亂者'라고 비난하였으며 '토비土匪'라고 부르기도 하였다.

그리고 1906년의 최익현 의병에 대해서도 그 정신적 동기는 칭찬하지만, "군대를 부리는데 익숙치 못하고 나이 또한 늙어서 일찍이 승산을 계획했던 것이 아니며, 기율없는 오합지졸과 과거 시험에 나가는 듯한 차림의 유생 종군자儒生從軍者는 총탄이 어떤 물건인지도 몰랐다."면서 그 전략적 취약점을 비판했다.[4]

한말의 의병들은 매천의 지적이 아니더라도 '총탄이 어떤 물건인지도' 몰랐다. 그것은 당연한 일이고, 의병부대가 오합지졸일 수밖에 없었던 것 또한 어쩔 수 없는 노릇이었다. 매천 또한 동시대의 유림(산림)으로써 그 시대의 한계를 벗어나기는 어려웠다. 그럼에도 의병전쟁에 대한 인식은 일반적인 산림의 인식을 크게 뛰어넘었다. 『매천야록』의 기술에서 그의 역사인식의 변천을 감지할 수 있다.

1905년 이전까지 국가질서를 문란시키고 민폐를 끼치는 의병에 대해서는 '토비'라고 까지 비판하였으나 을사조약 체결 이후에는 매천은 대내적인 문제를 초월하여 항일민족투쟁의 주체로 인식하고 있었던 것 같다. 그리하여 서술방법에 있어서도 1905년 이전에는 정부와 관군이 주어主語가 되었지만 을사 이

후에는 의병이 서술의 주어가 되었다.[5]

전국 각지의 의병봉기 기술

『매천야록』에 기술된 전국 각지의 의병봉기 기록을 소개한다.

각도에서 궐기한 의병

경기·강원·충청·경상 등 여러 도에서 의병이 크게 일어났다. 강제조약 체결 이후 온 나라가 들끓어 깃발을 세우고 저마다 왜놈을 죽이자고 내세웠다. 관동 지방에서 먼저 일어나더니 곳곳에서 향응하여 인심이 자못 떨쳐졌으나 병기도 부족하고 기율도 없어 아무리 백명·천명으로 무리를 이루었더라도 왜군 수십 명만 만나도 번번히 패해 무너지고 말았다.

혹 한두 건 요새를 점거하고 허를 찔러 참획하는 성과가 있었으나 왜군들은 자기들의 패배를 깊이 감추었으므로 의병군의 명성은 멀리 미칠 수 없었다.

경상북도 관찰사 신태후는 민간의 서당을 금지하고 신식학교를 개설하는 한편 어기는 자는 처벌하니, 사민士民들이 분개하여 성학聖學을 폐기하고 사교邪敎로 들어가게 한다고 여겨 의병에 동조하는 자가 날로 늘어났다.

오직 전라남북도는 조금 멀리 떨어져 있었던 까닭에 기맥이 서로 닿지 못해 기치를 세우고 사람들을 불러모으는 자가 없었다.[6]

민종식부터 홍주 입성

전 참판 민종식이 의병을 일으켜 홍주로 진입했다. 민종식은 판서 민영상의 아들이다. 나라의 병고를 마음 아프게 생각하여, 가산을 내어 군사를 모집하고 병기를 구입하니, 호서 서민들로 그를 따르는 자가 날로 많아졌다.

남포, 보령 등 여러 군을 습격해 병기를 수습하고 순찰하는 왜군을 잡아죽이고, 4월 20일에 홍주로 입성한 것이다. 이에 앞서 왜군들은 홍주의 성곽이 믿을만 하다고 생각하여 포병 상당수로 지키게 하고 대포 10여 문을 거처 하였는데, 모두 민종식에게 빼앗기고는 지역 별로 나누어 방어하니 성세가 심히 대단하였다.[7]

홍주 의병의 패배

윤4월, 홍주 의병이 패하여 민종식은 패주하였다. 일본군은 민종식의 의병이 강성하다는 말을 듣고 자기들 2개 중대에 우리 병사 150명을 아울러서 남하시켰다. 방금 당도한 예봉銳峰으로 곧장 홍주성을 포위하였다.

일본군이 전면에서 대열을 갖추고 있는데, 민종식 부대는 대포를 쏘아 저들 50여 명을 쓰러뜨리자 저들은 군사를 거두어 물러나 주둔하였다. 민종식이 부대를 나누어 성을 지키는데, 한 아전이 남문을 지키겠다고 자청하자 모두들 "앞장서서 입성할 사람이 사대부들이다. 아전을 참여시키다니 사람이 없는 것도 아닌데 부끄럽지 않은가?" 하고 허락하지 않았다.

그 아전은 의병들이 반드시 패할 것이라고 생각하여 그달 9일 밤에 동문을 몰래 열고 일본군을 들어오게 하였다. 캄캄한

밤중에 의병 부대는 크게 혼란스러워져서 항거하지 못하고 사방으로 흩어져 달아났다.

사망자가 60여 명, 체포된 자가 100여 명이었다. 민종식은 정예를 뽑아 포위망을 뚫고 빠져 나왔다. 홍주 10리 안쪽에는 밀과 보리가 온통 망쳐졌으니 병마兵馬에 짓밟혔기 때문이다.[8]

의병에 연좌된 유생 부인들

이건석이 구속되었다. 이때 유생 이문화·김석항·유한정·이종대·안한주·이인순·조성한이 모두 의병으로 연좌되어 사령부에 수감되었다. 이문화의 첩 한씨, 김석항의 처 박씨, 유한정의 첩 최씨, 이종대의 처 조씨, 안한주의 처 박씨, 이인순의 첩 황씨, 조성헌의 첩 허씨, 이건석의 첩 천씨는 모두 서울로 올라와 짝을 지어 의복가지를 팔아서 옥바라지를 하는데, 흐트러진 머리에 먼지 낀 얼굴로 눈물을 흘리며 다녔다.

그네들은 유혹하는 자가 혹시 있으면 단호히 거절하며 "지아비가 의리를 지켜 감옥에 갇혀 있거늘 우리는 만 번 죽을지언정 행실을 그릇되게 해서야 되겠는가?" 하였다. 이네들을 보는 사람마다 의롭게 여겼다.[9]

전국 각지의 의병봉기: 1907년

의병투쟁에 대한 1907년의 기록이다.

의병의 총 마련

양호兩湖 사이에서 의병이 크게 일어났다. 의병들은 병기가 없는 것을 근심한 나머지 민간에서 소를 빼앗아 군산항으로 가서 소 한 마리에 서양총 한 자루씩 교환하였다.

이에 연산·노성·진산·금산 등지의 들판에서 소는 자취를 감추었는데, 소 한 마리의 가격은 민전 300냥에 이르렀다.[10]

의병장 백낙구의 장렬한 전사

호남 의병장 백낙구가 왜군들과 태인에서 싸우다가 패하여 죽었다. 그는 지난해 말 광주에서 석방되었는데, 집으로 돌아가지 않고 전북 지방의 의병에 투신하였다.

왜군이 태인 들판을 습격하여, 그를 따르는 무리들이 전세가 이롭지 못한 것을 보고 그를 부축하여 도망가려 하였다. 백낙구를 탄식하며, "너희들은 가고 싶은 대로 가거라. 여기는 내가 죽을 곳이다." 하고 몸을 꼿꼿이 세우고 "백낙구 여기 있다." 하고 소리쳤다. 그는 마침내 탄환을 맞고 절명하였다.[11]

의병의 전국적인 봉기

관동·호서·영남 지방에서 의병이 크게 일어났으며, 서울 동부의 여러 고을에서도 일시에 호응하였다. 일본군은 정예병을 연달아 파견, 투입하였으나 지형에 어둡고 진퇴에 적의함을 잃었다.

의병들이 새로 일어난 기세에 부녀자들은 나무와 돌을 날라다주고, 노약자들은 술과 물을 가져와서 천리를 연결하여 험한 데를 거점으로 출몰했던 까닭에 일본군은 명령을 좇아 나가느라 피곤해 지쳐 왕왕 패전하였다.

그러나 자기들이 패배한 사실을 숨겨 우리 국민들이 알지 못하도록 하였다. 일본군으로 원주에서 죽은 자가 600여 명이었다. 전사자들을 배에 가득 실어 양근강(남한강)을 따라서 서울로 들어왔는데, 모두 4, 5척이었다. 이하는 「의병월일표義兵月日表」에 상세히 나와 있다.[12]

이완용이 의병 토벌을 일본군에게 요청

이완용은 매일 장곡천호도長谷川好道를 만나서 일본 군대를 빌려 의병을 토벌할 것을 요청하였다. 장곡천호도는 "이는 갑자기 할 수 없는 일이다. 만약 귀국 황제의 수칙을 얻어 우리 천황께 바치면 가능할 수도 있을 것이다."라고 하였다.

일본인들은 2개 사단을 한국으로 파견하자는 의논이 있었으나, 일본에 주재하는 각국 공사들은 그 일을 어렵게 여겨 "귀국은 한국에 대해 보호한다고 자임하고는 지금 군대를 보내 토벌하려 하는가?"라고 하였다. 이에 일본은 마침내 중지했던 것이다.

이후로 여러 해 동안 일본은 또한 의병으로 인해 심하게 괴롭힘을 당했지만 그들이 일거에 떨치고 나설 수 없었던 것은 이때문이었다. 장곡천호도의 대답 또한 실없이 한 말이었다.[13]

강원도의 의병활동

일본군 백여 명이 병기를 모두 스물 여덟 바리에 싣고 강원도로 향했다. 이때 강원도 지방에 의병이 날로 일어나서 수령들이 모두 달아나 관부를 비워둔 곳이 19개 군에 이르렀다. 처음 군사를 해산하자는 논의가 나왔을 때 장곡천호도는 "너무 급하게 하면 격변이 우려되며, 늦추다가는 여러 해 걸릴 것이다. 비는 인력을 보충하지 않고 이빨이 빠져나가는 것을 알지 못하는 듯 하는 것이 좋을 것이다."라고 하였다.

송병준은 말하기를 "일이 거의 마무리 되었는데, 무엇 때문에 이리 기다릴 것인가? 우리 백성들은 연약하니, 우려할 것이 없음을 보증할 수 있다."라고 하며 힘껏 주장하였다. 의병이 일어남에 이르러서는 해산한 병졸들이 사방에서 모여들어 갑자기 박멸하기 어려웠다. 일본군은 비로소 송병준을 탓하였다 한다.[14]

호남지방의 의병

전라남북도에 의병이 일어났다. 6월 이후 관동과 영남지방에서는 의병이 날로 치성하였는데 오직 호남에서만 의병이 없었기에 사람들은 호남의 부끄러움으로 여겼다. 이때에 이석용은 임실에서 기의하였고, 김태원은 함평에서, 기삼연은 장성에서, 문태수는 무주에서, 고광순은 동복에서 기의하여 일시에 바람 일 듯 일어났다.

그렇지만 경비와 복장이 볼품없고 기율도 없어 감히 일본군과 혈전을 벌이지 못하고 오직 형세만 일으켜서 뒤흔드는 데 그쳤다. 김태원은 기이한 책략을 많이 써서 전후로 사살한 적이 많았으며, 문태수는 무마하기를 잘하여 호남과 영남 사이를 오가면서 민심을 얻어 백성들이 서로 그를 숨겨주었고, 이석용은 왕래하기를 동에 번쩍 서에 번쩍하여 일본군이 사진을 걸고 수

배하였으나 끝내 잡히지 않았고, 고광순은 지리산에 들어갔다가 패하여 죽었다.

　전 참찬 허위가 연천에서 의병을 일으켜 민종호와 이강년이 호응해서 형세를 크게 떨쳤다. 문의 군수 경필명이 의병에게 살해되었다.[15]

유인석의 봉기

　유인석이 순천군에서 의병을 일으켰다. 평안도 사람들은 평소에 유인석을 존경하여, 따르며 공부한 사람이 천 명에 이르렀다. 순천 사람 김여석은 집이 매우 부유하여 유인석을 머물도록 하고 자금을 대주었나. 유인석이 기지를 세우고 한 번 외치매 투신하는 자들이 구름처럼 몰려들었다.[16]

전국 각지의 의병전쟁: 1908~1909년

　매천은 1908년부터 『매천야록』에 매월 「의보義報」란을 마련하였다. '1월 의보'에서는 "홍원의 용연사에서 의병이 역전力戰했고, 장진에서는 일진회 회원 80여 명을 죽임", "이천으로 진입하여 일진회 회원 9명과 왜倭 13명을 죽임. 양덕·서흥 사이에서 싸움"을 서두로 하여 일자별로 의병활동을 기록하였다.

　「의보」란은 1909년 11월 의보까지 이어진다. 2년간에 걸친 '의보'는 전국의 의병전의 성과와 패해를 상세히 기록하여 '한말 의병전'의 실상을 보여준다.

일제는 의병전이 장기전으로 지속되자 1909년 5월 한국을 병탄하기로 결정하고, 이해 9월 이른바 '남한대토벌작전'을 개시하였다. 막강한 군대와 화력을 동원하여 남한지역 의병의 대대적인 학살작전을 폈다.

1908~1909년 들어 강력하게 저항하는 호남의병의 학살을 위한 섬멸 작전이었다.

이 작전은 전라남도 전체를 육로와 해상으로 완전포위하여 동남으로 그물질하듯 빗질하듯 좁혀들어가는 것이었다. 일본군은 모두 한복으로 변장하였고 모든 도민의 통행을 금지하여 위반자는 가차없이 사살하였다. 약 2개월에 걸쳐 감행된 이 도살작전에서 심남일 등 의병장이 사살당하고 박도경 등 의병장이 체포되어 처형되었으며, 이 지역의 의병주력부대가 섬멸되다시피하였다. 이어 전개된 강원·황해도 대토벌로 이 지역의 주요 의병부대를 패배시킨 일제는 1910년 8월 한일합방을 선언하고 말았으니 그것은 완전히 정복에 의한 병합이었다.[17]

매천은 의병의 항일투쟁을 국권수호의 마지막 교두보로 인식하였다. 해서 일제의 '남한대토벌작전' 이후에도 간간히 전개된 의병활동을 기술하였다.

삼남 의병의 패멸

호남 의병장 전해산이 광주에서 붙잡히고, 영남 의병장 정문칠이 영해에서 붙잡혔다. 이때 삼남의 의병이 차례로 패멸하자 무기를 바치고 항복한 경우도 종종 있었다. 각 지방이 조금 안정되었지만, 왜병이 토벌을 빙자하여 설치는 통에 자못 사살당한 사람들을 이루 헤아릴 수 없었다.[18]

안병찬의 안중근 변호

안중근의 동생 안경근과 안공근이 여순에서 서울에 있는 변호사회에 서신을 보내어 한국인 변호사 한 명을 파견, 안중근을 도와 달라고 요청하였다. 서울에 있는 변호사들은 서로 돌아보며 감히 나서는 사람이 없었는데, 평양변호사 안병찬이 개연히 자청하여 이달 10일에 여순을 향해 출발하였다.[19]

의병장 연기우의 한 모습

의병장 연기우가 길에서 자기 아들을 만났는데 얼고 굶주려 거의 죽을 지경이 되어 있었다. 그의 부하가 안타깝게 여겨 몰래 50환을 주었는데, 연기우는 크게 노하여 말하기를 "이 돈은 군수軍需에 쓰일 것이다. 누가 감히 사적으로 쓰는가?" 하고, 즉시 빼앗았다.[20]

전해산의 절필시

전해산은 붙잡힌 후, 시 한 수를 지어 왜군에게 남기면서 "이는 나의 절필絶筆이다." 하였다. 그 시는 이러하다.

서생이 무슨 일로 군복을 입었는가?
지금의 본 뜻을 어기게 됨을 탄식할 뿐이로다
조정의 신하들이 빌미를 만든 일 통곡하노니
바깥의 적이 침노한 것 어찌 차마 논하랴!
백일하에 흐르는 강물 울음소리 죽이는 듯 하고
청천에 뿌려지는 비 목메이는 눈물인가
지금 영산강 길을 떠나노니

두견새 되어 돌아와 피맺혀 울리라.[21]

안중근의 노래

안중근이 처음 하얼빈에 도착하였을 때 시가를 지어 함께 간 우덕순과 창화唱和하였다. 그가 지은 노래는 이러하다.

대장부가 세상에 처함이여, 그 뜻이 크도다
시대가 영웅을 만들며, 영웅이 시대를 만드는도다
천하를 응시함이여, 어느 날에나 대업을 이룰꼬?
봄바람이 점점 차가워짐이여, 필히 목적을 이루리로다
쥐새끼가 엿보고 있도다, 쥐새끼가 엿보고 있도다, 어찌 이 목숨을 아까워 하리오?
어찌 이에 이를 줄 헤아렸으랴. 시세가 실로 그러하도다
동포여! 동포여! 대업을 속히 이룰지어다
만세! 만세! 대한독립![22]

간도의병

간도 이범윤의 부하인 조상갑·이승호·방병기·전제익·한진수 등이 은성과 종성 사이를 출몰하며, 대군이 6월에 도강할 것이라는 말을 널리 퍼뜨렸다. 함경도 인민들은 여기에 힘입어 성원하니, 육진에 있는 왜병들은 주야로 경계를 엄히 하였다.[23]

17장

국치 직전의
행적과 시문

국채보상운동 보도

을사늑약 이후 나라는 급속도로 기울어져갔다. 2014년 4월 구조의 골든타임을 놓친 세월호가 삽시간에 침몰하듯이, 대한 제국의 운명도 다르지 않았다. 일제의 야수적인 침략을 초기에 막아내지 못하고 때를 놓치면서, 서울에 통감부가 설치되고 이 토 히로부미가 초대 통감으로 부임하였다.

그가 본국에 통감 부임의 조건으로 제시한 조선에 주둔한 군 통수권까지 장악하게 되면서 황제와 같은 권력을 행사하였다. 일본 역사상 일왕 이외의 인물이 군통수권을 행사하게 된 것은 조선에서 이토가 처음이었다. 당시 조선에는 2개 사단 이상의 일본군이 주둔하고 있었다.

국권을 강탈당한 조선에서는 각지의 의병투쟁과 더불어 실력 양성을 위한 자강운동이 전개되었다. 1907년 1월에는 국채보 상운동이 일어났다.

일본은 한국의 재정을 장악하고, 식민지 지배를 위한 준비 작업으로 한국정부에 차관을 떠맡기다시피 제공하였다. 총 차 관액은 1,300만 원으로 대한제국의 1년 예산과 맞먹는 액수였 다. 이러한 경제침략에 우려가 높아가던 중 대구의 서상돈·김광

제 등이 중심이 되어 국채보상운동이 시작되고 곧 전국적으로 확산되었다.

전국 곳곳에서 금주 금연운동이 일어나고 여성들이 소중히 간직했던 패물과 결혼반지까지 헌납하며 고종도 금연을 밝히는 등 전 국민의 뜨거운 호응을 받았다. 이를 지켜보던 일제는 이 운동을 주도한 『대한매일신보』의 양기탁을 성금 횡령이라는 누명을 씌워 구속했다. 그리고 1908년 초 다시 2천만 원의 차관을 더 대한제국정부에 반강제로 떠맡겼다. 이에 따라 무력감이 커지면서 국채보상운동은 차츰 쇠퇴해졌다.

매천은 '야록'에서 국채보상운동에 관해 기술하였다.

국채보상 단연회

1월, 대구 사람 서상돈·김광제 등이 단연회를 결성하여 국채보상금을 모금했다. 몇 년 사이에 국가가 일본에 진 부채는 1,300만 원에 달했다. 그런데 상환할 기약이 없어, 사람들은 모두들 장차 국토가 볼모로 잡히게 되어도 속수무책임을 알았다.

서상돈 등은 오래도록 생각하고 계산한 끝에 전국의 2천만 동포가 일제히 담배를 끊는다면 한 사람당 1개월의 담뱃값이 신화新貨 20전이 된즉, 만 3개월이면 원래의 채무액을 충당할 수 있겠다고 여겼다.

마침내 단연회를 결성하자 신문들이 사방에서 들고 일어나 온 나라에서 호응하여 위로는 만 원, 천 원에서부터 아래로는 10전, 20전까지 다소에 구애받지 않고 억지로 하지 않아도 신문에 게시되는 등 눈이 쌓이듯 계속 쌓여갔다.

그런데 호응하는 사람 중에 정부의 대관이나 서울의 사대부 및 부자 상인, 큰 장사치들은 한 사람도 의연금을 내지 않았다. 미친 듯 부르짖으며 큰 소리로 아우성치고 목표액에 이르지 못할까 급급해하는 자들은 하인 무리나 거지 부류가 도리어 많았다.

이때 의연금을 많이 낸 자로는 해주의 이재림이 2만 원, 김선준이 1만 원이었다.

임금은 이 사실을 듣고서 탄식하기를, "백성들이 나라를 이처럼 걱정하는데, 짐은 무슨 낯으로 뻔뻔하게 가만 있겠는가?" 하며 양궁兩宮에서 피우던 궐련도 모두 끊도록 특명을 내렸다.

각 학교의 생도들로부터 각 부대의 군인에 이르기까지 모두 의논하지 않았는데도 같은 소리로 "임금님께서 이러시거늘 하물며 우리들이야?" 하며, 모두 담배를 끊었다.

○ 일본은 단연을 하여 국채를 갚으려 한다는 말을 듣고, 이 운동을 금지하도록 이지용을 협박했다. 이지용은 "국민들이 나를 오적의 우두머리로 지목하고 있어 몸 둘 곳이 없다. 다른 일은 금할 수 있으나 이 일만은 금할 수 없다."고 했다.

장곡천호도長谷川好道 등도 "마음에서 우러난 의로움인데 어떻게 저지할 수 있겠는가?"라며 탄식하였다. 의연금을 내는 자가 한결같이 이어지니, 각국 공사들은 모두 이 사실을 자기 나라에 전보로 알렸다.

일본의 공채

세계 각국의 공채公債는 대체로 그 나라의 부력富力의 10분의 1일 한도로 한다. 그런데 일본의 부력은 130억 원에 불과

하지만, 공채는 24억 원이나 되어 거의 그들 부력의 10분의 2
에 미친다. 그래서 식자들은 일본이 필시 공채로 망할 것이라고
말했다.[1]

호양학교 설립 후진 교육

일제의 침략이 노골화되면서 국내에서는 신교육 운동이 활기
차게 일어났다. 특히 1906년 안창호 등이 중심이 되어 조직한
신민회가 정치·교육·문화·경제 등 각 방면의 진흥운동을 일으
켜 국력배양에 힘썼다. 신민회는 평양에 대성학교, 정주에 오산
학교를 설립하여 민족교육의 요람으로 삼았다. 각급 협회와 학
회도 설립하였다.

이를 전후하여 이준·양한묵 등의 헌정연구회(1905년), 윤효
정·장지연 등의 대한자강회(1906년), 권동진·남궁억 등의 대한
협회(1907년), 안창호·이갑 등의 서북학회(1908년) 등이 속속 설
립되고, 이어서 전국 각지에서 신식학교가 세워졌다.

매천은 1908년 8월 구례군 광의면 지천리 하동에 사재와 의
연금 720원으로 호남에서는 최초의 신문화 학교인 호양학교壺
陽學校를 설립하여 인근 청소년들에게 애국정신과 신식 학문을
가르쳤다. 신교육을 통해 기울어 가는 나라를 붙들고자 하는
충심이었다. 이 학교는 일제가 한국을 병탄하면서 폐교되었으
나, 해방 후 지방 유지들이 뜻을 모아 매천의 뜻을 이어 같은 곳
에 방광放光초등학교를 건립하였다.

매천은 호양학교를 세우고 경영하고자 사립 호양학교를 위해

성금을 모금하는 소疏를 지어 지역 유지들에게 돌렸다. 요지를
소개한다.

> 호양학교를 세우는 데 든 노고는 실로 백척간두에 서서 한
> 걸음 앞으로 나아가는 것과 같은 형세였다고 하겠습니다. 귀신
> 의 장난 같은 외부의 방해를 일소하느라 이미 팔난삼재의 고난
> 을 겪었고, 학교를 경영하는데 힘을 다 쏟았지만 온갖 상처와
> 구멍을 메우기가 어렵습니다. 결국은 밀가루 없이 수제비를 빚
> 는 격이 되어 어떠한 보수도 쓸 수 없게 되었습니다. 어떻게 하
> 면 우물을 파서 샘물을 얻어 여러 사람의 갈증을 시원스레 풀
> 어줄 수 있을까요?
>
> 마침내 3·4개월 공부하던 배움터가 어느덧 7, 8월이나 와해
> 되는 지경에 이르게 되었습니다. 옥을 다듬다가 완성을 보지
> 못한 격이라 아이들을 가르칠 방도가 없는 게 안타깝고, 게다
> 가 월급을 주지 못할 지경이 되었으니 강단에 설 사람이 누가
> 있겠습니까? 사방에서 바라보는 눈이 부끄러운 상황에서 그들
> 이 의심의 눈초리로 탄식하는 게 여간 걱정이 아니며, 한 고을
> 의 흥기하던 기풍이 무너지게 된 마당이라 물고기가 썩어 문드
> 러지는 꼴이 될까 두렵습니다. 비록 그렇기는 하지만 오늘날의
> 이 신학문에 대한 발심은 전적으로 온국민을 위해 의견을 낸
> 것이니, 공효를 누리고 혜택을 받고자 하는 것은 진실로 우리
> 모두의 간절한 마음입니다. 그러기에 위기에 처했을 때 붙잡아
> 주고 도와주는 것은 어찌 제공諸公들의 책임이 아니겠습니까?[2]

매천이 신산한 나날을 보내고 있을 즈음, 그러니까 1909년

봄 중국 망명 중이던 창강 김택영이 은밀히 귀국하여 만나기를 청하였다. 뒤늦은 편지를 받고 가을에 상경했으나 그는 이미 다시 중국으로 떠난 후였다. 교통이 불편했던 시대, 구례에서 한성까지 가는 데 여러 날이 걸렸다.

아직 국치 이전이기는 하지만 통감부가 1907년 10월 「한국주차헌병에 관한 건」을 공포하여 일본 헌병의 경찰권을 강화하고 병력을 증강시키면서 민족주의 계열 인사들의 활동이 크게 제약되었다. 김택영이 서둘러 출국하게 된 배경이었다.

매천은 평생의 지우를 만나고자 천리 길을 마다않고 달려왔으나 벗은 이미 떠난 후였다. 해서 「봄 사이에 창강이 귀국하여 편지를 보내 만나기를 청하였는데, 가을이 되어서야 비로소 도성에 들어갔더니, 창강은 이미 돌아간 뒤였다. 슬퍼서 짓는다」는 긴 제목의 시를 지었다.

창강을 못 만난 것 크게 한탄하노니
조각배로 용이 날듯 하룻밤 새 떠나갔네
삼천리 길 검푸른 바다에 집을 띄우고
금초산金焦山(중국 강소성 소재 금산과 초산) 제일봉을 안산案山
으로 삼았으니
나는 이미 용기 없어 우역禹域(중국 고대 성군인 우임금의 영역)
을 잊었거니와
그대는 응당 눈물 쏟으며 기봉箕封(기자가 봉해진 지역-평양)을
바라보며
하늘 끝 오송로吳淞路(중국 상해 북부-창강의 거처)를 끝없이
바라보니 낙엽에 찬 구름이 만 겹이나 끼었구나.[3]

매천은 오랜만에 서울에 올라와 그립던 창강을 만나지 못한 허탈감을 씻고자 남산에 올라갔다. 그리고 「도성에 들어가다」라는 시를 지었다.

　　　남산에 한 번 올라 황제 도성 굽어보니
　　　보이는 경물마다 처량한 마음일세
　　　큰 길의 얽힌 바큇자국엔 가을 먼지만 쌓이고
　　　등 희미한 대궐에는 낮이 더디 흐르네
　　　피폐로 맹약했던 그들이 스스로 그르치니
　　　동타銅駝(구리로 만든 낙타)는 무사한데 판국이 도리어 어긋
　　　났네
　　　옛날부터 망한 나라 붕어처럼 많았으니
　　　분명하게 망한다면 슬퍼할 건 못 되리라[4]

'이건창의 무덤 찾다' 외

매천은 곧바로 귀향하지 않고 강화도로 갔다. 거기에는 평생의 사우 영재 이건창의 무덤이 있고, 그의 아우 이건승이 살고 있었다. 이건창은 병인양요 때 전사한 할아버지의 영향으로 척왜척양을 주장하고, 향리인 강화도에 은거하다가 1898년 47세를 일기로 세상을 떠났다.

매천은 영재가 운명했을 때 조문했다가 1909년 늦은 가을 강화도 이건창의 묘소를 다시 찾고 「영재의 무덤을 지나며」를 지었다.

애통해라, 떠난 지 어언 일기—紀(12年을 뜻함)라

가을 산엔 이미 봉분이 낮아졌네

고도를 행하느라 자신조차 잊었으나

사문斯文에 대해서는 미련이 남았었지

갠 하늘엔 기러기 까마득히 날고 있고

먼 포구엔 구름이 아스라이 피어나네

생시에도 이미 이군삭거離群索居(서로 충고해 줄 수 있는 유익한
친구)하였던걸.[5]

매천은 강화도 사곡沙谷(화도면 사기리)에 거주하는 이건창의
동생 경재耕齋 이건승을 방문하였다. 그와도 오랜 교우 관계를
맺은 사이였다. 경재는 중광시에 진사로 합격하고 을사늑약 후
향리에 계명의숙을 설치하여 교육사업을 펴고 있었다. 그도 한
국병탄 후 만주로 망명하였다. 정성이 깃든 대접을 받고「사곡
으로 이경재를 방문하다」를 지었다.

사람살이 스스로 헤아리기 어렵나니

내가 또 사곡에 이를 줄이야

산천은 한결같이 옛 모습 그대론 데

풍물은 모습이 제법 많이 바뀌었네

사방에는 천 그루 소나무가 둘렀고

민둥 민둥 벗은 곳은 산기슭뿐이네

기운 문은 흩어진 주춧돌과 마주했고

어두운 오솔길은 교목 그늘에 어둑하네

바라봐도 사람은 집에 없는 듯

해진 창만 고가에 휑하니 달렸네

지팡이 짚고 선 채 다가가지 못하고

계단의 푸른 이끼만 문대고 있었네

주인이 내가 온 걸 발견하고서

이게 누구냐며 큰 소리로 부르네

마루에서 내려와 신발 신을 겨를 없이

엎어질 듯 달려와 내 손은 부여잡네

아이들 다투어 달려 나와 보고

몰래 엿보는 종들이 벌려 섰네

이곳에 다녀간 지 삼십 년 만인지라

얼굴엔 주름지고 머리 이미 벗겨 졌네

기름 같은 좋은 술이라 넘치도록 잔 채우고

옥과 같은 생선회에 젓가락질 부산하네

하나하나 진심어린 대접인 걸 알기에

실컷 먹고 마시나니, 식탐 탓은 아니라네.[6]

해학海鶴 이기李沂는 매천과 교우하던 문인. 항일운동가이다. 김제 출신으로 1906년 대한자강회를 창립하여 계몽운동을 벌였으며 자신회自新會를 조직, 을사오적을 처단하려다 적발되어 진도에 유배되었다. 석방 후 호남학회의 간부로 많은 계몽시문을 발표하였다. 1909년 서울의 여사에서 눈을 감았다.

매천은 「해학을 곡하다」를 지어 그의 넋을 기렸다.

　　　탈속하고 탁이했던 칠 척의 몸

　　　늘그막 풍상이 슬프기도 하네

의류한 세월 오래여도 객이 되기 어려웠고

매옥買沃(은거함을 의미)한 산 거칠어 가난을 벗지 못하였네

채택蔡澤(전국시대 변설이 능한 연나라 사람)이 진으로 갈 때는
운이 따라 주었지만 송경이 초로 갈 때는 사람이 없는 걸 어쩌랴

아아, 큰 뜻은 끝내 지우知遇를 얻기 어려웠으니

닷 섬들이 빈 박(쓸모없는 사물)을 뉘 다시 진귀해하리

만리 먼 길을 마음껏 내달리니

준마라 매 놓을 순 없었던 게지

의병 격문 지을 적에 재주약간 시험했고

흰 머리 단발하는 등 늙을수록 기이했네

하늘에 물이 공연히 연제燃臍(배꼽을 태우는 것)할 날을 기다
렸고

나랏일 꾀하느라 자주 설지囓指(손가락을 깨문다는 뜻)의 기회
를 놓쳤네

알겠네, 웅심이 사그라진 뒤엔

저포樗蒱(저와 포로 만든 열매-주사위)로 다 탕진하고 유지와
늙어갔네.[7]

창강의 회갑년에 시를 받고

매천은 망명 중인 창강과는 때때로 서신을 주고받았다. 1910
년은 창강의 환갑이 되는 해이다. 『매천집』에는 경술년(1910)에
창강의 시를 받고 화답하는 내용의 시가 실려 있다. 제목은「정

월 23일 창강이 곡일에 보낸 시를 받고 화답하다」이다. 여기서 곡일은 음력 초하룻날부터 시작하여 여덟 번째 되는 날을 말한다. 이날 전답에 거름을 내면 풍년이 든다는 속설이 전한다.

하늘 끝에서 발 씻으며 바다를 희롱할 제
몇 그루 매화가 홀로 문을 가릴 테지
진한辰韓을 돌아보고 점묵點墨을 슬퍼하고
남두南斗로 돛배 띄워 문성文星을 빛내리라
소매에는 오월吳越(창강이 머물던 지역명)의 재사들 명함 가득하고
붓으로는 강회江淮(중국 양자강과 회수지역)의 전쟁터 먼지를 씻네
앉아서 봄바람 서쪽으로 건너보내고
베개 베고 하염없이 눈물만 흘리누나.

당년에는 떠날 차비 서두르지 못한 탓에
멀리서만 그대 여정 무사하길 기원했지
십년이란 긴 이별에 용모마저 잊었는데
만리 밖 편지 오니 한방에 있는 듯 하네
업鄴 땅의 응유應劉(건안칠자의 일원)의 일 이제 끝이 났으니
언제나 매마枚馬(한 나라 때의 문장가 매승과 사마상여) 함께 양에서 노닐는지
장수할 골상은 갈수록 맑아질 터이니
양자강 물빛이 상 위에 비쳐서이리.

필필筆筆(역사에 관한 기술)의 낭산에는 푸른 흔적 쌓였을 터

언제나 역사책 완성하여 다시 귀국하리

심히 좋아하였기에 은미함을 드러냈고

박절하다 할 정도로 곧은 것을 높였지

심김沈金(심은 송나라 사가 심약, 김은 김부식)은 좋아하여 거듭
면모를 일신하였고

남동南董(춘추시대 사가)을 힘써 좇아 일거에 혼을 일깨웠네

이곳에서 할 일이라곤 천추의 일뿐이니

회수의 구름에 먹물 뿌려 축수를 대신하네.[8]

18장

'야록'에서
놓칠 수 없는 기사

'화투가 출현하게 된 배경'외

『매천야록』은 한말 격동 격변하는 시대의 정사와 비사 그리고 야사를 적절하게 서술한 값진 기록이다. 역사책 어디에서도 이같이 '풍성'하고 '다양'한 기록은 찾기 어렵다. 해서 이 장에서는 병오년(1906)에서 1910년 8월 매천이 사설하기 직전까지의 '특별한' 내용들을 골라 소개한다. 내용이 긴 것과 그동안 많이 알려진 부문은 생략했다.

함흥부 구각 밑의 구렁이

함흥부에 구각九閣이 있는데 태조 고황제(이성계)가 말을 타고 활을 쏘던 곳이다. 보초를 서는 일본군이 그 누각 위에 보배로운 기운이 있다고 이르자 땅을 서너 발을 파서 반석이 있었다. 그 반석을 깨뜨리니 큰 구렁이가 날아올랐는데 길이가 네댓 발이 되고 크기가 가옥 들보의 네댓 배가 되었다.

한 일본군이 총을 쏘았지만 맞추지 못하자 여섯 명의 일본군이 일제히 총을 쏘아 죽였다. 그것을 동문 밖에서 태웠는데 냄새가 매우 고약했고 푸른 연기가 온 성을 덮었으며 밤에 일곱 명의 일본군이 피를 토하며 죽었다. 다음날 또 한 구렁이가 바위 틈에서 나왔는데 크기가 전날 것과 같았다. 총을 쏘았지만 맞지 않았으며 성을 둘러싸고 날며 밤새도록 슬피 울었다.[1]

일진회의 신조약 기념회

일진회 회장 이용구 등이 신조약 기념 연회를 열었다. 10월 20일은 을사 강제 조약이 체결된 지 1주기가 되기 때문이었다. 회원들은 경사스런 모임같이 여겼지만, 조야 모두 통분해 하는 날이었다.

이용구 등이 대소 관리를 청했으나, 연회에 참여한 사람은 하나도 없었고, 오직 광산국장 최상돈만 참석했다. 이때 일본이 일진회까지도 아울러 억눌렀던 때문에 회원들은 갑자기 기댈 곳을 잃어 기세가 날로 사그라졌다.

이 때문에 지방에서는 차츰차츰 형률로 제재를 가했고, 간혹 평민들이 떼로 일어나 일진회 회원들을 구타하기도 하여 세력이 점차 흩어졌다.

이용구는 마침내 천도교와 통합하려고 하였으나 손병희가 거부하여 이용구는 일진회를 시천교侍天敎라고 개칭하고 지회장을 교구장이라고 불렀다.

천도교와 서로 뒤섞여지기를 기대하였으나 기맥이 서로 닿을 수 없었으며, 이왕에 머리를 깎은 자들이 더러는 천도교라고 일컫기도 하고 더러는 시천교라고도 일컬었으니, 마치 교敎와 회會가 오락가락하는 것 같았다. 그러나 대체로는 돌아갈 곳 없이 서성거려 제 무리를 잃은 도깨비 모양이었다.[2]

화투의 출현

경향간에 예전부터 성행하던 것으로 '투전'과 '골패'라는 것이 있었으니 곧 '마조馬弔'·'강패江牌' 따위이다. 갑오년(1894) 이후로 도박은 저절로 사라지고, 근년 사이에 일본인들이 서울 및 각 항구에 화투국花鬪局을 설치하였다.

진화紙貨로 도박을 하여, 한 번에 만전을 던지곤 하니 이 때문에 파산하는 우둔한 양반이나 못난 장사꾼들이 줄을 이었다. 왜놈 중엔 또 요술적이 있어 사람들의 이목을 현혹시키니, 훔치고 도둑질하는 우환이 서울에 더욱 심해졌다.[3]

진주 기생 산홍

진주 기생 산홍山紅은 빼어난 자색을 갖추었다. 이시용이 천금을 주고 불러 첩으로 삼고자 했다. 산홍은 사양하며, "세상에서 대감을 오적의 우두머리라 합니다. 첩은 비록 천한 창기이오나, 스스로 사람 속에 들어가는데, 어찌 역적의 첩이 될 까닭이 있겠습니까" 하니, 이지용이 대로하여 두들겨 팼다. 어떤 사람이 시를 지었다.

온 세상 모두 다투어 나라 팔아먹은 놈을 좇아
비굴하게 웃으며 굽신거리느라 날마다 바쁘구나
그대들 금옥金玉이 지붕보다 높더라도
산홍의 일점 단심은 사기 어려우리.[4]

매국노들의 뒤틀린 행각

일제와 매국노들의 행태 그리고 그에 격분한 백성들의 모습이 보인다.

이완용에게 훈장 수여

이완용에게 고등 훈장을 내렸다. 임금이 처음엔 3등장을 내리려고 했는데, 이완용이 "시종 조남익도 3등장을 찾거늘, 나는 대신인데 조남익과 같은 등급이 될 수 있는가?"라고 화를 내고 그것을 반납했다. 임금은 듣고서 다시 내린 것이다.[5]

이등박문의 시

각 부의 여러 사람들이 이등박문을 초청하여 창덕궁에서 연회를 베풀었다. 이등박문이 먼저 시 한 수를 지어 읊었다.

꽃 피고 버들가지 짙은 춘삼월에
창덕궁 안 태극정이로다
기녀(歌妓를 뜻함)가 어찌 나라 잃은 한을 알리오
무심한 가무는 차마 들을 수 없어라.[6]

이지용 등이 부산에서 곤욕을 치름

이지용·민영기·권중현이 일본에 가려고 부산에 이르렀을 때, 그곳 백성들이 길을 막고 통곡하며 꾸짖기를, "너희들은 대신으로 일본에 금고를 내주고, 또 부산진의 터를 팔았으니, 이곳의 백성들은 장차 어디로 가란 말인가? 너희들이 이 땅을 물러

오든지 아니면 우리들을 모두 땅에 묻어라. 이 두 가지 중 하나라도 실행하지 않으면 너희들은 살아서 돌아가지 못할 것이다."라고 하였다.

군중들의 분노가 조수처럼 차 올라서 그 광경이 자못 위태로웠는데, 일본군의 비호를 받아 겨우 모면하였다.[7]

이등박문의 음모와 도민들의 격분

이등박문이 임금을 일본으로 데려가려고 궁궐 밖에 따로 차를 대기시켜 놓고 차에 타라고 임금을 협박하였다. 도성 시민들이 이 말을 듣고서 남녀노소 할 것 없이 몽둥이를 들고 달려나와 순식간에 거리를 메웠고, 각급 학교의 생도들도 연작하여 불러모아 조수처럼 밀려들어 크게 부르짖으며 죽기로 덤벼들었다. 이등박문은 군중들의 형세가 결사적인 것을 보고 마침내 중지하였다.[8]

일본군에 의한 무장해제

칠적七賊들이 군인들의 동태가 격변할 것이 두려워, 일본군에게 더욱 경계를 엄하게 해 주기를 사주했다. 6월 23일 각 부대장을 불러 부대원을 거느리고 훈련원으로 모이도록 했다.

먼저 맨손으로 무예를 익히게 하여 병기를 휴대하는 것을 허용하지 않았다. 한편 일본군은 병사들이 군영을 떠나는 것을 엿보다가 틈을 타 들어가 총포를 수거해 갔다.

여러 부대의 병사들이 훈련원에 이르러 무예 익히기를 마쳤을 때, 은사금이 나와 조칙을 나누어 주었다. (하사 80원, 병졸 50원, 그 다음은 25만 원이었다)

부대원들은 모두들 분노를 이기지 못해, 지폐를 찢어버리고 통곡하면서 자기 병영으로 돌아갔는데, 병기는 하나도 있지 않았다. 드디어 각자 흩어져 돌아갔다.[9]

군대 해산과 한·일군대 전투

일제에 의해 군대가 무장해제 되자 통곡하며 박성환이 자결하고 한·일 양군이 무력충돌한 기록이 보인다.

박성환의 자결

박성환은 돌아가는 분위기가 수상한 것을 살피고, 총포를 다른 창고에 몰래 숨겨두고 일본군에 저항하여 바치지 않았으며, 또한 훈련원의 모임에도 나가지 않았다.

군대 해산의 조칙을 듣고 통곡하며 부하들에게 이르기를 "나는 나라의 은혜를 입고 살아온 지 여러 해다. 지금 나라가 망하는데도 왜놈 하나를 죽이지 못했으니 죽어도 죄가 남을 것이다. 나는 너희들이 흩어져 떠나는 것을 차마 볼 수가 없으니, 차라리 내 스스로 죽겠다."라고 하였다.

곧 의자에 앉은 채 칼을 빼어 스스로 찌르고 부르짖다가 몸이 의자와 함께 쓰러졌다. 박성환은 입직立直하여 십여 일 동안 집으로 돌아가지 않은 채 문을 닫고 울음을 삼키다가 이날에 이르러 마침내 자결한 것이다.

부위副尉 구의선도 박성환과 더불어 같은 날 자결하였고, 정교正校 한 사람과 종졸從卒한 사람도 자결하여 그 뒤를 따랐다.[10]

한일 양군의 충돌

부위 남상덕이 일본군과 맞서 힘을 다해 싸우다 죽었다. 남상덕은 박성환이 죽는 것을 보고 크게 꾸짖기를 "박공朴公과 함께 죽을 자 누구냐?" 하니, 전부대원이 일제히 함께 죽겠다고 응답하였다.

남상덕이 지휘하여 군대가 충돌하니, 일본군이 벌써 포위하고 있었다. 이틀 동안 맞서 용감히 싸웠는데, 세 번 교전을 하여 양쪽 편의 시체가 쌓여 늘비했다.

우리 병사로 사망자는 조사에 의하면 98명이었는데 그 중 장교가 일곱이었다. 일본군 장교 미원梶原 또한 전사하였다. 일본군은 숭례문에 자리잡고 기관포를 발사하여, 연일 우레가 치듯 울렸고 성 안팎으로 수백 호가 모두 소실되었다. 남상덕은 마침내 총알에 맞아 죽고, 대관隊官 권기홍 또한 전사하였다.

군사들은 남상덕이 이미 죽고 탄약마저 떨어진 것을 보고 마침내 사방으로 도주하였다. 싸움을 구경하던 자들이 "탄약이 떨어지지 않았다면 일본군이 반드시 크게 패했을 것이다."라고 하였다. 미원이란 자는 용맹한 장교로 갑진년(1904) 아국俄國과의 전쟁에서 큰 공을 세웠는데, 이때에 이르러 남상덕에게 죽으니 일본군 병영에서는 통곡소리가 이어졌다.

흩어진 병사들은 여염집으로 뛰어 들어가 대청이나 행랑에 엎드려 숨었는데, 일본군이 집집마다 수색하였다. 먼저 일본 여자를 시켜 내실까지 뒤지도록 하여 벗어난 자가 거의 없었다.

곧바로 성 밖으로 달아난 자들은 모두 의병에 합류하였다. 일본 여자들이 탈출병을 찾는다는 핑계로 재물을 약탈한 것이 강도보다 심하였다. 민간에서도 숨도 제대로 못 쉬고 거듭 난리를 만난 것 같았다.

○ 참위 이충순은 군대 해산 소식을 듣고 서모庶母에게 영결을 고하며 "제 직책이 비록 낮지만 나라가 어지러운 지경에 이르렀으니 죽지 않을 수 없습니다." 하고는 드디어 적진에 뛰어들어가 죽었다.

○ 싸움이 벌어졌을 때 여학교의 간호부 몇 사람이 총탄을 무릅쓰고 인력거로 우리 병사를 실어 병원으로 운반했다. 미국인 의사 어비신과 목사 조원시 등도 우리 병사를 싣고 제중원으로 들어가 힘을 다해 치료하였다.

○ 도성 사람 김병철·기인홍·김창기·이원선 등이 싸우다 죽은 장병들을 위해 돈을 거두어 장례를 치르고, 애도의 뜻을 다해 제를 지내고 돌아갔다.[11]

매국노들의 패륜행위

이완용이나 민형식 등의 매국노들은 패륜적인 행위도 서슴지 않았다.

이완용·민형식 등의 패륜

이완용의 아들 명구의 처 임씨任氏는 임선준의 형인 임대준의 딸이다. 이명구가 일본에 가서 유학하는 몇 년 사이에 이완용이 그녀와 관계를 맺었다. 명구가 돌아와 어느 날 내실에 들어가다 이완용이 임씨를 끌어안고 누워 있는 것을 보고는 나와 탄식하기를, "집과 나라가 함께 망했으니 죽지 않고 무엇하랴?" 하고서 자살하였다. 이완용은 드디어 임씨를 독차지하고 버젓이 첩처럼 대했다.

민형식은 곧 민긍식인데, 첩실의 딸과 관계를 갖고 함께 살며 자식을 낳았다. 민형식은 이미 자식이 셋이 있었는데, 이때에 이르러 이 아이를 품에 안고 손님들에게 자랑하기를 "점쟁이가 내 팔자를 보고 아들 넷을 보겠다고 하더니, 이 아이를 얻어 그 수를 채웠다. 그 점쟁이 말이 신통하다." 하였다.

고 판서 홍종헌의 조카 아무개는 과부로 사는 사촌누이와 간통하여 첩을 삼아 아이를 낳았다. 이상은 널리 알려진 이야기이며, 그 밖의 자질구레한 일들은 이루 다 기록할 수 없다.[12]

이완용의 입대

이완용이 입대 入對하여 눈물을 흘리며 말하기를, "세상 사람들이 신을 불충한 사람이라고들 말들 하는데, 폐하 역시 신을 의심하십니까? 지난해 태황제(고종)을 모시고 아국 공사관으로 옮겨, 역적 난신을 처단하고 오늘이 있도록 한 것은 오직 신의 형제였습니다.

강대한 이웃 나라와 화친을 도모하여 다시 조약을 맺어 태황제의 파천을 멀리하게 한 것 또한 오직 저희 형제였습니다. 저희 형제가 아니었다면 국가가 안정할 곳이 있었겠습니까? 송병준과 저희 형제가 목숨을 다하기 전까지는 응당 통감의 지휘를 함께 받들어 처음부터 끝까지 보호해 드리겠습니다." 하였다.

이때 황태자 이은李垠이 대원왕(대원군)의 사묘에 배알하고자
하니, 여러 사람들이 기뻐하며 찬성하였는데, 이완용은 묵묵
히 사이를 두고 있다가 말하기를, "이준용은 역적의 이름을 띤
몸으로 망명한 지가 10년이 되었습니다. 지금 비록 그 죄명을
씻었다 하지만 황공하게도 신뢰할 수 없습니다. 원컨대 전하는
가까이 하지 마옵소서." 하였다.[13]

이완용의 사진

이완용의 사진이 미국에 흘러들어갔는데, 청나라 상인 한 사
람이 그것을 보고 크게 욕하기를 "이 자는 한국을 망친 칠적의
우두머리다. 내가 비록 우방 사람이지만 어찌 마주볼 수 있겠
는가?" 하고 그 사진을 찢어버렸다.

또 우리나라 사람으로 뉴육紐育(뉴욕)에 흘러가서 거지 노릇
을 하는 자가 있었는데, 은銀 10원을 모으느라 굶주림을 참고
날을 보내며 한 푼도 허비하지 않았다.

어떤 사람이 그 까닭을 물으니, 거지가 말하기를, "만약 이완
용이 죽었다는 말을 듣게 되면 부의賻儀를 하려고 한다. 어찌
낭비할 수 있겠는가?" 하였다.[14]

기독교청년회관

기독교청년회관YMCA이 완공되었다. 회관을 상량할 때에 황
태자가 임하여 친히 상량한 들보에 연월을 쓰고 하사금 1만 원
을 내렸다. 일본인 목하전日賀田이 2만 원을 기부하였고, 미국
정부가 10만 원을 기부하였다.

회관이 완성되매 그 건물의 높이가 마치 산과 같아서, 종현

교당(명동성당)과 우뚝이 남과 북으로 마주 서 서울 안에서 제일 큰 건물이었다. 예로부터 지금까지 공사간의 집으로 처음 있는 것이라고들 하였다.[15]

난세의 정도와 패도

나라에 어려움이 닥친 때에는 항상 정도를 걷는 자와 패도를 걷는 자가 모두 있다.

한성신보와 대동공보

미국령인 포와佈哇(하와이) 및 상항桑港(샌프란시스코)에 사는 우리 교민들이 함께 두 종의 신문을 창간하여 해외에서 발행하였는데, 『한성신보』와 『대동공보』라 하는 것이다.

본국의 정황을 통절히 논하며 일본의 무도함을 매도하였다. 그래서 일본은 이 신문을 혐오하여 내부內部의 칙령으로 치안 방해라는 명목을 붙여 자주 압수하여 발매하지 못하게 하였다.

『매일신보』에 대해서도 역시 그런 방식을 취했고, 교과서 및 초야의 저술에 이르기까지 조금도 비분강개한 어조가 있으면 곧바로 금지하였다. 때문에 당시 사람들이 탄식하며 "우리 대한을 망하게 하는 것은 '치안방해' 네 글자이다."라고 하였다.[16]

헌병 보조원

헌병 보조원을 13도의 각 군에 뽑아 배치하였다. 인원은 매군마다 10명 정도였는데, 혹 4, 5명에 그치는 경우도 있었다. 그들이 받는 봉급이 후한 데다 직급도 높은 편이어서 각지의 악소배들이 다투어 지원했다.

그들은 양민을 무고해 죽여 저들의 숙원을 푼 일도 있었고, 마을을 함부로 겁탈하여 제 주머니를 채우는 일도 있었다. 일본인들은 이 사실을 알고도 금지시키지 않았으니, 대개 자기들에게 붙은 것을 좋아했기 때문이다.

그들의 봉급으로 소요되는 예산이 금년에 44만 7000여 원이었고, 내년에는 77만 8000원이 될 것이라고 한다.[17]

허위의 죽음

9월 28일, 의병장 허위許蔿가 처형되었다. 그가 교살될 때 승이 경문을 외워 그의 명복을 빌려고 하자 허위가 꾸짖기를, "충의의 귀신은 절로 승천해 신선이 된다. 설령 지옥에 떨어진다 할지라도 어찌 너희 같은 오랑캐 중놈의 도움을 받겠느냐."라고 하였다.

일본 관리가 유언이 있느냐고 묻자 허위가 말하기를, "대의人義를 펴지 못했으니 유언이 무슨 소용이리오?"라 하였다. 또 시체를 거두어줄 사람이 있느냐고 묻자, "시체를 어찌 거두리오? 이 감옥에서 썩는 것이 좋다."라고 말한 후 안색이 양양한 채로 "빨리 나를 죽여라"라고 크게 말하였다.

신보사申報社(대한매일신보사)에서 그 말을 지목하여 "하늘의 해가 빛을 잃었다."고 기록하였으니, 그것을 보고 눈물을 흘리지 않는 자가 없었고, 간수 2명은 허위와 이강년의 죽음을 보고 비분함을 이기지 못해 모자를 찢고 그곳을 물러났다.[18]

송병준이 민충정 공의 재산을 빼앗으려고 함

대내人內(내부대신)로 있던 송병준은 민충정 공(민영환)의 집이 고단해서 의지할 곳이 없음을 얕잡아 보아 그 유산으로 700여 석을 받아들이는 농장을 빼앗으려고 일본군대와 결탁하여 위협을 가하는 등 못하는 짓이 없었다.

사람들이 분노하여 사방에서 성토하니, 송병준은 이에 일진회 회원 이강호를 불러 국민보國民報에 게재하여 자신의 억울함을 밝혀주면 큰 돈을 주겠다고 약조했다. 이윽고 이를 어겨서 이강호 등은 대로하여 그 사실을 모두 써서 널리 알렸다.[19]

송병준이 임금 앞에서 칼을 뽑음

1월 27일, 임금이 서도西道를 순행하여 평양을 서쳐 의주에 이르렀다가 2월 3일로 서울로 돌아왔다. 이재각과 임선준을 유도대신留都人臣으로 삼았다. 이완용 이하 각부 대신들은 모두 호종하였다.

그 호화스런 의장은 남쪽을 순행할 때보다 지나쳤다. 임금이 평양에 이르자 송병준은 수레에 탑승하여 어좌와 한 칸 정도를 사이에 두고 있었다. 이때 시종무관 어담과 싸움을 하여 칼을 뽑아 찌르려는데 다른 사람이 칼을 빼앗아 싸움을 말렸다.

여러 사람들은 송병준이 임금 곁에서 칼을 뽑아 든 것은 눈에 군부君父가 보이지 않은 탓이라고 하면서 서로 연이어 성토하였으나 송병준은 결국 무사하였다. 개성에서는 어가를 맞은 곁에서 어가 도착 하루 전에 폭탄이 터졌으니, 사람들은 이등박문을 살해하려고 그런 일이 발생했다고 하였다.[20]

단군교

단군교의 교인들이 백두산 석실 속에서 단군의 사적事蹟을 얻었다고 하여 드디어 고경각古經閣을 세우고 백봉白峰이란 사람을 추대하여 대종사로 삼았다. 이 단군교에 들어간 사람은 반드시 백봉의 인장을 찍어 신표로 삼았는데, 대개 동학과 유사한 것이다.[21]

연호 사용의 문제

일본이 사법권을 빼앗아간 이래로 저들 관리가 우리 국민에 대해 소장訴狀에 명치明治연호를 쓰도록 강요하였다. 평양의 변호사 안병찬이 반박하여 말하기를, "일본인이 우리 한국의 위탁을 받아 대신 사법권을 행사하고 있으니, 그렇다면 관청은 비록 일본 관청이지만 사법은 우리 한국의 사법이다. 어찌 자기의 사법을 시행하면서 자기의 연호를 뺄 수가 있겠는가?"라고 하였다. 일본인은 더 따지지 못하고 드디어 한인의 소장에 융희연호를 쓰는 것을 허락하였다.[22]

19장

국치 소식 듣고
음독하다

경술년 서울에 준동한 '장귀'

반만년 사직이 무너지는 1910년, 경술년이 밝으면서 조선 천지는 망국의 먹구름이 짙게 드리우는 폭풍전야를 맞고 있었다. 그리고 서울(한양)에는 때 아닌 '장귀張鬼'들이 설치고 다녔다.

어찌 경술년에만 그랬겠는가. 5년 전인 을사년에도 그랬고, 거슬러 올라가면 강화도조약이 맺어진 병자년 이래 20여 년 동안 조선에는 장귀가 밤낮을 가리지 않고 준동하였다.

'장귀'란 귀신의 이름이다. 이 귀신은 범(호랑이)의 앞잡이가 되어 선량한 사람을 범의 아가리에 밀어넣어 주는 역할을 하는 못된 귀신이다. 그래서 범보다 장귀가 더 무섭다는 말이 전하며, 장귀를 쫓아내면 범은 자연히 자취를 감춘다는 설화도 있다.

일찍이 신라 제28대 진덕왕(647~654)이 김춘추의 아들 법민을 당나라 임금 고종에게 이른바 '태평송太平頌'이란 사대곡필을 비단에 수놓아 보낸 이래 이 땅에는 사대주의 세력이 지배층의 주류가 되었다. 이들은 긴 세월 타율의 지배를 특혜처럼 받아들이면서 '자주'와 '독립'을 사문난적으로 몰았다.

이들 사대굴종의 태내胎內에서 수많은 매국노와 반역자, 외세추종자가 태어나고 그들은 반영구적인 지배세력이 되었다.

한민족의 장자 고구려가 망하면서부터 사대교린을 '국시國是'처럼 내걸고, '황제' 소리 한번 제대로 해보지 못한 채 굴종의 역사를 살아왔다.

고려시대에 한동안 고토회복운동이, 조선시대에 효종의 북벌론이 각각 제기되었지만, 상투 끝까지 DNA(유전자)가 사대주의화 된 못난 것들의 농간으로 한 여름 뙤약볕에 개울물이 증발하듯이 말라버리고는 그만이었다.

그나마 임진, 정유왜란의 국망지추國亡之秋에는 이순신 장군과 이름 없는 의병·승병들이 봉기함으로써 왜적의 종살이를 면하게 되고, 인조가 삼전도의 진흙밭에 머리를 조아리는 굴욕에도 삼학사의 의기가 살아 있어서 청나라의 속국이로되 국체國體와 국혼國魂을 지킬 수 있었다.

고려가 망할 때는 그래도 동족에 의한 역성혁명易姓革命임에도 두문동 72현의 지배층의 충의정신이 살아 있었다. 그런데 1910년 경술년에는 왜적에게, 고려시인 이규보가 노래한 것처럼 "발을 벗은 섬나라 오랑캐"들에게 송두리째 먹히게 되었는데도 두문동 72현은 커녕 매국노 72명이 일제에 나라를 판 공로로 각종 작위를 받고 거금을 챙겼다.

이들 뿐만 아니라 조선유생 721명이 이른바 '은사금'이란 것을 받게 되었으니, 이토록 추악하게 망한 왕조는 우리 역사에서는 처음 겪는 일이다.

백제와 고구려·발해가 망할 때는 그래도 왕족과 귀족들이 백성들과 함께 처절한 부흥운동을 벌였다. 싸우다가 세가 불리하고 역부족하여 주저앉았다. 조선왕조가 망할 때와는 사뭇 달랐다. 매국노·친일파라는 잡귀들만이 제철을 만난듯 출몰했을 뿐이다.

조선왕조(대한제국)가 망하면서 왕족이나 고관대작과 이들의 후손 중에 항일독립운동에 나선 이는 거의 없었다. 그래서 조선왕조의 멸망은 더 비극적이다.

한말 의병장 의암 유인석은 「탄 망국대부亡國大夫」란 시를 지어 애국심이 없는 높은 벼슬아치들을 질타했다.

> 들으라 높은 벼슬아치들아
> 나라가 망한 까닭 네놈들은 알리라
>
> 왕을 끼고 권력을 도적질해서
> 만백성의 선혈을 빨지 않았으냐
>
> 존망이 위급하니 무슨 마련 있었느냐
> 근심걱정 하나없이 편안이만 산 놈들아
>
> 공작·후작의 감투를 받아쓰고
> 왜놈 앞에 굽신굽신 개 노릇을 하는구나.[1]

합방–합병–병탄–병합의 의미

내정과 외교에서 대한제국을 장악하게 된 일제는 명실상부한 병탄을 위해 최후의 준비를 서둘렀다. 일제는 1909년 10월 26일 안중근 의사가 이토 히로부미를 처단하면서 대한제국을 급속히 병탄하기로 결정한 것처럼 알려져 왔다. 그러나 10·26 의거가 있기 전부터 이미 '작전'은 은밀히 진행되고 있었다.

일본 외무성은 우선 「대한침략의 방침안」에 쓰이고 있는 용어부터 통일하기로 하였다. 당시 일본 신문에는 '합방'과 '합병' 그리고 '병탄' 등의 단어가 구분 없이 쓰이고 있었다. 그러나 이들 두 단어가 모두 부적절하다는 인식이었다.

대한제국을 완전히 일본의 영토로 편입하는 것을 나타내기 위해서는 '합병'은 의미가 약하고, '병탄'은 너무 침략적인 뜻이 강하여 대외적으로 부적절하다는 것이었다. 그래서 병탄과 합병을 합쳐 '병합'이라는 단어를 고안하고, 이를 쓰게 되었다.

이와 관련하여 각의 결정의 원안을 작성할 때 외무성 정무국장이었던 구라치 데쓰기치倉知鐵吉는 지간의 사정을 다음과 같이 기록으로 남겼다.

> 당시 우리 관민 사이에 한국 병합론이 적지 않았지만, 합병 기준이 아직 충분히 명확하지 않아 혹은 한일 양국이 대등하게 합치는 것으로 여기기도 하고, 혹은 오흉국墺匈國[2]과 같은 종류의 국가를 만드는 뜻으로 해석하는 자도 있었다.
>
> 따라서 용어도 또한 '합방'이나 '합병'이라는 글자를 사용했지만, 나는 한국이 완전히 소멸되어 제국영토의 일부로 된다는 뜻을 밝히는 동시에, 그 어조가 너무 과격하지 않은 글자를 고르려는 생각에서 여러 가지를 고려하다가 결국 적당한 글자를 발견하지 못해서, 그 당시 아직 일반적으로 사용되지 않는 문자를 선택하는 편이 좋겠다고 생각하고 '병합'이라는 글자를 앞에서 말한 문서에 사용하고, 이후 공문서에는 언제나 '병합'

이라는 글자를 사용하게 되었다.[3]

일제는 이토가 대륙침략의 흉계를 꾸미고자 '장도長道'에 오르기 전에 이미 내각에서 구체적인 병탄(병합)의 작전에 돌입하고 있었다. 1909년 7월 가츠라桂太郎 내각은 각의에서 외무대신이 작성한 「한국병합에 관한 건」과 「대한시설 대강」을 만들었다. 「한국병합에 관한 건」은 그 해 3월 30일 가츠라 총리에게 제출되고 7월 6일 각의에서 결정하기에 이르렀다. 다음은 「한국병합에 관한 건」이다.

제국의 한국에 대한 정책은 우리 실력을 반도에 확립하고 그 파악을 엄밀하게 하려 함에 있음은 두 말할 필요가 없다. 러일전쟁 개시 이래 한국에 대한 우리 권력은 점차 그 크기를 더하여, 특히 작년 한일협약의 체결과 함께 한국에 대한 시설은 크게 그 면목을 개선했다고 해도 동국(한국)에 대한 우리 세력은 아직 십분 충실함에 이르지 못하고 동국 관민의 우리에 대한 관계도 역시 미비하여 전혀 만족할만 하지 못하므로 제국은 금후 동국에 대한 실력을 증진시키고 그 근저를 심화하여 내외에 대해 경쟁할 수 있는 세력의 수립에 힘쓰는 것을 필요로 한다.

이 목적을 달성하기 위해서는 차제에 제국 정부에 대한 다음의 대방침을 확립하고, 이것에 기초하여 제반 계획을 실행하는 것이 필요하다.

제1. 적당한 시기에 한국의 병합을 단행하는 것, 한국을 병합하고 이를 제국 판도의 일부로 하는 것은 반도에 있어 우리 실력을 확립하는 가장 확실한 방법이며, 제국이 내외의 형세에

318

조응하여 적당한 시기에 단연 병합을 실행하여 반도를 명실공히 우리의 통치하에 두고, 또 한국과 제 외국과의 조약관계를 소멸시키는 것은 제국 100년의 장계長計가 되는 것임.

제2, 병합의 시기 도래에 즈음하여 병합 방침에 기초하여 충분히 보호의 실권을 얻어 내어 실력의 부식을 도모할 것.

전항과 같은 병합의 대방침이 이미 확정되어도 그 적당한 시기가 도래하지 않는 한 병합의 방침에 기초하여 우리의 제반 경영을 진척시켜 반도에 대한 우리의 실력이 확립될 것을 기다릴 필요가 있음.[4]

다음은 「대한시설 대강」이다.

한국에 대한 일본정부의 대방침이 결정된 바 동국에 시설은 합병의 시기가 도래할 즈음에 다음과 같은 대요의 항목에 의거하여 실행하는 것이 필요하다고 인정한다.

첫째, 제국 정부는 이미 정한 방침에 따라 한국의 방어 및 질서의 유지를 담당하는 데에 필요한 군대를 동국에 주둔시키고, 또 출병이 가능한 다수의 헌병 및 경찰관을 동국에 증파하여 충분히 질서유지의 목적을 달성할 것.

둘째, 한국에 관한 외국교섭 사무는 이미 정한 방침에 의거해 이를 우리 손으로 관장할 것.

셋째, 한국철도를 제국철도원院의 관할로 이동시키고 동원의 감독하에 남만주 철도와의 사이에 밀접한 연락을 취하여 우리 대륙철도의 통일과 발전을 도모할 것.

넷째, 다수의 본국민을 한국으로 이주시켜 우리 실력의 근저
　　를 심화시킴과 동시에 한일 간의 경제관계를 밀접하게
　　할 것.
다섯째, 한국 중앙정부 및 지방관청에 부임한 본국인 관리의
　　권한을 확장시켜 한층 민활하게 통일적인 시정의 실행
　　을 도모할 것.[5]

통감을 데라우치로 바꿔 병탄 서둘러

한국을 병탄하기로 결정한 일제는 병약한 소네 아라스케 통
감을 소환하고 강경파 데라우치 마사다케寺内正毅를 제3대 조
선통감에 임명했다. 데라우치는 가츠라 내각의 육군상으로 한
국침략의 중추세력을 이룬 조슈 번 군벌을 계승한 대표적 무사
로 육군대학 총장을 지냈다. 그는 일본에서도 잔인무도하고 교
활하기로 악명 높은 무골武骨이었다. 비정하고 냉혹하여 독사
라는 별명이 붙은 냉혈한이다. 일제가 이토 히로부미와 같은 조
슈 번 출신의 호전적인 데라우치를 제3대 통감으로 임명한 것
은 무력과 간계를 동원해서라도 한국을 병탄하겠다는 야욕이
었다.

데라우치는 한국을 병탄하고 초대 조선총독이 되어 강력한
무단적 식민정책을 펼쳐 한국민을 사상 유례없는 고통 속으로
몰아넣었으며, 1916년 일본수상이 되어 시베리아 출병을 강행
하는 등 침략전쟁을 수행하는 전쟁광이기도 했다.

일본 육군대신을 겸한 데라우치는 1910년 한국병탄의 별명

이 붙은 냉혈한이다.

책임을 맡고 7월 23일 헌병 2,000여 명의 호위를 받으며 서울에 도착했다. 부임하여 한동안 사태를 관망하다가 8월 16일 총리 이완용과 농상공대신 조중응을 관저로 불러 현 체제로서는 한국의 시정개선이 도저히 불가능하고 2천만 한국민이 '합방을 원하고 있어' 속히 이를 실행에 옮길 필요가 있다고 하면서 합병조약안을 제시하였다.

데라우치가 '한국민이 합방을 원하고 있다'는 말은 전혀 근거가 없는 말은 아니었다. 다만 '2천만 한국민'이란 표현은 당치 않는 요언이었을 뿐이다.

일제는 1909년 7월 6일 내각회의에서 한국병합의 방침을 확정하면서, 그 부작용을 최소하고 국제적 명분을 얻도록 일진회 고문 스기야마三山茂丸에게 「병합청원 시나리오」를 준비시켰다. 어디까지나 한국민이 병합을 원하는 것처럼 꾸민다는 계략이었다.

일진회 우두머리 송병준은 이보다 앞서 1909년 2월 일본으로 건너가 '매국흥정'을 벌였다. 송병준은 국내에서 여러 차례 통감 이토에게 '합병'을 역설한 바 있었으나 일본 측의 병합계획에 따라 일이 늦어지게 되자 직접 일본으로 건너가 가츠라 수상 등 일본의 조야 정객들을 상대로 합병을 '흥정'하였다.

가츠라가 "한국을 병합한다면 상당한 돈이 필요할 터인데 얼마 정도 있으면 되겠는가" 하고 묻자 송병준은 곧바로 "1억 엔만 내시오, 그럴진대 이 몸 반드시 무난히 실행해 보이겠소"라고 기염을 토했고, 가츠라가 "1억 엔은 너무 비싸다…."고 하자 송병준은 "1만 4천 방리方里의 국토와 그에 따른 부원富源과 2

천만 명의 인구를 병합하는 것이므로 비싼 것이 아니라 오히려 값싼 것"이라고 하였다고 한다. 어떻든 양자 사이에서는 1908년경부터 이런 얘기가 교환되고 있었던 것만은 사실이다.[6]

라이벌 관계인 이완용은 송병준의 이 같은 활동을 눈치채고 통감부 외사국장 고마쓰小松錄와 합방문제의 교섭에 나섰다. 이완용은 일본어를 할 줄 모르기 때문에 일본에 유학했던 이인직을 심복비서로 삼아 고마쓰와 교섭에 나서게 되었다.

이 무렵 통감부에서는 이완용 내각을 와해시키고 그와 대립관계에 있던 송병준으로 하여금 내각을 구성하도록 할 것이라는 소문을 퍼뜨리고 있었다. 두 사람의 충성경쟁을 부추기려는 술책이었다.

이완용은 송병준 내각이 성립된다면 보복당할 우려가 있을 뿐만 아니라 합방의 주역을 빼앗길 것을 두려워하여 "현 내각이 와해되면 그보다 더 친일적인 내각이 나올 수 없다."면서 자기 휘하의 내각이 합방조약을 맺을 수 있음을 자진해서 통감부에 알려 충성심을 과시했다.

일제는 이와 같은 시나리오를 연출시키면서 점차 '병합'의 시기가 무르익어 가고 있다고 판단하여 스기야마를 내세우고, 이용구·송병준 등을 이용하여 이들로 하여금 「합병청원서」를 만들도록 부추겼다.

이에 따라 우치다와 송병준은 「합방건의서」와 3종의 「병합청원서」 초안을 만들었다. 이 초안을 일진회 일본인 고문 다케다茂田範之가 한문체로 개작·수정을 했다. 이렇게 다듬어진 문서는 1909년 12월 1일 이용구에게 교부되고, 일진회 총무 최영년崔永年 등이 검토한 끝에 광무황제에게 올리는 「합방상주

문」만 약간의 자구 수정을 한 후에 3통의 병합청원서가 완성되었다.[7]

이용구와 송병준은 「합방상주문」에서 "신들은 합방을 맺어 4천년의 불멸의 대전을 일으키고, 신라·고구려의 삼천리강토를 불변의 토대위에 세우는 바"라고 매국의 논리를 전개하면서 이완용 총리대신에게 보내는 별도의 서한에서는 "대일본 천황에 의뢰하여 합방을 조성하고 일한일가日韓一家, 우리 황실로 하여금 길이 만대의 존영을 누리게 하고, 우리 인민으로 하여금 1등국의 줄에 오르게 하며…"라고 합병의 필요성을 역설하여 천추에 씻지 못할 매국노의 길로 나섰다.

매천의 최후 지켜 본 동생의 기록

매천은 경술국치 소식을 풍문으로 들어 알고 있었으나 구체적인 사실은 9월 5일 배달된 『황성신문』을 통해서였다. 매천의 동생 황원은 형의 망국 소식을 듣고 순국하기까지, 그리고 유언 등을 「선형 매천공의 몇 가지를 기록하다先兄 梅泉公事行錄」로 남겼다.

5일에 공이 삼경三更까지 손과 바둑을 두다가 『황성신문』을 받아서 관솔불로 비추어 열람하였다. 이때 한 이웃 노인이 공과 함께 유숙留宿하려고 왔는데, 공이 술을 내다가 서너 잔을 대접하면서 말하기를 "내가 오늘 저녁에 일이 있으니, 당신은 내 아이의 처소에 가서 자시오." 하니, 그 노인이 마침내 물러갔다. 이때가 바로 사경四更이었다.

공이 문을 닫고 앉아서 「절명시絶命詩」를 짓고 인하여 자제들에게 남길 유서遺書를 지었는데 "의당 죽어야 할 의리…"를 먼저 말하고, 이어서 "염습斂襲에는 난복襴襆을 사용하고 치상治喪은 검소하게 치러서, 내가 부모상을 당했을 때 가난함을 몹시 상심했던 뜻을 기억해 달라. 여기저기 상자 속에 흩어져 있는 나의 시문詩文은 세밀히 찾아서 책을 만들되, 시의 경우는 연도를 밝히고 문의 경우는 문류門類를 나눈 다음에 식견識見 있는 사람에게 총괄하여 정리하도록 부탁하거라. 융희隆熙 4년 음력 8월 6일 새벽 등불 밑에서 매천이 마지막으로 쓰다."라고 하였다.[8]

매천이 이때에 쓴 「절명시」 1수는 다음과 같다.

> 조수도 슬피 울고 강산도 찡그리오
> 무궁화 이 세계는 망하고 말았구려
> 등불 아래 책을 덮고 지난 역사 헤아리니
> 세상에 글 아는 사람되기 어렵기도 합니다.

> 鳥獸鳴海岳嚬(조수명해악빈)
> 槿花世界已沈淪(근화세계기침윤)
> 秋燈掩卷懷千古(추등엄권회천고)
> 難作人間識字人(난작인간식자인)[9]

여기서 '글 아는 사람'은 이른바 지식인을 일컫는다. 필부초

동과는 달리 지식인은 재조 재야를 막론하고 국망에 책임을 져야 한다는 것이다. 황원의 기록은 이어진다.

이어 보충해서 쓰기를 "서책은 바로 내 정력精力이 담긴 것이니 잘 수호하거라. 오늘의 일을 사전에 의당 너희들에게 말했어야 하지만 너희들이 이 일을 그르칠까 싶어서 그만두었다. 여러 친구들에게도 두루 영결永訣하지 못한 까닭은 자못 감정을 억제하기 위한 것이다. 아연鴉煙(아편) 1전錢 2, 3푼分만 가지면 내 일을 마칠 수 있지 않겠느냐. 만일 일을 마치지 못한다면 또 어찌해야겠느냐. 동쪽 방앗간 밑에 있는 논 서 마지기는 계방季方에게 떼어 주거라."라고 하였다.

이 글을 다 쓰고 나자 닭이 두 머리째 울었다. 마침내 아연을 가져다가 자리 한쪽에 있던 사삼소주沙蔘燒酒 한 병에 타서 마셨다. 이 술은 바로 평소에 산증疝症을 치료하던 것이었다.

이른 아침에야 공의 장자長子 암현巖顯이 그 사실을 알고 나에게 달려와서 고하였다. 내가 가서 살펴보니, 공이 북쪽 벽 아래 누워 있으면서 나를 보고는 시선을 피하므로, 내가 두세 차례나 큰 소리로 외쳐 불러도 응답하지 않았다.

나는 공이 혼수상태인가 의심하여 붙들어 일으키려고 하자, 공이 손을 뿌리치며 말하기를 "네가 어찌하여 이런 짓을 하느냐? 내 정신은 평상시와 같고 조금도 아픈 데가 없다. 만일 약효가 없으면 장차 어찌하겠느냐?" 하였다.

아이 오줌과 생강즙을 드리자, 공이 그릇을 밀어서 엎어 버렸다. 내가 울면서 "하실 말씀을 해 주시기 바랍니다."라고 하자, 공이 말하기를 "네 나이도 40을 넘어서 조금은 깨달아 아는 것이 있을 터인데, 어찌하여 이토록 나를 가엾게 여기느냐. 세상일이 이렇게 되면 선비는 의당 죽어야 하는 것이다. 만일 오늘 죽지 않으면 앞으로 반드시 날마다 듣고 보는 것들이 모두 마음에 거슬림을 견디지 못해 바싹 말라서 극도로 쇠약해질 것이니, 그렇게 말라 쇠약해져서 죽는 것이 어찌 빨리 죽어 편안함만 하겠느냐." 하였다.[10]

매천은 다량의 아편을 소주에 타 마시고 목숨이 경각에 이르러서도 또렷하게 가정의 후사를 당부하고, 얼마 후 눈을 감았다. 황원의 기록이다.

또 집안일에 대하여 묻자, 공이 말하기를 "나는 집안일을 잊은 지 오래이다. 몇 가지 소소한 일들은 내가 이미 써 놓은 것이 있으니 그것을 가져다 보거라." 하고, 인하여 웃으며 말하기를 "약을 마실 때 세 번을 입에 대었다 떼었다 했으니, 내가 참 어리석었나 보다. 김손金係이 염려가 되니, 이웃집으로 데려다 두거라." 하였다.

그때 마침 형수兄嫂가 곁에 계신 걸 보고는 나가라고 손짓하며 말하기를 "남자는 부인의 수중에서 숨을 거두지 않는 것이다." 하였다. 형수가 안으로 들어간 다음 나에게 이르기를 "후일에 네 형수를 내 곁에 부장祔葬해 주라." 하였다. 이때 내가 공을 붙들어 앉히고 말하기를 "형님의 시문을 총괄하여 정리하는 일을 이경재李耕齋에게 부탁하면 되겠습니까?" 하니, 공이 한참 동안 깊이 생각하다가 말하기를 "김창강金滄江의 의견을 들어서 하려면 멀어서 방도가 없겠구나." 하였다.

그 후 오시午時부터 정신이 점차 혼미해져서 7일 새벽 닭이 두 머리째 울 때에 이르러 운명하였다.[11]

황원은 이 글에서 형의 독서 범위와 책사랑, 일상의 모습도 기록하였다.

총명함이 뛰어나서 1만 여 권의 책을 열람하고도 모두 다 기억했는데, 『자치통감강목資治通鑑綱目』 및 『명사明史』에 더욱 익숙하였다. 국조國朝의 전고典故에 대해서는 찾아 열람하지 않은 것이 없어 마치 손바닥을 가리키듯이 매우 명료하였으나, 유독 신임론辛壬論, 시벽론時僻論에 관해서만 항상 그 자세한 내용을 얻어보지 못한 것을 한스럽게 여겼다.

서책에 대해서는 치우치게 좋아하는 습관이 있어 심지어는 전답을 팔아서 구입하기까지 했고, 항상 모든 책을 다 읽지 못한 것을 한스럽게 여겼다. 그래서 좋은 책이 있다는 말만 들으면 수백 리 길이라도 반드시 가서 빌려왔으며, 책이 혹 해진 데가 있으면 보수해서 돌려주곤 하였다.

갑오경장 이후로는 세상의 변천을 사무치게 느끼어 비로소 서양의 서적을 구입하여 열람하였고, 『문헌통고文獻通考』, 『통전通典』 등의 서적까지 두루 구입하였다.

시문詩文을 짓는 데 있어서는 수미首尾를 미리 요량하지 않고 다만 붓 가는 대로 쓰면서 말하기를 "내 글은 붓에 있지 마음에 있지 않다." 하였다.

공은 글씨를 쓰면서 공을 들인 적이 없었다. 그러나 김창강이 항상 그 글씨의 강경한 골격과 뛰어난 기개가 천성에서 나온 것이라 비록 서법書法을 배우지 않았지만 절로 서법에 합치한다고 칭찬하였다. 평소 묘지에 관한 풍수설을 믿지 않으면서 말하기를 "백골白骨에는 길흉吉凶이 있지만, 자손에게 화복禍福은 없다." 하였다.

주량은 작아서 소주 석 잔만 마시면 바로 취하지만, 독한 술이 아니면 마시지 않았고, 담배 또한 독한 것을 취하였다.[12]

절명시 4수 남기고 56세로 운명

매천은 「절명시」 4수를 유시遺詩로 남겼다. 앞에서 소개한 1수를 제하고 소개한다.

어지러운 세상에 떠밀려 백두의 나이에 이르도록
목숨 버리려다 그만 둔 것이 몇 번이던고
오늘에야 참으로 어쩔 수 없는 지경에 이르렀으니
바람 앞의 촛불 번쩍번쩍 창천에 비추누나.

요기가 하늘을 가려 제성帝星이 옮기니
대궐은 침침한데 시각이 더디구나
조칙은 이제부터 다시 내리지 않으리니
임랑琳瑯의 종이 한 장, 눈물 하염없네.

내 일찍이 큰 집을 지탱함에 서까래 반조각의 공도 없었으니
충忠은 아니요 다만 인仁을 이루려 함이로다

겨우 윤곡尹穀(남송의 열사)을 따르는데 그쳤을 뿐이니

그 당시 진동陳東(북송의 지사)의 행동을 밟지 못함이

부끄러워라.[13]

매천은 1910년 9월 10일(음력 8월 17일) 국치의 소식을 듣고 지식인의 책임을 통감하며 음독 자결하였다. 56세였다. 해주 오씨와의 사이에 2남 1녀를 두었다. 장남은 암현巖顯이고 차남은 위현渭顯인데, 위현은 중부仲父 연璉의 양자로 들어가고, 딸은 안병란과 결혼하였다.

매천의 유해는 9월 20일 구례의 유자촌 뒷산 간좌艮坐의 언덕에 매장하였다. 유언에 따라 『세설신어世說新語』 한 질을 광중壙中에 묻었다. 국치 직후의 불안과 공포분위기여서 장례식은 일경의 감시하에 조촐하게 치러졌다.

그런 속에서도 전국 각지에서 당대의 식자 156명이 『애사哀辭』를 쓰고, 39명이 제문祭文을 지어 문상하고 애도하였다. 김택영·이건승·임병찬 등이 애사시를 쓰고, 전우田愚는 애사를 지었다. 매천의 순국 소식은 위암 장지연이 『경남일보』 제147호에 「절명시」를 소개하면서 세상에 알려졌다.

지인들의 매천 평가·추모

매천이 순국한 후 김택영은 그의 약전 「본전本伝」을 지었다. 주요 대목이다.

황현은 너른 이마에 눈썹은 성기고 눈빛은 초롱초롱하되 근시인 데다 오른쪽으로 틀어졌다. 사람됨은 호협하고 쾌할하고 방정하고 강직하여 악인을 원수처럼 미워하였고, 기개가 높고 오만하여 남에게 굽혀 따르지 않았으며, 귀현貴顯한 무리의 교만한 태도를 보았을 경우, 걸핏하면 면박하여 과실을 힐책하였다.

그리고 평생 자기가 좋아하던 이가 유배되었거나 죽었을 경우에는 천리길이라도 도보로 달려가서 위문하는 일이 많았다. 옛글을 읽다가도 충신·지사가 원통하게 곤액을 당한 사건을 만나면 눈물을 줄줄 흘리지 않는 적이 없었다.

학문은 정통精通함을 위주로 하여 시속의 진부한 학자들과는 종위하기를 좋아하지 않았고, 역대의 사적에 기재된 치란성쇠의 자취로부터 병兵·형刑·전錢·곡穀의 제도에 이르기까지 연구하고 관찰하기를 좋아하였다.

일찍이 서양의 이용후생의 학술에도 마음을 두어 당세의 어려움을 구제하려는 생각을 가졌다. 문장을 짓는 데 있어서는 시詩에 더욱 조예가 깊어서 소자첨蘇子瞻(소식을 말함), 육무관陸務觀(육유를 말함)의 풍風이 있었다.[14]

생전의 절친한 벗이었던 충북 보은 출신 박문호朴文鎬(1846~1918)는 「매천 황공 묘표墓表」를 지었다. '묘표' 답게 생애를 약술한 내용 중에서 마지막 부문이다.

아, 선비의 신분으로 불행하여 사옥社屋(망국을 의미)의 세상을 만났을 경우, 비록 얻은 땅은 없을지라도 타고난 양심은 있는 것이다. 이 때문에 사람이 꼭 죽어야 할 책임은 없지만 몸은 의당 죽어야 할 의리가 있는 것이니, 이것은 유독 선비만이 아니라 하천한 사람으로부터 하늘로 머리 쳐들고 땅을 밟고 다니는 모든 인간에 이르기까지 다 같은 입장인 것이다. 그러나 그 의리를 매천과 같이 능히 실천한 사람이 몇이나 되겠는가.

생각컨대 나 같이 못난 사람은 영재寧齋처럼 편안하게 사건이 발생하기 전에 온전히 돌아가지 못했고, 창강滄江처럼 고상하게 기미를 보고 멀리 떠나버리지도 못했으며, 지금에 와서는 매천처럼 용감하게 일을 당하여 스스로 결단하지도 못한 채 구질구질하게 살기를 탐하여 이 세상의 온갖 고통을 스스로 받고 살면서 그 부끄러운 낯으로 이 글을 짓고 있으니, 이것이 어찌 말만 할 줄 아는 앵무새와 다를 것이 있겠는가. 부끄러울 뿐이다.[15]

김택영은 매천의 부음을 듣고 「황매천 선생 상찬像贊」을 지었다.

용모는 범용했으나 기개는 우뚝하였고
시력은 흐리었으나 마음은 환히 밝았네
문사를 숭상하여 끝내는 윤곡尹縠(남송 말기 학자)과 한 무리가 되었도다
어찌 풍만한 몸집 윤택한 살결에 얼굴이 붉고 번지르르한 자만 부끄러울 쏜가
세상의 도덕으로 걷치레하는 자의 이마에 땀을 흘리게 할 만하다.[16]

후학 개성의 왕수환은 「매천공 상찬」을 지어 혼령을 기렸다.

이 한 조각의 화상은 단청이 퇴색할 때가 있겠지만

그의 문장은 묻힐 때가 있을지라도

그의 충렬의 기개는 활활 타올라 하늘을 찌르지 않을 때가

없으리라.[17]

후학으로 평양의 박창현이 「평어評語」를 지어 매천의 매운 혼을 기렸다.

시는 이치·기력·성향聲響 이 세 가지를 갖춘 다음에야 바야흐로 명가名家라 할 수 있다. 지금 매천 선생의 시를 보건대, 이치의 정교함은 마치 봄누에가 고치를 지은 것 같고, 기력의 강경함은 마치 장사壯士가 적의 진영을 공격하는 것 같고, 성향의 청량함은 축筑의 애절한 가락이 대청에 울려 퍼지는 듯하다.

시가 이 경지에 이른 것도 천고千古에서 드문 작품이라 할 수 있는데, 더구나 우뚝한 크나큰 절개까지 겸했음에랴.[18]

지식인의 역할과 매천

시·서·화·문·사에 능한 '5절'의 지식인

동양에서는 시詩·서書·화畵에 높은 수준에 달한 문인을 삼절
三絕이라 일컬으며, 여기에 문文과 사史에 모두 능하면 오절五絕
이라 불렀다. '삼절'이나 '오절'의 경지에 들기는 쉽지 않았다.

매천은 시·서·화·문·사에 능통한 흔치 않는 지식인이었다. 여
기에 실천성도 갖고 있었다. 비록 의병을 조직하거나 해외 망명
을 결행하지는 못하였으나 『매천야록』, 『오하기문』 등을 통해
격동하는 시대상을 후세에 남기려는 역사의식을 갖고 있었다.
그리고 학교를 세워 청소년들을 가르쳤다.

고래로 지식인의 역할은 나라의 운명을 가름할 만큼 중요하
다. 지식인만 깨어 있으면 설혹 위정자나 지배그룹이 부패 타락
해도 국가의 쇠망을 막을 수 있다. 한말의 지식인은 대부분 관
료들이었다. 이들의 시대의식의 결여와 부패가 무능한 정부를
견제하지 못하고 결국 망국으로 이어졌다. 매천과 같은 소수의

지식인이 있었지만 중과부적이었다. 여기에서는 매천의 역할을 상정하면서 지식인의 역할을 살피기로 한다.

미네르바Minerva의 부엉새는 황혼에 날개를 펴고 날아다닌다고 한다. 헤겔이 말하는 미네르바는 로마신화에 나오는 지혜의 여신이요 부엉새는 이 여신이 지극히 총애하는 새다. 지혜의 여신 미네르바가 사랑하는 부엉새는 대낮의 활동과 현실의 움직임이 다 끝난 황혼에 조용히 나래를 펴고 날아다니면서 현실의 활동을 살핀다.

헤겔이 그의 『법철학강요』 서문에서 지적한 미네르바의 부엉새란 철학·사상·이론·세계관을 상징한다. 헤겔은 왜 철학·사상·이론·세계관을 대낮이 아닌 황혼으로 상징했을까.

미네르바의 부엉새는 황혼에 날지만 깨어 있는 지식인은 새벽을 날면서 여명을 밝힌다. 이 여명을 자유·정의·진리·진보·민주·평등의 가치라고 이름 붙여도 좋을 것이다. 깨어 있는 지식인은 권력과 독선과 아집과 편견으로 가득 찬 캄캄한 어둠을 뚫고 새로운 여명의 지평을 밝힌다.

깨어 있는 지식인들의 선지자적인 활동이 아니었다면 인류문명은 중세의 어둠, 독재의 폭력, 종교의 도그마, 이데올로기의 광기에서 헤어나지 못했을 것이다.

지식인은 시대의 증인이다. 진실과 허구를 밝히는 증인이다. 지식인은 미래를 여는 개척자다. 새벽을 알리는 수탉처럼 문명사를 여는 선지자다. 그러나 시대를 증언하고 허구를 밝히고 새벽을 알리는 역할에는 수난이 따른다. 수구의 안일, 허구와 위선, 한밤중의 몽유에 빠져있는 사람들에게 새벽의 홰치는 소리는 거추장스러운 훼방꾼에 불과하다. 때문에 박해가 가해지고 수난을 당하게 된다.

증인이란 영어로 Martyr라고 하는데 이것은 그리스어의 순교자에서 어원을 두고 있다고 한다. 증인이 순교자의 뜻을 갖고 있는 것은 참으로 오묘하다. 진실을 증언하려면 순교의 박해를 각오하지 않으면 안 된다는 뜻이리라.

지식인이 진실을 밝히는 작업에는 비판을 전제로 한다. 지식인은 비판을 본질로 하여 존재한다. 비판정신은 지식인의 생명이다. 가설에서 진실을 도출하기 위해서는 비판과 반론과 논증을 거쳐야 한다. '비판'을 뜻하는 영어의 critique의 어원인 희랍어나 한자인 비판批判이나 다 같이 '是와 非를 半으로 쪼개어刀 보여준다示'를 의미하는 것은 새겨 볼 만하다.

비판의 의미는 어떤 사실이나 사상, 또는 행동의 진위, 우열, 가부, 시비, 선악, 미추 등을 판정하여 그 가치를 밝히고 평가하는 인간고유의 고등정신 활동이다. 맹자는 "비시지심 지지단야 非是之心 智之端也"라 하여 옳고 그름을 따지는 마음이 슬기라는 인간본성의 단서가 된다고 지적했다. 이때의 '非是之心'이 다름 아닌 비판정신의 근본임은 두 말할 나위도 없다.

비판을 모르는 지식인, 비판능력이 없는 지식인은 임포텐스 鼓子이다. 한갓 지식기술자에 불과하다. 도끼날에 향기를 묻히는 향나무 같은 존재, 매천과 같은 선비가 진짜 지식인이다. 이런 지식인을 우리는 '지성인'이라고 부르기도 한다. 소크라테스처럼 독배를 마시면서도 진리에 대한 소신과 사실을 왜곡시키지 않는 사람이 참지식인인 것이다. 매천이나 면암처럼 고난 속에서도 정론을 편 사람이 진정한 지식이다. 비록 제 몸은 도끼날을 받아 희생되지만 진리와 정의의 향기를 뿜는 지식인, 이들에 의해 민족혼이 지켜지고 인류문명사가 열렸다.

지식인을 인텔리겐차라 한다. 이 용어는 1860년대에 러시아 작가 보보리킨Boborykin이라는 사람의 저술에서 처음으로 사용된 후 일반화되었다. 원래 인텔리겐차란 용어는 통찰력, 이해력, 사고력을 의미하는 라틴어 intelligentsia의 러시아식 발음이다.

지식인에 대한 일반적 정의를 에드워드 쉴즈는 "지식인은 인간과 사회와 자연과 우주에 관한 일반적 범위의, 그리고 추상적 내용의 상징들을 그들의 의사소통과 표현에 있어 대부분의 다른 사회구성원들보다도 더 빈번히 사용하는 자들을 총칭하는 것이다."라 했고, M. 립세트는 "문화, 즉 예술이나 과학 또는 종교를 포함한 인간의 상징적 세계를 창조하고 배분하며 응용하는 자"라고 했다.

칼 만하임에 따르면 "지식인은 이해의 갈등을 사상의 갈등에로 전환시킬 수 있는 인물일 뿐만 아니라, 사회의 불평불만의 잠재적 근원을 밝히고 사회구성원들에게 불만의 잠재적 근원을 밝혀 사회 내에서 자기인식의 깊은 의미를 깨닫게 하는 사람"이라고 정의한다.

다음으로 지식인의 기능이 무엇인가에 관해 살펴보자. 프랑크 노펠마허는 지식인의 개념을 정의하기 위해, 누구나 합의할 수 있는 속성을 세 가지로 정리한 바 있다.

첫째, 고등교육을 받았거나, 그 수준 이상의 지식을 갖는다.

둘째, 인간의 운명에 대하여 관심을 갖는다. 전공분야는 물론 그밖의 도덕 문제에 대해서도 관심을 갖는다.

셋째, 그는 정치나 도덕에 관한 의견을 언어나 문장으로 표현함에 있어서 능숙하다. 지식인은 기존의 사상이나 제도를 비판적으로 분석하며, 사회관습에 도전하기도 한다. 그들은 단순히 사람들의 생활양식을 비판하는 데 그치지 않고, 자기의 소신에 따라 남들과 다르게 행동하고 생활한다.

지식인이 제 기능을 수행하려면 몇 가지 전제조건이 필요하다.

첫째, 전통적 이데올로기나 종교의 통제가 엄하지 않아야 한다. 그리고 사회가 회의주의자나 비평가의 자유를 박탈하려 하지 않아야 한다.

둘째, 지식인이 청중에게 의사소통할 수 있는 수단, 곧 신문, 라디오, TV같은 매체에 자유롭게 접근할 수 있어야 한다.

셋째, 사회비평을 듣기 좋아하며, 자기들의 의견과 달라도 발표의 자유를 존중해 주는 풍토가 되어야 한다. 청중이 없는 지식인의 소리는 황야에서 부르짖는 소리밖에 안 된다.

넷째, 지식인의 발언을 정부 권력의 억압으로부터 보호해 주는 사회세력이 있어야 한다. 정부 권력은 어찌할 수 없는 독립적이고도 강력한 제도적 뒷받침 없이는 지식인이 자기 기능을 수행하기 어렵다.

참지식인의 역할

지식인은 내부에 보편성과 특수성의 갈등을 지니고 있으면서 특수주의에 행동으로 대항한다. 지식인들이 해야 할 일에 대해 사르트르는 그 '역할'을 구체적으로 제시한다.

첫째, 대중계급 내에서 영원히 되풀이 되어 나타날 이데올로기와 싸우는 일이다. 지식인은 모든 이데올로기를 폐기해 버리는 데 힘써야 한다.

둘째, 지배계급에 의해 주어진 자본으로서의 지식을 민중문화를 고양시키기 위해 사용하는 일이다.

셋째, 혜택 받지 못한 계층 안에서 실용지식, 전문가가 배출되도록 하여, 그들로 하여금 스스로의 계층과 유기적 지식인이 될 수 있도록 힘을 써야 한다.

넷째, 지식인 고유의 목적(지식의 보편성, 사상의 자유, 진리)을 되찾아 인간의 미래를 전망해 보아야 한다.

다섯째, 눈앞의 당면과제를 넘어서 궁극적으로 성취해야 할 목표를 보여줌으로써 진행 중의 행동을 근본적인 것으로 만들어야 한다.

끝으로, 모든 권력에 대항하여 대중이 추구하는 역사적 목표의 수호자가 되어야 한다.

지식인은 고독하다. 중간계급에 속해있기 때문에 지식인의 고독은 숙명적이다. 지배층에서는 공허한 말로 권력을 비난하여 국민을 선동한다고 배척하고, 피지배층에서는 지배층의 앞잡이나 공범자라고 멀리한다.

그래서 권력계급으로부터 추방되고, 피지배 계급으로부터는 의심을 받으면서 중간계급을 형성한다. 중간적 위치에서 근원적인 목적, 다시 말해서 인간해방, 인간의 보편화, 인간의 인간화를 추구한다.

지식인과 권력은 서로 대결의 속성을 갖고 있다. 보편적, 추상적인 가치에 대한 지식인의 몰입과, 정해진 사회 관례 사이의 일반적 긴장이 서로 대결의 상태를 갖게 되는 것이다. 따라서 지식인은 매일매일 타협과 조정에 무심하고 있는 권력자의 현실적 관심을 경멸하면서 얼굴을 돌리는 경향이 있으며, 권력자

측에서는 지식인의 비실제적이고, 비현실주의적 태도를 용납하려 하지 않는다. 지식인과 권력은 상호 불가해의 관계를 지속해 온 것이다.

지식인의 역할 가운데 가장 핵심적인 것은 창조적인 기능이다. 지식인은 창조적인 소수자로서 인체의 백혈구같은 또는 바다의 염분같은 역할을 수행한다. 지식인의 역할을 백혈구와 염분에 비교하는 데는 그만한 이유가 있다. 예컨대 인체의 혈액 1입방밀리미터에는 약 1만 개의 혈구가 있지만 그중에서 백혈구는 20여 개에 지나지 않는다. 적혈구 수에 비해 500:1이다.

그러나 인체를 해치는 병균이 침입하면 이 소수의 백혈구가 일선에 나서서 저항하며 싸운다. 염분의 경우도 비슷하다. 바다가 항상 깨끗함을 유지할 수 있는 것은 0.3%정도의 염분을 함유하고 있기 때문이다. 바다는 이 염분이 정화기능을 담당함으로써 청정함을 유지한다.

지식인이 그렇다. 독재권력의 횡포를 비판하고 예술·문화·과학·종교 등 창조적인 역할을 하는 데 백혈구같은 역할, 바다의 염분같은 기능을 해야 하는 것이다.

루이스 코저는 권력과 지식인간의 관계와 관련, 지식인을 다섯 가지 유형으로 분류했다. 첫째 권력장악자로서의 지식인, 둘째 정치권력의 내부로부터 개혁을 선도하는 지식인, 셋째 권력을 합법화, 정통화시켜주는 지식인, 넷째 권력에 대한 비판자로서의 지식인, 다섯째 외세지향형의 지식인이 그것이다.

권력장악자로서의 지식인 집단은 쟈코방이나 초기의 볼셰비키를 들 수 있다. 지식인으로서의 자질을 그대로 유지하면서 권력을 장악한 사람으로서는 대표적으로 디즈레일리, 글래드스

톤, 기조, 월슨, 네루, 마사릭, 루이지, 판파니, 에르하르트 등 극소수의 지식인이 있다.

권력의 내부로부터 개혁을 시도했던 지식인그룹에는 페이비언주의자나 월슨, 루즈벨트 대통령의 브레인 트러스트를 들 수 있다. 이들은 권력자의 정책결정에 조언하고 방향을 제시한다.

또 지식인들은 자신들의 욕구를 권력자에 의해 구현시키고자 권력자의 충실한 조언자의 역할을 담당한다. 이 경우의 지식인에는 시라큐스와 플라톤, 왕정복고 이전의 홉스와 찰스2세, 케인즈와 영국대장성과의 관계, 시드니웹부처와 영국의 자유당 정부, F.D. 루즈벨트 대통령과 그의 브레인 트러스트 등이 손꼽힌다.

독재·부패 권력을 합법화시켜주거나 권력자의 행동을 미화시켜주고 권력자의 더러운 속옷을 깨끗한 겉옷으로 가려주는 역할을 맡은 지식인이 이른바 어용지식인이다. 이명박 정권의 4대강 옹호, 박근혜 정권의 국정교과서 지지, 이 경우의 지식인이 가장 타락하고 반지성적인 그룹이다. 이들은 권력에 빌붙어 온갖 추태와 곡예를 서슴지 않았다.

진시황 밑에서 분서갱유를 헌책한 이사李斯, 히틀러를 야수로 만든 괴펠스, 단종의 목을 베라고 재촉한 신숙주, 언론인 대량해직을 부추긴 5공정권의 허문도許文道·이진희李振羲 등 동서고금을 통해 숱하게 많은 어용지식인 군상이 있다. 이와 함께 불의와 부패, 오류에 대하여 입을 다문 지식인들을 '피동적인 타락'의 지식인으로 분류할 수 있다. 이명박근혜 정부에서 타락한 지식인·언론인들의 행태는 반드시 역사의 필주를 받아 마땅하다.

다음으로는 권력에 대한 비판적인 지식인 그룹이다. 이들은 사회정의의 양식을 소유한 지식인으로서 현실타파의 진보성향을 갖고 있다. 따라서 권력으로부터의 박해와 수난을 마다하지 않으면서 진리의 수호자로 나선다.

소크라테스, 예수, 공자를 비롯하여 많은 선지자, 예언자, 선각자, 지식인들의 비판활동과 저항운동이 지속됨으로써 문명사의 발전이 가능했고 지성사는 승계되었다.

마지막으로 외세지향형의 지식인이다. 이들은 자기 나라의 문화에 극히 비판적이면서 외국문물을 맹목적으로 숭앙한다. 스스로는 코스모폴리탄으로 착각하면서 사대주의적인 의식에서 벗어나지 못한다. 정신적인 무국적자라 할 수 있다. 최근 미국에 건너가 '큰 절'을 올리는 정상배들의 행태는 전형적인 무국적자에 속한다.

참지식인이 걸어야 할 정도

레이몽 아롱은 지식인의 비판활동의 유형을 기술적 비판, 논리적 비판, 이데올로기적 비판으로 분류한 바 있다. 그러나 어떤 유형의 비판활동이든 간에 양심과 정의의 전제에서 이루어지지 않으면 파행적일 수밖에 없다. 비평 또는 비판활동이 편향적이거나 의롭지 못한 주장이라면, 그것이 아무리 미사여구로 포장되었다 해도 바른 비판이 될 수는 없다.

진정한 지식인만이 바른 비판자가 된다. 진정한 지식인은 바른 비판능력을 갖추기 때문이다. 같은 스승 밑에서 같은 학문을 하고서도 어떤 사람은 어용지식인이 되고 어떤 사람은 순교적인 지식인이 된다.

마치 같은 물을 마시고도 소는 젖을 만들고 뱀은 독을 만들 듯이, 똑같은 대竹를 갖고도 어떤 사람은 천하를 울리는 피리를 만들고 어떤 사람은 인명을 해치는 죽창을 만들듯이, 지식인의 행동양식도 이와 비슷하다. 지식인이 진실과 정의의 입장에 서 느냐 권력의 편에 서서 안락을 즐기느냐에 따라 소와 뱀, 피리 와 죽창의 방향으로 갈라진다.

그러나 지식인의 권력 참여가 무턱대고 죄악시 되는 것은 아니 다. 정치참여의 모든 경우를 죄악시 하는 것은 편협한 흑백논리 에 속한다. 문제는 어떤 권력에 어떤 자세로 참여하느냐에 있다.

앞서 지적한 페이비언주의자나 루즈벨트 대통령과 케네디 대 통령 정부의 브레인 트러스트를 어용으로 보거나, 이들의 정치 참여가 잘못이라고 비판하는 사람은 없다.

뿐만 아니라 드골 정권의 문교상으로 입각한 앙드레 말로를 어용문인으로 평가하는 사람도 없고, 닉슨 정권에서 국무장관 이 된 키신저 박사를 타락한 정치교수라고 험담하는 사람도 없 다. 이들은 재야에 있을 때나 재조에 들어가서나 신념과 정도와 원칙을 지킬 수 있었고, 그들이 선택한 권력이 정통성을 갖는 정부이기 때문이다.

밀로반 질라스는 '신계급'을 논하면서 자기가 참가했던 혁명 이 새로운 독재와 새로운 귀족계급을 탄생시키는 방향으로 반 동화하자 단호한 자세로 그들과 결별하고 추상같은 비판자로 나섰다. 가혹한 형벌이 뒤따르리라는 것을 충분히 예상하면서 질라스는 그 길을 택한 것이다.

이것은 지식인의 한 전형이다. 베토벤은 나폴레옹에게 바칠 '영웅교향곡'을 만들었다가 그가 권력에 눈이 멀어 황제에 취임하자 가차없이 찢어버리고 교향곡을 다시 만들었다. 이것은 지식인의 용기이다.

공자는 위偉의 영공靈公이 환자宦者와 같은 수레를 탔다는 이유만으로 위나라를 떠나서 진나라로 갔다고 한다. 이것은 지식인의 도덕성이다. 조담趙談이 천자와 같은 수레를 탔다고 해서 원사袁絲는 얼굴빛이 변했다고 한다. 이것이 지식인의 순수성이다. 토크빌은 루이 나폴레옹의 쿠데타에 반대하여 그에 대한 고발장에 서명한 후 스스로 감옥행을 택했다. 이것은 지식인의 소신이다.

나폴레옹은 '합법성을 유지하기 위해서 합법성을 파괴한' 권력자다. 역사에는 이런 나폴레옹의 아류가 무수히 등장했다가 소멸한다. 많은 유능하고 박학한 지식인들이 독재자에게 가담하여 역사의 진보를 가로막고 패악과 오류를 확대재생산해 왔다. 상황이 바뀔 때마다 자신들의 행동에 아무런 모순도 갈등도 느끼지 않고 또다른 권력에 편승하여 일신의 안일을 꾀하는 지식인들이다.

이런 경우의 대표적인 사례의 하나를 우리는 헤겔에게서 찾을 수 있다. 헤겔(1770~1831)은 나폴레옹이 예나를 침공할 때 친구에게 쓴 편지에서 "나폴레옹 황제! 나는 이 세계정신(절대정신)이 말을 타고 시가를 행진하며 그의 대군이 행진하는 모습을 지켜보았다. 이 세계사적 개인이 마상馬上의 한 점으로 우주정신을 휘몰아 결집시키고 있는 모습을 바라보는 것은 정말 황홀한 느낌이었다. 이 세계사적 개인은 이 마상의 한 점에서 세계를 뒤덮고 세계를 지배하는 것이다"라고 썼다.

매천의 비판정신과 어용지식인들

요한 호이징가의 '중세의 가을'도 이랬을까. 21세기 한국지식인 사회가 1400년 경 중세를 닮는다면 비극이다. 서양 중세는 기독교가 지배한 사회였다.

세상에 신의 뜻이 드러나지 않은 것이라곤 하나도 없던 시대에 성직자들이 신(종교)을 타락시키고 자신들은 부패했다. 600년이 지난 지금 한국사회는 성직자의 자리를 지식인들이 차지했다. 타락한 지식인들이 역사의 진보를 가로막고 사회를 혼탁시킨다.

한말 나라가 무너질 때 그나마 매천 황현과 같은 선비가 있어 지식인의 도리를 다했다. "국가가 선비를 양성한 지 500년에 망국의 날이 오고 한 사람도 국가를 위해 순사한 사람이 없다하니 어찌 통탄할 일이 아니냐"면서 음독자결했다. 낙향한 선비일뿐 망국에 책임질 처지가 아닌데도 '평생에 독서한 뜻'을 남기기 위해 죽음의 길을 택한 것, '독서인' 즉 지식인의 무한책임을 매천이 보여준다.

21세기 초에 우리 수구 지식인들의 행태는 중세 성직자들과 크게 다르지 않다. 지식인이란 학자나 작가뿐만 아니라 정치인·언론인·법조인·관료 등 많이 배우고 높은 자리에 앉아있는 지도층을 총칭한다. 그들은 오늘의 위치에 오르기까지 많이 공부하고 학식을 쌓은 사람들이다. 그런데 배운 학식과 전문성을 목민牧民과 사회정의, 진리 구현에 쓰지 않고 불의와 사익추구에 활용한다.

조선왕조 후기는 주자학이 교조화되면서 지식인들이 타락하고 수구화되어 일본과 제대로 싸워보지도 못하고 나라를 빼앗겼다.

한국의 수구지식인 그룹은 일제 부역자들과 냉전주의자들이 역대 독재정권과 결탁하면서 지배세력으로 자리 잡았다. 이들은 이승만 정권에서 박근혜 정권에 이르기까지 실질적인 지배집단으로 군림하고 90년대 이후 민주화 시대에는 지역주의와 색깔론을 통해 개혁세력을 탄압하면서 지배권의 영속화를 기도한다.

족벌신문에 정기적 또는 사안별로 기고하는 지식인 군상을 보면 지금이 중세인지, 유신시대인지, 5공시대인지 혼란에 빠진다. 민주화를 짓밟고 색깔론을 편 '그때 그 사람들'이거나 그들의 혈통을 이은 아류亞流들이 대부분이다. '4대강 죽이기'와 50조 억을 날린 이명박의 '자원외교'를 옹호하고, 헌법재판소의 정당해산을 찬양하는 지식인들이었다.

일본재무장은 외면하면서 북한이라면 치를 떤다. 민주적 시민단체를 종북으로 몰고 개혁 진보 인사들에 붉은색을 칠한다. 군사독재와 유착해온 족벌신문이나 '곡학아세' 문인들의 책이나 작가의 소설이 많이 팔리고 영향력 있는 언론인·작가행세를 한다. 부패한 관리나 법조인도 정계에 나가면 선량이 되고, 구시대의 수구지식인들이 신세기 여론의 향도역할을 한다.

독재와 그 아류 권력주변에 조폭이 기생하고 검찰·국정원의 '꼴뚜기'들과 결탁하여 세력화했다. 이들에 빌미를 준 '권력주변'도 척결의 대상이지만 '이명박근혜' 관련 사건에는 흐물거린 사법부와 검찰 역시 숙정의 대상이다. 깡패조폭보다 '언론조폭' '지식인조폭'의 패악이 더 심하다. 프랑스가 나치 잔재를 청산할 때 기업·관료군에 비해 언론·지식인을 무겁게 처단한 것은 그들의 패악이 훨씬 심했기 때문이다.

수구지식인이 주류가 되는 한국의 지식인 사회는 여전히 달팽이처럼 갑골甲骨에 갇히고 그 뿔 위에서 쟁투하는 형국이다. 지식인집단의 타락과 이기주의가 극에 달했다. 유럽 '중세의 가을'은 계몽주의 지식인들에 의해 르네상스를 열었는데, 한국 21세기 수구 지식인들은 역사의 시계를 거꾸로 돌린다. 깨어 있는 지식인들의 역할이 어느 때보다 중요하다. 빈 들에서 외치던 매천 선생의 비판정신이 새삼 그리운 계절이다.

구례 매천사를 돌아보며

조선왕조가 대륙의 강국 명·청과 해양의 포악한 일본의 틈 사이에서 임진·정유왜란과 정묘·병자호란을 겪으면서도 500년의 사직을 유지할 수 있었던 것은 여러 조건과 배경이 있었지만, 대표적인 것은 사림士林 즉 재조·재야에 의기 있고 올곧은 선비들이 있었기 때문이다.

지엄한 군주체제에서도 선비들은 목숨을 걸고 할 말을 하고, 군왕은 상당 부분 이를 수용하였다. 해서 여론정치가 형성되고 갖가지 논쟁이 국정의 중심을 이루었다. 조선 후기에 이르러 사색당파가 극심하고 세도정치가 자행되어 1당1파에 권력이 집중되면서 국정이 동맥경화증에 걸리고 국세가 기울어갔다. 사림정치가 종언을 고하게 되었다. 조선시대에 선비들에게 '사유四維'가 수칙으로서 요구되었다. 『관자管子』의 주제어인 '사유'란 예禮·의義·염廉·치恥를 말한다. 4유를 지킬 것을 강조한 이유는 이렇다.

나라에는 4유가 있는데, 1유一維가 없어지면 기울고 2유二維가 없어지면 위태롭고, 3위三維가 없어지면 전복하고, 사유四維가 없어지면 멸망하게 된다. 기울면 바르게 고칠 수 있고, 위태로우면 편안케 할 수 있고, 전복하면 일으킬 수 있으나, 멸망하면 다시 회복시킬 수 없는 것이다.

(그렇다면) 4유四維란 무엇인가. 첫째는 예요, 둘째는 의요, 셋째가 염이며, 넷째가 치이다. 예는 절節을 넘어설 수 없고, 의는 스스로 나갈 수 없으며, 염은 악을 가질 수 없고, 치는 잘못된 것을 따르지 않는다.[1]

매천의 평전을 쓰면서 시종 머리를 떠나지 않았던 것은 지식인의 역할이었다. '사유'를 잃어버린 지식인의 타락이 조선을 망치고 친일 사대주의에 매몰되면서 민족정기와 사회정의를 짓밟았다. 그리고 그 잘못된 유전자가 오늘에까지 이어지고 있다. 무능한 군주와 왕족, 정부 대신들은 '4유'를 잃었고, 지식인들은 이를 지키지 못하였다.

매천은 지식인의 책임을 다하고자 매국의 소식을 듣고 스스로 목숨을 끊었다. 그는 자기가 살았던 시대의 인물이지만 누구보다 문제의식을 갖고, 그 시대의 아픔을 온몸으로 겪었다. 그래서 시대를 뛰어넘었고 역사와 만났다.

그의 죽음은 생자들에게 그리고 역사에 긴 울림을 남겼다. 그가 역사 속으로 사라졌지만 실패자로 기록되지 않는 것은 죽음 자체가 민족의 비극, 민중과 식자들의 아픔을 대신한 때문이었다. 해서 식민지 시대 백성들을 위로하고 바르게 살고자 하는 지식인들의 사표가 되었다.

평전을 마무리할 무렵 구례의 매천사를 다시 찾아 참배하고
『오하기문』을 썼던 오동나무를 지켜봤다. 100년을 훌쩍 넘긴
세월에도 매천 선생의 흔적은 곳곳에 서려 있었다. "당신의 영
혼은 지금 어디쯤 떠돌고 있습니까."라는 질문을 던지며, 새삼
'지식인의 역할'을 되새겼다.

매천 서거 후의 기록

1911년	• 중국 상해의 한묵림서국翰墨林書局에서 망명한 창강 김택영이 『매천집梅泉集』 7권 3책을 처음 간행하다.
1913년	• 상해에서 역시 김택영이 『매천속집梅泉續集』 2권 1책을 추가 간행하다.
1932년	• 전남벌교에서 고흥의 박형득이 상해본의 시문을 추려 『매천시집梅泉詩集』 상·하를 간행하다 또한 김봉문이 정읍에서 『매천시집』 1책을 간행. • 구례 천은사에서 황원과 난곡 이건방이 『매천집』과 『매천속집』을 보완하여 간행하려 함에 일제의 검열에 의해 다수의 우국시가 삭제 당하다.
1942년	• 선생의 묘를 후손들이 전남 광양군 석사리 서석마을 뒷산으로 이장하다.
1944년	• 선생의 친체親弟 석전石田 황원이 월곡 저수지에 자침하여 순국하다

1955년	• 3월 국사편찬위원회에서 『매천야록』 『한국사료총서』 제1집으로 간행하다. 김택영이 그의 저서 『한사경』에 『매천야록』을 인용하여 이 책의 존재가 알려지게 되었는데 자손들이 깊이 감추어 두었다가 비로소 간행하게 된 것이다. 선생의 후손과 제자와 지방 유림들이 매천사梅泉祠를 건립하다.
1957년	• 고창고등학교 교사 김진명이 상해본의 시를 추려서 약간의 주를 붙여 『전주매천시집箋註梅泉詩集』을 펴내다.
1962년	• 선생에게 대한민국 건국훈장 독립장이 추서되다.
1975년	• 대양서적에서 발간한 한국명리 대전집의 하나로 이장희가 『매천야록』을 국역·간행하다
1978년	• 아세아 문화사에서 『황현전집』(上·下)를 간행하다. 상해본(원집과 속집 9권 4책) 박형득의 『매천시집』 그리고 국편國編의 『매천야록』을 영인한 것이다.
1979년	• 매천의 문하생이며 성균관 전의典儀 권명수가 청구문화사에서 『매천집』 『매천속집』을 합하여 매천집을 간행하다.
1983년	• 외솔회가 계간 『나라사랑』 제46집으로 「매천 황현 특집호」를 펴내다.
1984년	• 매천사가 전라남도 문화재자료 제37호로 지정되다. • 2월 전주대학교 호남 연구소에서 총독부 검열본을 토대로 『매천전집』 5권을 간행하다.
1985년	• 7월 광주문화방송 회장 최승효가 선생과 관련된 인사들의 글과 『매천집』 『매천속집』의 간행기 등 일체를 모아서 번역본 2권, 원본 1권의 3권으로 『문묵췌편文墨萃編』을 간행하다. • 「오하기문」의 수필首筆 2필二筆, 3필三筆부분인 「동비기략초고東匪紀略草藁」를 이민수가 번역하여 을유문화사에서 『동학란東學亂』으로 간행하다.
1999년	• 문화관광부에서 선생을 8월의 문화인물로 선정하다.

2002년	• 매천사를 국가보훈처 현충시설(관리번호 55-1-2)로 지정하다.
2005년	• 11월 국가 보훈처에서 선생을 이달의 독립운동가로 선정하다. • 임형택 등이 서남동양학자료 003으로 『역주 매천야록』 상하 권을 문학과지성사에서 간행하다.
2006년	• 황현의 초상 1점 빛 사진 2점이 국가지정문화재 보물(제1494호)로 지정하다.
2007년	• 매천 황현선생기념사업회 발족을 위한 발기인대회 (대표: 정동인) • 매천 황현선생기념사업회 발족을 위한 총회를 열다. (초대회장: 정동인)
2009년	• 매천 황현선생기념사업회 사단법인 승인 및 사단법인 등기완료 하다. • 매천의 순국정신 선양 제1회 매천황현문화제를 개최하다.
2010년	• 순국 100주년기념 세미나 개최 및 제2대회장 취임 (회장: 이규종)하다. • 전남 학생문예대축제: 글짓기, 초상화 그리기, 독후감, 만화그리기, 서예, 한문경시대회 등 • 매천문화제: 매천시서예대전, 전국매천시조경창대회, 한자교본(준 5급~1급)발간, 매천한문경시대회를 개최하다. • 한국 고전번역원에서 『매천집』 1, 2, 3, 4권을 번역 간행하다.
2011년	• 제3회 매천황현문화제 전남도내 초·중·고학생 학예발표대회 전남학생문예대축제: 글짓기, 초상화 그리기, 독후감, 만화그리기, 서예, 한문경시대회. • 매천문화제: 제1회 매천상 수상자 선정 시상(수상자: 문승이, 정동인, 홍영기), 매천시서예대전, 전국매천시조경창 대회, 한자교본(준5급~5급), 매천한문경시대회를 개최하다.
2012년	• 국립민속국악원과 함께하는 제4회 매천황현문화제개최. • 전남학생문예대축제: 글짓기, 초상화 그리기, 독후감, 만화그리기, 서예, 한문경시대회 등. • 매천문화제: 제2회 매천상 수상자 선정시상(수상자: 심병웅, 한승연, 김영붕), 매천시서예대전, 전국매천시조경창대회, 한자교본(준4급~4급)발간, 매천한문경시대회.

2013년	• 문학인과 함께하는 제5회 매천황현문화제개최. • 전남학생문예대축제: 글짓기, 초상화 그리기, 독후감, 만화그리기, 서예, 한문경시대회 등. • 매천문화제: 제3회 매천상 수상자 선정시상(수상자: 홍원표) 매천시서예대전, 전국매천시조경창대회, 한자교본(준3급~3급)발간, 매천한문경시대회.
2014년	• 전국시조경창대회 및 제6회 매천황현문화제행사 시상. • 전남학생문예대축제: 글짓기, 초상화그리기, 독후감, 만화그리기, 서예, 한문경시대회 등. • 매천문화제: 제4회 매천상 수상자 선정 시상(수상자: 조규태) • 매천시서예대전, 전국매천시조경창대회, 한자교본(준2급~2급)발간, 매천한문경시대회.
2019년	• 『매천야록』, 『오하기문』, 『절명시첩』, 『시·문(7책)』, 『유묵·자료첩(11책)』, 『교지·시권(2점)·백패통』이 문화재로 등록되다.

1장 출생과 성장기

1 동국대한국문학연구소 엮음, 『한국문학지도』 하, 89쪽, 계몽사, 1996.

2 송광룡, 『역사에 지고 삶에 이긴 사람들』, 283쪽, 풀빛, 2000.

3 이상옥, 「황현」, 『한국근대인물백인선』, 74쪽, 동아일보사, 1979.

4 황용수, 「매천의 생애」, 『나라사랑』 제46집, 21~22쪽, 1983.

5 이이화, 『한국 근대 인물의 해명』, 337쪽, 학민사, 1985.

6 위와 같음.

7 노대환, 『소신에 목숨을 건 조선의 아웃사이더』, 329쪽, 역사의아침, 2007.

8 이건창, 「송황운경서(送黃雲卿序)」(이병주, 「매천 황현의 시문학」, 『나라사랑』 제
46집, 73쪽에서 재인용)

9 이이화, 『한국사 나는 이렇게 본다』, 328쪽, 길, 2005.

10 송광룡, 앞의 책, 284쪽.

11 위와 같음.

12 이현희, 「매천 황현론」, 『나라사랑』 제46집, 26쪽.

13 송광룡, 앞의 책, 282~283쪽.

14 황현 지음, 임형택 외 옮김, 『역주 매천야록』 권1상, 238쪽, 문학과지성사, 2005.
(이후 『매천야록』, 표기).

2장 구례에 칩거하여 학문 전념

1 이정희, 『조선시대 선비연구』, 165쪽, 박영사, 1989.

3장 매천 30대의 시문

1 김영붕 역주, 『역주 황매천 시집: 속집』, 27쪽, 보고사, 2010.

4장 '매천야록'을 쓰다

1   「매천야록」해제, 『매천야록』권1상, 12쪽.

2   위의 책, 18~19쪽.

3   위의 책, 18쪽.

4   위의 책, 22쪽.

5   박혜숙 편역, 『사마천의 역사인식』, 322쪽, 한길사, 1988.

6   위와 같음.

7   조동걸, 『사람의 시대로 가는 징검다리』(우사 조동걸 저술전집 18권), 역사공간, 2010.

8   위의 책, 274쪽.

9   황현 지음, 앞의 책, 29쪽.

10 위의 책, 29~30쪽.

11 위의 책, 31쪽.

12 위의 책, 36쪽.

13 위의 책, 39쪽.

14 위와 같음.

15 위의 책, 41~42쪽.

16 위의 책, 43~44쪽.

17 위의 책, 45쪽.

18 위의 책, 45~46쪽.

19 위의 책, 50쪽.

20 위의 책, 51쪽.

21 위의 책, 51~52쪽.

22 위의 책, 61~62쪽.

6장 한말 친체제와 비판 지식인

1   총성의, 『근대 한국 지식인의 대외인식』, 12~13쪽, 성신여대출판부, 2000. (발췌)

2   송건호, 『한국현대사』, 16쪽, 두레, 1986.

3   윤건차 지음, 장화경 옮김, 『현대 한국의 사상흐름』, 9쪽, 당대, 2001.

4   박노자, 『나를 배반한 역사』, 250쪽, 인물과사상사, 2003.

5   『주한일본공사관기록』, 1909년 헌병대장 기밀보고서.

6   전복희, 『사회진화론과 국가사상』, 189쪽, 한울아카데미, 1996.

7   박찬승, 『한국근대 정치사상사연구』, 112~123쪽, 역사비평사, 1992.

7장 동학농민혁명에 대한 보수적 시각

1   박찬승, 「전남지방의 동학농민전쟁」, 『호남문화연구』 23집, 15~16쪽, 전남대 호남
     문화연구소, 1995.

2   위의 책, 21쪽.

8장 '매천야록'에 나타난 동학혁명기 국내 사정

1   김삼웅, 『녹두 전봉준 평전』, 479~480쪽, 시대의창, 2007.

2   최승범, 「녹두 장군과 파랑새 노래」, 『나라사랑』 제15집, 130쪽, 외솔회, 1974.

3   이중연, 『신대한국 독립군의 백만용사야』, 254쪽, 혜안, 1998.

4   김삼웅, 앞의 책, 510~520쪽. (수정 재록)

10장 '오하기문'에 나타난 매천의 역사의식

1   안대회, 「김창흡이 매긴 사람의 등급」, 『경향신문』, 2002년 2월 2일치.

2   『오하기문』, 666~668쪽. (이하 같은 책)

11장 국정개혁안 아홉 가지 제시하다

1   박성수, 「의병」, 『한국민족문화대백과사전』 17, 562쪽, 한국정신문화연구원,
     1991.

2   강재언, 『한국의 근대사상』, 223쪽, 한길사, 1985.

3   이정무, 「사림과 사림정치」, 『청계사학』 8, 285쪽, 청계사학회, 1991.

4   『매천집』 4, 138쪽. (재인용)

13장 을사늑약이 강제 '조인'되던 날

1   운노 후쿠쥬, 『일본의 양심이 본 한국병합』, 범우사, 1984.

2   강동진, 『한국을 장악하라』, 아세아문화사, 1995.

3   필자는 지금까지 '고종' 또는 '고종황제'로 표기해왔는데 당시의 공식 호칭대로 여기서는 '광무황제'로 표기한다. '고종'은 일제가 한국 황실을 격하시키고자 불렀던 이름이기 때문이다.

4   하야시 곤스케, 『나의 70평생을 말한다』, 일월서림, 1956.

5   강동진, 앞의 책.

6   정교, 『대한계년사(大韓季年史)』.

7   하야시 곤스케, 앞의 책.

8   윤병석, 「을사조약의 신고찰」, 『국사관논총』 제23집, 1991.

9   『매천야록』, 250쪽. (이하, 같은 책)

14장 을사늑약, '오애시' 지어 의열사 추모

1   『매천집』 3, 162~164쪽. (이하 같은 책)

15장 망명 접고 의열사들 기려

1   「김창강이 이 나라를 떠났다는 소식을 듣고 짓다」, 『매천집』 3, 184쪽.

2   위의 책, 184~185쪽.

3   위의 책, 185쪽(주석 327).

4   위의 책, 187~188쪽.

5   임형택, 「황매천의 시인의식과 시」, 『한국의 선비문화』, 132쪽, 국제문화재단 편, 시사영어사, 1982.

6   김영붕 역주, 『역주 황매천 시집: 속집』, 437쪽, 보고사, 2010.

7   『매천집』 3, 249~252쪽.

8   위의 책, 183~186쪽. (발췌)

16장 '매천야록'에 의병전쟁 소상히 기록

1 박성수, 『민족사의 맥을 찾아서』, 238쪽, 집현전, 1985.

2 하우봉, 「황현의 역사의식에 대한 연구」, 143쪽, 『전북사학』 6집, 전북사학회, 1982.

3 최홍규, 「황현의 현실인식과 역사감각」, 『한국사상』 제17집, 한국사상연구회, 1980.

4 『매천야록』 권5, 광무 10년(1906) 4월호.

5 하우봉, 앞의 책, 144쪽.

6 『매천야록』 하, 304쪽.

7 위의 책, 311쪽.

8 위의 책, 312~313쪽.

9 위의 책, 326~327쪽.

10 위의 책, 381쪽.

11 위의 책, 387쪽.

12 위의 책, 421쪽.

13 위의 책, 425쪽.

14 위의 책, 437~438쪽.

15 위의 책, 442~443쪽.

16 위의 책, 446쪽.

17 박성수, 「의병」, 『한국민족문화대백과사전』 17, 564쪽, 한국정신문화연구원, 1991.

18 『매천야록』 하, 615쪽.

19 위의 책, 616쪽.

20 위의 책, 621쪽.

21 위의 책, 622쪽.

22 위의 책, 623~624쪽.

23 위의 책, 642쪽.

17장 국치 직전의 행적과 시문

1 『매천야록』 하, 373~375쪽. (이하 같은 책)

2 『매천집』 4, 234~235쪽. (발췌)

3   『매천집』 3, 322~323쪽

4   위의 책, 321쪽.

5   위의 책, 326쪽.

6   위의 책, 324~325쪽.

7   위의 책, 332~335쪽.

8   위의 책, 341~345쪽.

18장 '야록'에서 놓칠 수 없는 기사

1   『매천야록』 하, 332쪽.

2   위의 책, 306~307쪽.

3   위의 책, 362쪽.

4   위의 책, 363쪽.

5   위의 책, 383쪽.

6   위의 책, 388~389쪽.

7   위의 책, 395쪽.

8   위의 책, 406쪽.

9   위의 책, 415쪽.

10   위의 책, 415~416쪽.

11   위의 책, 416~417쪽.

12   위의 책, 427쪽.

13   위의 책, 435쪽.

14   위의 책, 448쪽.

15   위의 책, 447쪽.

16   위의 책, 449쪽.

17   위의 책, 484~485쪽.

18   위의 책, 518쪽.

19   위의 책, 537쪽.

20   위의 책, 543쪽.

21   위의 책, 599쪽.

22   위의 책, 604쪽.

19장 국치 소식 듣고 음독하다

1   김삼웅, 『을사늑약 그 끝나지 않은 100년』, 310~314쪽, 시대의창, 1905. (수정재록)

2   오흉국-오스트리아·헝가리제국을 말한다. 이 나라는 오스트리아가 1866년 프로이센과의 전쟁에서 패배하고 그 이듬해 헝가리 왕국을 승인하여 자치를 인정한 결과 탄생했다. 오스트리아 호아제가 헝가리 왕을 겸하는 이중제국이었다. 제1차 세계대전으로 소멸했다.

3   미요시 도오루, 이혁재 옮김, 『사전(史傳) 이토 히로부미』, 다락원, 2002.

4   『일한외교자료집성(日韓外交資料集成)』(6) 下.

5   위와 같음.

6   『명치사실외교 비화』, 398~399쪽, 한상일, 『이토 히로부미와 대한제국』, 379쪽, 까치, 2015.

7   김삼웅, 『친일정치 100년사』, 동풍, 1995.

8   『매천집』 1, 74쪽.

9   『매천야록』 상, 13쪽.

10   『매천집』 1, 74~75쪽.

11   위의 책, 75~76쪽.

12   위의 책, 81~82쪽.

13   『매천야록』 하, 664~665쪽.

14   『매천집』 1, 64~65쪽. (발췌)

15   『매천야록』 1, 58쪽.

16   위의 책, 69~70쪽.

17   위의 책, 71쪽.

18   위의 책, 83쪽.

닫는 말

1   이장희, 『조선시대 선비연구』, 37쪽, 박영사, 1989.

참지식인

매천 황현 평전

1판 1쇄 펴낸날 2019년 8월 10일

지은이 김삼웅

펴낸이 서채윤 펴낸곳 채륜
책만듦이 김미정 본문꾸밈이 이한희 표지꾸밈이 이민현

등록 2007년 6월 25일(제2009-11호)
주소 서울시 광진구 자양로 214, 2층(구의동)
대표전화 1811.1488 팩스 02.6442.9442
E-mail book@chaeryun.com Homepage www.chaeryun.com

© 김삼웅. 2019
© 채륜. 2019. published in Korea

책값은 뒤표지에 있습니다.
ISBN 979-11-86096-99-4 03910

이 도서의 국립중앙도서관 출판예정도서목록은 서지정보유통지원시스템 홈페이지(http://seoji.nl.go.
kr)와 국가자료공동목록시스템(http://www.nl.go.kr/kolisnet)에서 이용하실 수 있습니다. (CIP제어
번호 : CIP2019028004)

채륜서(교양), 앤길(사회), 띠움(예술)은 채륜(인문)에 뿌리를 두고 자란 가지입니다.
물과 햇빛이 되어주시면 편하게 쉴 수 있는 그늘을 만들어 드리겠습니다.